本书为浙江省教育科学规划2022年度一般规划课题
"'幼小衔接'阶段儿童动作技能发展特征及促进机制研究"
（2022SCG060）研究成果

自闭症谱系障碍儿童动作发展特点与运动课程开发研究

Characteristics of Motor Development
and Development of Motor Curriculumin Children
with Autism Spectrum Disorder

陈为玮　朱小烽　著

ZHEJIANG UNIVERSITY PRESS
浙江大学出版社
·杭州·

图书在版编目(CIP)数据

自闭症谱系障碍儿童动作发展特点与运动课程开发研究 / 陈为玮，朱小烽著. 一杭州：浙江大学出版社，2022.12

ISBN 978-7-308-23376-7

Ⅰ.①自… Ⅱ.①陈… ②朱… Ⅲ.①孤独症一儿童教育一特殊教育一研究 Ⅳ.①G766

中国版本图书馆 CIP 数据核字(2022)第 239360 号

自闭症谱系障碍儿童动作发展特点与运动课程开发研究

陈为玮 朱小烽 著

策 划 编 辑	吴伟伟	
责 任 编 辑	蔡圆圆	
责 任 校 对	许艺涛	
封 面 设 计	雷建军	
出 版 发 行	浙江大学出版社	
	（杭州市天目山路 148 号　邮政编码 310007）	
	（网址：http://www.zjupress.com）	
排　　　版	浙江时代出版服务有限公司	
印　　　刷	杭州杭新印务有限公司	
开　　　本	710mm×1000mm　1/16	
印　　　张	14.5	
字　　　数	200 千	
版 印 次	2022 年 12 月第 1 版　2022 年 12 月第 1 次印刷	
书　　　号	ISBN 978-7-308-23376-7	
定　　　价	78.00 元	

FORWORD **前 言**

　　2015 年,《中国自闭症教育康复行业发展状况报告》显示,我国自闭症谱系障碍患者预计超过 1000 万人,并以每年近 20 万人的速度递增,当今无论是在自闭症的诊断,还是在康复教育方面都存在不少挑战。自闭症患者常被称作"星星的孩子",他们就像天上的星星一样活在自己的世界里。

　　自闭症谱系障碍又称孤独症谱系障碍,被归类为一种神经系统发育障碍,其病征包括不正常的社交能力、沟通能力、兴趣和行为模式。除核心症状外,自闭症谱系障碍患者的动作发展是国外研究者聚焦的另一个研究热点。动作发展是人类最基本、也是最重要的一个发展领域。在早期,语言能力的局限使得儿童在其他领域的发展也主要以动作为表现形式,动作发展能力不仅反映出儿童的生长发育水平,亦在儿童日常生活、社会交往、体育活动中扮演重要角色,动作成为与环境互动的基本手段,动作的良好发展可以为个体认知、情绪与社会性等多方面的发展提供有利条件。反之,如果动作发展出现障碍,那么个体的心理发展也可能随之产生多方面的失调。因此,动作发展成为观察儿童发展的重要窗口。而动作发展障碍被认为是一种非语言的神经心理功能障碍,在实践中,它可以表现为动作笨拙、自主运动困难、粗大运动协调障碍等。动作发展障碍不仅给日常生活带来困难,而且会引发认知缺陷及社会交往限制。目前,国外学者已开始重视自闭症谱系障碍儿童动作表现特征,并称其为自闭症谱系障碍的原始症状,相关研究提出,动作缺陷可能潜藏在自闭症核心症状下,先于核心症状出现。

　　在运动康复、儿童保健、临床治疗等领域中,研究者们针对自闭症谱系障碍儿童的核心症状表现特征制定、提出了一些积极有效的康复手段和方法,而对动作发展领域的研究才开始受到重视。总体而言,我国在自闭症谱系障碍儿童动作发展与运动干预方面所进行的研究还相对比较薄弱,系统深入的科学研究较少。本书对自闭症儿童动作发展能力进行了全面的评价,并设计了相应的运动干预课程,以期为制定运动干预方案、提升儿童运动能力、促进儿童的社会融合提供一些实践依据。

本书共分为 8 章,分析了自闭症谱系障碍儿童动作发展的相关理论和实践活动。第一章"研究背景"简明阐述了自闭症谱系障碍常用评估方法和诊断标准;第二章"自闭症谱系障碍儿童运动功能评估及运动干预研究综述"介绍了当前有关自闭症谱系障碍儿童的运动能力障碍表现特征、评估方法以及干预手段的研究进展;第三章至第六章分别分析了自闭症谱系障碍儿童的动作发展特征、体质水平、感觉统合能力以及体力活动水平;第七章和第八章在了解自闭症谱系障碍儿童动作发展能力的基础上,设计了促进动作发展的运动课程和干预方法。

由于笔者所在单位的教学资源和专业方向,自闭症谱系障碍儿童运动能力及运动干预手段成为本人近年来的主要研究内容。与此同时,笔者也想用自己的专业能力为"星星的孩子"尽一份力。本书由陈为玮拟定框架、提纲和撰稿;由嘉兴学院副教授朱小烽进行修改。儿童各项指标的测评得到了浙江省平湖市医佰康康复教育中心机构全体工作人员和浙江省平湖市实验幼儿园教师的大力支持,在此表示感谢。

本书撰写过程中参考了大量的研究成果,为便于读者深入阅读,并向文献作者表示感谢,笔者尽量做到规范引用,然而疏漏在所难免,敬请未被列入注释和参考文献的作者谅解。文中若有纰漏,尚请同仁不吝赐教。

由于时间关系,对于自闭症谱系障碍儿童运动干预课程未能进行干预实验,也只能匆忙止笔,加之个人水平有限,自闭症谱系障碍儿童健康促进领域的研究也还有很大空间,书中疏漏之处在所难免,敬请读者批评指正!

CONTENTS **目 录**

第一章 研究背景

第一节 自闭症谱系障碍概述 / 1

第二节 自闭症谱系障碍常用评估方法 / 9

第三节 自闭症谱系障碍诊断标准 / 20

第二章 自闭症谱系障碍儿童运动功能评估及运动干预研究综述

第一节 动作及相关概念界定 / 29

第二节 自闭症谱系障碍儿童运动功能障碍及其表现特征 / 39

第二节 自闭症谱系障碍儿童运动功能评估方法 / 47

第四节 自闭症谱系障碍儿童运动功能障碍干预研究进展 / 54

第三章 自闭症谱系障碍儿童动作发展特征研究

第一节 研究背景 / 61

第二节 实验设计 / 62

第三节 研究结果与分析 / 80

第四节 结论与建议 / 94

第四章 自闭症谱系障碍儿童体质健康水平研究

第一节 研究背景 / 98

第二节 实验设计 / 99

第三节 研究结果与分析 / 106

第四节 结论与建议 / 115

第五章 自闭症谱系障碍儿童感觉统合能力水平研究

第一节 研究背景 / 118

第二节 研究对象与方法 / 121

第三节 研究结果与分析 / 123

第四节 结论与建议 / 128

第六章 自闭症谱系障碍儿童体力活动水平与生存质量相关性研究

第一节 研究背景 / 130

第二节 研究对象与方法 / 131

第三节 研究结果与分析 / 133

第四节 结论与建议 / 138

第七章 运动干预课程教学设计

第一节 自闭症谱系障碍儿童身心发展特征 / 140

第二节 自闭症谱系障碍儿童康复常用教育方法 / 145

第三节 自闭症谱系障碍儿童运动干预课程设计 / 150

第八章 运动干预训练方法

第一节 基本动作技能干预 / 164

第二节 感觉统合训练 / 168

第三节 幼儿瑜伽 / 175

第四节 教学设计案例 / 180

附　录 / 190

参考文献 / 202

第一章　研究背景

第一节　自闭症谱系障碍概述

一、自闭症谱系障碍概念

自闭症(Autism),又称孤独症,是英文 Autism 的中译名(本书主要采用"自闭症"这一译法,只在必要情况下采用"孤独症"这一名称)。1994 年,美国精神病学会发布《精神疾病诊断统计手册(第 4 版)》(*Diagnostic and Statistical Manual of Mental Disorders-fourth edition*,DSM-4),将自闭症定义为:自闭症是一种广泛性发育障碍,起病时间多为婴幼儿时期,主要表现为不同程度的言语发育障碍、人际交往障碍、兴趣狭窄和行为方式刻板,包括典型性自闭症、阿斯伯格综合征、雷特综合征、非典型性自闭症等。

2010 年,我国卫生部办公厅印发的《儿童孤独症诊疗康复指南》中的定义为:儿童孤独症也称儿童自闭症,是一类起病于 3 岁前,以社会交往障碍、沟通障碍和局限性、刻板性、重复性行为为主要特征的心理发育障碍,是广泛性发育障碍中最有代表性的疾病。

2013 年,美国精神病学会发布的《精神疾病诊断统计手册(第 5 版)》(*Diagnostic and Statistical Manual of Mental Disorders-fifth edition*,DSM-5)中取消了自闭症的说法,正式提出了自闭症谱系障碍概念(Autism Spectrum Disorders,ASD),将它定义为一种神经发育障碍性疾病,属于常见的儿童精神障碍,临床主要表现为社会交往和刻板/重复性行为两大核心症状。自闭症谱系障碍是一个更为广泛的概念,包括了之前的自闭症、阿斯伯格综合征、儿童瓦解性精神障碍等。

随着 2013 年 DSM-5 出台,"自闭症"这一名词逐渐被"自闭症谱系障碍"取代,将其归属于神经发育障碍。自闭症谱系障碍的名称随着人们对其认识的深入逐渐从早期的婴儿孤独症、儿童自闭症、广泛性发育障碍逐渐过渡到自闭症谱系障碍,不同的名称所包含的疾病类型不同(见表 1-1)。

表 1-1   自闭症谱系障碍概念发展演变历程

年份	出处	具体内容
1980	DSM-3	首次将自闭症归入"广泛性发育障碍";提出社会互动障碍、语言沟通障碍以及重复刻板行为三大核心症状
1987	DSM-3(修订)	提出了"非典型性广泛性发育障碍",首次将阿斯伯格综合征作为自闭症的一种
1994	DSM-4	自闭症即广泛性发育障碍,是一种先天脑部功能受损而引起的发育障碍,其分为典型性自闭症、阿斯伯格综合征、雷特综合征、非典型性自闭症等,社会交往障碍、语言障碍和重复刻板行为三大核心障碍
2013	DSM-5	"广泛性发育障碍"中的阿斯伯格综合征、未分类广泛性发育障碍、儿童瓦解性精神障碍以及自闭症等一般不独立出现,统一称为"自闭症谱系障碍";三大核心症状修改为社会交往障碍和刻板重复行为两大核心症状

二、自闭症谱系障碍核心症状表现特征

自闭症谱系障碍对言语性或非言语性的交流以及社会互动产生显著影响,通常在 3 岁前症状已出现,并会对教育产生不利的影响。被诊断为自闭症谱系障碍的人,其在技能及行为方面可能有很大的差异,2013 年发布的《精神疾病诊断统计手册(第 5 版)》将自闭症谱系障碍行为表现归为社会交往障碍和刻板重复行为两大核心症状。

(一)社会交往障碍

在社会交往方面,自闭症患者的缺陷主要在于缺乏用于社会交往的非言语性行为,他们喜欢避开旁人,不愿与人亲近。

在婴儿期,患儿不与他人进行目光接触,对人的声音缺乏兴趣和反应,不愿与人贴近或互动,没有期待被抱起的姿势,或抱起时身体僵硬。

在幼儿期,自闭症幼儿仍回避目光接触,呼之常无反应,对父母不产生依恋,缺乏与同龄儿童交往或玩耍的兴趣,不会以适当的方式与同龄儿童交往,不能与同龄儿童建立伙伴关系,不会与他人分享快乐,遇到不愉快或受到伤害时也不会向他人寻求安慰等。

自闭症患者还伴有非语言交流障碍和言语交流障碍。其中,非言语交流障碍通常表现为自闭症幼儿常以哭或尖叫表示他们的不舒适或需要。稍大的自闭症幼儿可能会拉着大人的手走向他想要的东西,但缺乏相应的面部表情,显得漠然,很少用点头、摇头、摆手等肢体动作来表达自己的意愿。言语交流障碍通常表现为该自闭症幼儿言语交流方面存在明显障碍,包括语言理解力不同程度受损、言语形式及内容异常、言语运用能力受损以及言语发育迟缓或不发育,也有部分自闭症幼儿2～3岁前曾有表达性言语,但以后逐渐减少,甚至完全消失。例如,部分自闭症幼儿虽然会背儿歌、背广告词,却很少用言语进行交流,且不会提出话题、维持话题或仅靠刻板重复的短语进行交谈,纠缠于同一话题。

（二）刻板重复行为

自闭症儿童过分关注物品的某一特征,对一般儿童所喜爱的玩具和游戏缺乏兴趣,而对一些通常不作为玩具的物品却特别感兴趣,如车轮、瓶盖等圆形、可旋转的东西;专注于特定的主题,例如,年龄较大的儿童和成人可能会被电子游戏、交易卡或车牌所吸引。同时,儿童行为方式也常常很刻板,如常用同一种方式做事或玩玩具,要求物品放在固定位置,出门非要走同一条路线,长时间内只吃少数几种食物等。常会出现刻板重复的动作和奇特怪异的行为,如重复蹦跳、将手放在眼前凝视、摆动或用脚尖走路等症状。

三、自闭症谱系障碍研究历程

1943年美国儿童精神病医生利奥·凯纳（Leo Kanner）首次明确提出"婴幼儿孤独症"概念,并描述了11例患者的异常特征。具体表现为:不能与他人正常交往;语言发育迟缓和不正常,言语不起沟通作用;对周围环境有着相当或极端固定的要求。

凯纳认为该群体的自我封闭、与外界隔离和强制性保持原样不变两个特征具有临床诊断意义。然而,凯纳报道的这类患者当时未受重视,只被认为是儿童精神分裂症的一个亚型。直至20世纪40—60年代,又有数人陆续描述了与凯纳报道相似的病例。

1944年,奥地利儿科医生阿斯伯格(Hans Asperger)报道了阿斯伯格综合征,当时它被称为孤独性精神病。当时国际及美国精神病分类与诊断标准将这类患者归入"儿童分裂样反应"类别中。

1968年,英国儿童精神病学家瑞特(Rutter)提出了他的观点,认为自闭症儿童具有缺乏社会化的兴趣和反应、语言障碍、怪异行为、早发性特征,其中发病年龄在30个月前。

1978年,美国国立自闭症儿童和成人协会对自闭症提出的定义为"起病于30个月前的行为综合征",其主要特征是:发育规律和速度紊乱;对任何感觉刺激的反应异常;语言、认知和非语言的沟通障碍;与人、事和物建立起合适关系的能力障碍。虽然研究者们对"自闭症"的定义始终未能统一标准,但是自闭症的核心症状为社会功能障碍,这点得到了公认。

自闭症患者都有共同的特征——社交沟通障碍和刻板重复行为,但个体的具体表现特征存在差异,除核心症状外,往往还伴有不同程度的其他障碍。国际疾病分类(international statistieal classification of diseases and related health problems,ICD)将自闭症谱系障碍分为8种类型:

(1)智力正常,语言基本正常;

(2)智力有障碍,语言基本正常;

(3)智力正常,伴有言语障碍;

(4)智力落后,语言有障碍;

(5)智力正常,几乎没有语言;

(6)智力落后,几乎没有语言;

(7)特定的自闭症谱系障碍;

(8)未分类的自闭症。

儿童在其早期的生长发育过程中,社会行为的学习会随着年龄增加而呈现不同的面貌。假若儿童未出现年龄段应当出现的社会行为或者出现了截然不同的社会行为,家长就需要提高警觉。2019 年,美国儿科医学会提出了自闭症谱系障碍的 12 项早期表现特征,以便家长们更早留意孩子患自闭症谱系障碍的可能性。

(1)满 1 岁时,呼叫幼儿姓名没有反应;

(2)满 1 岁 2 个月时,幼儿不会用手指物的方式表达喜好;

(3)满 1 岁 6 个月时,不会假扮的游戏;

(4)避免眼神接触且想要独处;

(5)理解其他人的感受有困难,或者述说自己的感受有困难;

(6)口语和语言的技巧有迟缓;

(7)不断地重复词汇(仿说);

(8)回答与问题无关的答案;

(9)对于小小的改变感到很懊恼生气;

(10)有执着坚持的兴趣;

(11)有重复的动作,例如晃手、前后摇晃或转圈圈;

(12)对于事物的声音、气味、味道、外观或触感有不寻常的反应。

儿童成长过程中,如果表现出以上这些特征,建议尽早就医,接受科学的诊断评估,尽早实施干预训练。

四、自闭症谱系障碍发病率

当前世界各国关于自闭症患病率的报道不一,但显著上升的趋势却是相同的。20 世纪 80 年代之前,由于对儿童自闭症了解不足,其患病率报道普遍较低。在美国,1980 年报道的自闭症患病率为 0.1/1000～0.4/1000,1990 年该数据上升至 2.0/1000～7.0/1000。2000 年,美国国立卫生研究院在 6 个州范围内对 8 岁儿童自闭症患病率进行调查,发现其患病率为 4.5/1000～9.9/1000,平均患病率为 6.7/1000。2002 年,美国国立卫生研究院再次对全美国 14 个州的 8 岁儿童自闭症进行调查,显示其患病率为 3.3/1000～10.6/1000,平均为 6.6/1000(Baird et al.,2016)。

　　随着人们对自闭症研究不断深入和诊断标准改进，近年来流行病学调查数据显示，全球范围内自闭症谱系障碍患病率均有大幅度上升。Williams 等(2006)通过对来自美国、欧洲各国以及日本的自闭症患病率进行 Meta 分析研究，估计自闭症在 18 岁以下的患病率为 0.7/1000。Harrison 等(2006)报道综述了在 14 个国家 40 年间所做的 34 项调查结果，估计该病的患病率为 1.3/1000。美国疾病控制与预防中心 (Centers for Disease Control and Prevention,CDC)的数据表明，2012 年的时候，每 88 名美国儿童当中有一个罹患自闭症。2014 年的数据上升到每 68 名美国儿童当中有一个患者，男孩患病率为 1/42。到 2018 年，美国 CDC 研究数据表明，每 59 名美国孩子当中，就有一个罹患儿童自闭症。2020 年 3 月，该数据已经达到了 1/54，相当于 1.85% 的水平。由此可见，美国儿童自闭症患病率从 1980 年的 0.01% ～ 0.04% 增长到 2020 年的 1.85%，40 年增长了 46～185 倍(见图 1-1)。

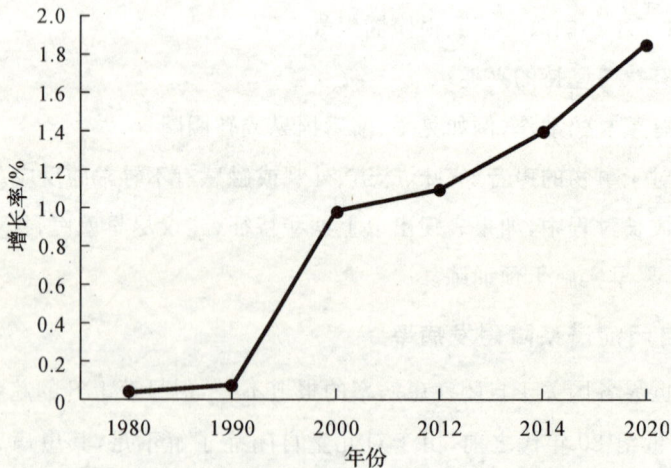

图 1-1　1980—2020 年美国儿童自闭症患病率增长情况

　　1982 年，我国陶国泰教授首次报道了 4 例儿童自闭症，而过去国人一直认为自闭症是一种罕见病。2000 年学者开始地区性患病率的研究，罗维武等(2000)关于福建省儿童自闭症的调查报告显示：儿童自闭症患病率为 2.8/104；2003 年江苏省报道的自闭症患病率为 12.25/104，男女比例为 2∶1，城乡患病率分别为 17.89/104 和 5.83/104(汪卫华等,2003);2004 年天津报道 2~6 岁的自闭症患病率为 11/104,男女比例为 7:1,城乡患病率为 14/104 和 8/104(张欣等,2004)。

迄今,我国还没有全国性的自闭症谱系障碍流行病学调查数据。2015 年,《中国自闭症教育康复行业发展状况报告》显示,我国自闭症患病率和世界其他国家相似,约为 1‰,自闭症患者已超 1000 万人,0~14 岁的儿童患病者达 200 余万人,并以每年近 20 万人的速度增长。

五、病因

Kanner 于 1943 年提出自闭症诊断后,也同时提出父母在情感方面的冷漠和教养过分形式化是导致自闭症的原因。经过数十年的广泛研究,现在已经证实自闭症与父母教养方式无关,而所谓一部分自闭症父母表现得冷漠和教养形式化其实表明父母可能存在轻型的类似障碍。

20 世纪 60—70 年代,英国儿童精神病学家瑞特研究指出,从出生到童年早期的发育障碍是导致自闭症行为的原因。由此,逐渐把自闭症看作是一种躯体性的、与父母抚育方式无任何关联的发育障碍。

20 世纪 80 年代,关于自闭症的研究进入全新阶段。人们开始抛弃所谓"父母抚养方式不当"的病因假说,从生物学领域探索自闭症的病因,并在临床症状的识别和临床诊断方面将自闭症与精神分裂症彻底分开。随着对自闭症研究的深入,人们逐步认识到自闭症是一种在一定遗传因素作用下,受多种环境因子刺激导致的弥漫性中枢神经系统发育障碍性疾病。在此认识的基础上,人们开展了从分子遗传到神经免疫、功能影像、神经解剖和神经化学等多方面的研究,试图从这些研究中找到自闭症的致病原因。但直至目前,仍没有任何一种假说能从根本上完美地解释自闭症的病因。有关自闭症病因的推断主要集中在以下几个方面。

(一)遗传因素

遗传因素在儿童自闭症发病过程中发挥着重要作用。Muhle(2004)研究发现自闭症儿童的患病存在家族聚集现象,同卵双生共患自闭症的概率为

60%～92%,而异卵双生的共患概率为 0%～10%。医学领域对自闭症的病因研究多指向基因异常,认为自闭症的发生主要与基因异常有关,复杂家系的全基因组扫描显示至少有 10 种基因与其发病有关。但由于基因改变相对随机,具有偶发性,仅有 1%～3% 自闭症病例的基因改变明确一致,已发现基因改变的自闭症病例占比为 10%～15%,而大部分自闭症病例的发病原因尚未明确(姚小雪等,2014)。

2016 年发表的一项有关双胞胎研究的 Meta 分析报告指出,尽管非遗传因素很重要,但64%～91%的自闭症风险是由遗传因素引起的(Tick et al.,2016)。同胞研究表明在家里率先出生的同胞儿童被确诊为自闭症后,后续出生的同胞儿童出现自闭症的患病率为 7%～20%,并且有两个年长自闭症同胞的家庭年幼同胞患病率将进一步增加。此外,男孩的自闭症患病率是女孩的 3～4 倍(Ozonoff et al.,2015)。

(二)神经因素

神经生物学研究已经发现,自闭症不是特定脑区的局部损伤,而是发育早期脑部整体组织结构异常。自闭症最常见的神经解剖学特征就是婴幼儿早期大脑体积的过度增长(Hazlett et al.,2017)。与正常发育的儿童相比,自闭症儿童大脑更早出现加速的发育,从而导致神经网络连接的改变(Lewis et al.,2014)。自闭症患者普遍表现出整体大脑神经元连接不足,以及特定脑区(如额叶和枕叶)局部连接过度的模式(Rane et al.,2015)。此外,神经发育机制相关基因在自闭症中表达下降,而参与免疫过程的基因表达上调(Voineagu et al.,2015),从而引起突触发生异常、兴奋性和抑制性神经元比例失衡,并进一步影响了神经网络连接发育(Rubenstein,2015)。

脑部组织结构、功能异常和神经递质的异常都可能影响患儿在语言、行为、社会认知等方面的发育。王琳(2020)在对自闭症儿童早期脑结构发育的研究中发现,自闭症儿童在婴儿期会出现大脑皮层表面积的加速增大、脑脊液的过量增加、脑白质结构异常等。

(三)孕产期因素

孕产期危险因素与儿童自闭症发病密切相关,但缺乏特异性。研究发现,孕期情绪焦虑紧张、病毒感染史、用药史、高龄产妇、早产、难产、低体重、出生缺陷等都是儿童自闭症发病风险升高的因素(罗维武等,2000;汪卫华等,2003)。研究结果一定程度上支持遗传致病的观点,但不能排除孕产期的环境致病因素。孕产期危险因素并不作为儿童自闭症致病的一个独立因素来考虑,很可能是致病的辅助因素。

(四)社会心理因素

Kanner 提出了自闭症是由父母在情感方面的冷漠和教养方式过分形式化所造成。但也有研究指出儿童自闭症可发生在任何社会阶层的家庭,与家庭环境、父母职业、文化程度、教养方式等没有明显关系(徐翠青,2004)。尽管研究结果不一致,多数学者认为父母的经济文化水平、教养方式等都可能对儿童自闭症的发生、发展、早期诊断治疗造成一定影响。

第二节　自闭症谱系障碍常用评估方法

自闭症谱系障碍儿童诊断流程应包含早期筛查、病史采集、精神检查、心理评估、体格检查、辅助检查以及诊断评估。由于自闭症病因尚不明确,难以根据生化指标进行诊断,目前仍然是通过外显行为表现作为诊断自闭症的主要手段。所以医生主要是通过家长访谈、临床测试评估患者以及两种方式相结合来进行诊断。

当前,诊断评估量表主要包括:常用自闭症筛查量表、自闭症诊断量表以及发展能力评定量表。自闭症行为量表 (Autism Behavior Checklist, ABC)、克氏自闭症行为量表 (Clancy Autism Behavior Scale, CABS)以及儿童自闭症评定量表(Childhood Autism Rating Scale, CARS)都是国内临床上广泛使用的儿童自闭症评估工具。李建华等(2005)对上述 3 种量表进行了临床应用比较,发现 ABC、CARS 以及 CABS 是辅助诊断自闭症的重要评估工具,相互间具有较好的一致性。虽然这些量表在国内应用较多,但值得注意的是这些量表都比较陈旧,已经落后于当今的筛查衡量标准。

近年来,随着人们对自闭症认识的不断加深,又发展出了一些较新的诊断量表,其中较受推崇的当数由美国凯瑟琳·劳德教授等制定的自闭症诊断访谈量表修订版(Autism Diagnostic Interview Revised,ADIR)和自闭症诊断观察量表新版(Autism Diagnostic Observation Schedule,ADOS-2)。目前这两种量表在欧美等地已享有自闭症诊断"金标准"的美誉。

　　在国外,有关自闭症儿童患者的科学研究通常使用的诊断工具是 ADIR 和 ADOS-2,其他量表都只能算是筛查工具。这两种诊断工具已经被世界各国广泛采用,并被翻译成多种语言。但这两种量表在我国还未被广泛应用,国内具备此工具使用资格的机构屈指可数。诊断量表的评定结果仅可作为儿童自闭症诊断的参考依据,不能替代临床医师综合病史、精神检查并依据诊断标准做出的自闭症诊断。

一、常用筛查量表

(一)自闭症行为量表

1. 筛查内容

自闭症行为量表(ABC)是目前国内应用最广泛的自闭症评估量表之一。ABC 量表由 Krug 于 1978 年编制,表中列出 57 项自闭症行为特征,包括感觉(sensory)、交往(relating)、躯体和物体使用 (body and object use)、语言(language)、社会生活自理(social and self-help)等 5 个方面,适用于 2～14 岁儿童的筛查、辅助诊断,由儿童的父母或与儿童共同生活 2 周以上的人进行评分。1989 年北京医科大学杨晓玲教授将其引进并进行了修订,主要用于自闭症儿童筛查,侧重于儿童行为方面的检测,详见附录 1。

2. 筛查评价方法

为方便使用,设计者在每项后标明了应得的分。按每项在量表中的负荷大小而分别给评 1、2、3、4 分。如第×项,只要儿童有该项表现,无论症状表现轻重都评"4"分,如没有则可以不选。该量表项目数量适中,评定只需 10～15 分钟便可完成,对不同年龄、不同性别者使用无差异,其信度、效度均较好。

　　使用时,首先让家长根据孩子近期的表现,在 ABC 量表每个项目的相应数字上画"√",然后计算各分测验的分数和量表总分。如果受测者的量表总分等于或高于 31 分,可怀疑为患有自闭症;如果受测者的量表总分等于或高于 62 分,可以诊断为患有自闭症,分数越高,提示自闭症状越明显。

我国学者研究显示,ABC 量表与临床诊断的阳性符合率达 80%。在我国多年的临床应用显示该量表的信度和效度均较好。ABC 量表目前广泛用于自闭症病情评估、治疗方法评估等方面,是最为常用的自闭症评估量表之一。

3.注意事项

(1)家长并没有诊断能力,不能仅凭 ABC 量表来诊断自己的孩子是否患有自闭症,该量表仅用于参考;

(2)家长可能对孩子的某些症状和行为不能做出如实的判断,从而高估或低估受评者;

(3)要评定的现象不一定在当时便出现,甚至某些心理的或生理的病理特征也不一定能经常看见。

(二)克氏自闭症行为量表

1.评价内容

克氏自闭症行为量表(CABS)是 1969 年由 Clancy 等(1969)编制,共 14 个项目。1983 年谢清芬等对该量表进行修订,将原来的二分法修改为"从不 0 分""偶尔 1 分"和"经常 2 分"3 种反应强度。该量表为目前国内使用较多的自闭症筛查诊断量表之一。该表使用简便,耗时不多,不受场地设备限制,只需了解患儿病情的家属填写,故被临床医生广泛采用。该量表针对 2～15 岁的人群,适用于儿保门诊、幼儿园、学校等对儿童进行快速筛查,具体见附录 2。当上述筛查量表结果异常时,应及时将儿童转介到专业机构进一步确诊。

2.评价方法

该量表由患儿家长填写,共包括 14 项行为表现,每项根据行为出现的频率分为"从不""偶尔""经常",分别记 0、1、2 分,总分大于 14 且"从不"选项 3

项以下、"经常"项目 6 项以上,可能为自闭症,分数越高,可能性越大。

3.注意事项

(1)该量表由了解患儿病情的家属根据孩子最近 1 个月的情况进行填写;

(2)该量表对自闭症患儿有辅助诊断意义,但是家属文化程度参差不齐,对量表的内容理解可能不够,或判断失准,分析时还应结合临床表现及其他诊断手段。

二、常用诊断量表

(一)儿童自闭症评定量表

儿童自闭症评定量表(CARS)由美国学者 Schopler(1980)编制而成,诊断标准一致性高,评定内容特异性高,具有良好的临床价值,是经常使用的标准化自闭症评估工具。

1.评定内容

该量表共由 15 项内容组成,适用于 2~15 岁儿童,由具有丰富的专业知识和临床经验的专业人员进行评定,因而用该量表进行评定时准确性高,鉴别能力强,可以很好地将自闭症儿童与其他疾病或正常儿童区分开来。模仿能力、语言交流能力、非语言交流能力等这些自闭症儿童核心症状的表现,CARS 均有所考量,所以用该量表能够很好地观察自闭症儿童存在的严重问题或程度,见附录 3。

2.评价方法

该量表每项内容按 1、2、3、4 分进行评定(1 与年龄相当;2 轻度异常;3 中度异常;4 重度异常),每一级评分都有详细描述。该量表总分为 60 分。每项按 1~4 级评分,最终总分低于 30 分,初步判定为无自闭症;总分大于或等于 30 分可诊断为自闭症,小于 36 分时则为轻—中度自闭症,达到或大于 36 分时为重度自闭症。

3.注意事项

(1)使用 CARS 进行评定时对场所和工具都有一定的要求,同时因为是专业的检查者使用，对儿童并不了解，故需要对儿童的行为进行一定时间的观察；

（2）由于儿童实际状态可能会介于两个评级所描述的症状之间，所以可以出现 1.5、2.5 之类的分数；

（3）诊断量表的评定结果只能作为儿童自闭症诊断的参考依据，不能代替临床医师综合病史、精神检查做出的诊断；

（4）在临床上可将 CARS 与其他量表（如 ABC）配合使用，以减少儿童自闭症漏诊、误诊情况的出现。

（二）自闭症诊断访谈检查

自闭症诊断访谈检查最早由 Couteur 等（1989）编制，是一种定式检查而非自闭症量表，是以评定者为基础的鉴别与诊断自闭症和广泛性发育障碍的半定式的访谈工具。通过对应诊患儿的主要护理人员进行询问，对 2 岁以上任何心理年龄水平存在相关发育障碍的个体提供终身评估与普适性疾病鉴别诊断。《自闭症诊断访谈修订量表》（ADIR）由美国凯瑟琳·劳德教授等在自闭症诊断访谈检查的基础上修订而成。修订后的自闭症诊断访谈量表适用于诊断和鉴别 2 岁以上儿童或成人是否患有自闭症（郭延庆等，2002）。该评估量表具有较高的信度和效度，它提供可量化的分数，用来说明儿童在交流、社会交互、刻板重复行为方面的严重程度，在国外诊断中应用较为广泛。但该表对评估者的临床技术要求较高，评估时间比较长，通常需要 90～120分钟完成，并且需要配合自闭症诊断观察量表（ADOS）来提高诊断的精确性，在我国还未被广泛使用。

1. 诊断访谈内容

修订之后的 ADIR 由 93 个项目组成，分为 6 个部分。其中前 3 个部分——社会交往作用方面的缺陷（16 项，B 类），语言及交流方面异常（13 项，C 类），刻板、局限、重复的兴趣与行为（8 项，D 类）——是儿童自闭症的 3 个核心症状，与 ICD-10 和 DSM-5 中儿童自闭症诊断标准的关系最为密切，是判断儿童是否异常的关键。此外还包含判断起病年龄（5 项，A 类）、非诊断记分(8项,O类)的项目,另有6个项目涉及自闭症儿童的一些特殊能力或天赋(如记忆、音乐、绘画、阅读等)。其中B、C、D3类主要询问应诊患儿早期及访谈前3个月的行为问题,通过长时间的行为观察以获得较为准确的测评结果。

2. 评价方法

由经过培训的医生主持检查,要求父母(或者患儿的主要监护人)提供患儿的具体行为细节,客观地表述应诊患儿的行为活动,这有助于减少在采访过程中因为情感原因导致的结果偏差。

ADIR对相关行为进行4个等级评价,如果该项明确存在异常,则被评价为"2"或"3","2"和"3"只有严重程度的差别;当患儿表现的指定行为介于"有"和"无"之间则被评价为"1";该项行为不存在异常,则被评价为"0"。这些行为异常都要持续存在或者重复出现3个月才可以被记录。当4个领域(A—起病年龄、B—社会交互作用、C—语言和交流和D—刻板、局限、重复的兴趣和行为)的分数都达到或超过各自的截止分数,那么该儿童就可以被诊断为自闭症。

3. 注意事项

(1)评测需由经过专门培训的医生完成,要求患儿的主要看护人向医生提供患儿每一个评价项目的具体行为细节,而非仅仅做出"有"或"无"的笼统判断;

(2)为了尽可能保证评测的可靠性,在条件允许的情况下,一般要求至少3名专业人员参与评估,各自独立评定后再进行综合判断;

(3)提醒患儿主要看护人员尽可能详细地描述患儿行为表现,切忌自己主观判断而忽视患儿本身的行为细节。

(三)自闭症诊断观察量表

自闭症诊断观察量表是一种半定式的评估诊断工具,以语言沟通、社会互动、游戏和刻板行为与局限兴趣为主要评估内容,凭借专业评估者使用和组织规范化、渐进化的评估材料和活动,对12个月大到成年的疑

似患有自闭症或其他广泛性发育障碍的个人在标准化的互动中进行观察
和评估。

该工具最初由美国凯瑟琳·劳德教授编制,后来与另一工具《语言前期
孤独症诊断观察方案》(*Pre-linguistic Autism Diagnostic Observation
Schedule*,PL-ADOS)合并并经过若干次修订(Ditavore et al.,1995;Lord
et al.,2000)而成。目前使用的版本是 2006 年修订的版本。

1. 诊断观察内容

自闭症诊断观察量表包括 4 个诊断模块。每一模块都包含一系列活动
组合,用于儿童及成人的某一特定发育水平及语言能力的评估。在使用时,
检查者需要根据被检查对象的言语表达水平及生理年龄,选择与其水平最相
适应的模块。需要严格按照模板特定的使用协议书且一次仅使用其中一个
模块检查某特定阶段的儿童及成人,如表 1-2 所示。

表 1-2　自闭症诊断观察量表模块使用对象表达语言水平要求

模块	使用对象语言表达水平要求	
	最低要求	最高要求
模块 1	无言语能力	简单短语
模块 2	灵活的 3 字短语[a]	流利言语[b]
模块 3	流利言语(儿童/青少年)	—
模块 4	流利言语(青少年/成人)	—

引自:汤宜朗,郭延庆,Catherine E. Rice,等. 孤独症诊断的金标准之一《孤独症诊断观察
量表》介绍[J]. 国际精神病学杂志,2010,37(1):38—40.
注:a:能经常、自发且有意义地使用 3 个字的短语,包括动词;b:能说出一些不同的句子类
型,语言能力足够叙述身边的事物,并能描述句子内的逻辑联系。

模块 1 主要适用于无语言的孩子,形式上以自由活动为主、简单游戏为
辅;模块 2 适用于有部分语言但还不能流畅沟通的学龄前幼儿,形式上以自
由活动为主加入简单游戏,评估幼儿基本的社交能力;模块 3 针对语言流利、
能用玩具进行拟人化游戏的个体;模块 4 针对青少年和成年人中社交和感情
产生问题的人群。模块 3 和模块 4 加入了互动游戏,用来评估沟通、同理心
和对他人的情绪。

　　ADOS 4 个模块设置的活动内容有所重叠,从模块 1 到模块 4 被评估者各个年龄阶段中相似的活动内容和形式以及社交意义得到一定程度的扩充、拓展和提高。在模块 1 和模块 2 的测试中,被评估者心理发展阶段和语言发育水平对测试产生了一定的限制,活动中需进行空间和情境的转换;在模块 3 和模块 4 测试过程中,评估者和被评估者可以进行近距离社交性对话。观察者和评估者应观察环境和被观察者的心理状态等具体情况,选择性对社交性和非社交性的活动进行定式和非定式的转变,时刻观察和记录被评估者的反应,表 1-3 是模块 1 中具体的评价内容。

表 1-3　ADOS 模块 1 的评价条目

评价条目	A 领域语言和沟通	B 领域相互性社会互动	C 领域游戏	D 领域刻板行为和局限兴趣
具体评价内容	非仿说语言的整体程度	不寻常的眼神接触	使用物品的功能性游戏	对游戏素材/人的不寻常感兴趣
	朝向他人发声的频率	反应性社交微笑	想象/创造力	手和手指及其他复杂的特殊习性动作
	发声或口语的语调	朝向他人的脸部表情		自我伤害行为
	立即性仿说	整合眼神注视和其他行为		不寻常的重复兴趣或刻板行为
	刻板/特异地使用单字或片语	主动表达社交意向		
	使用他人的身体来沟通	互动中分享乐趣		
	指物动作	叫名反应		
	姿势动作	要求		
		给予		
		自发地主动产生相互协调注意力		
		对相互协调注意力的反应		

引自:周秉睿,徐琼,鲁萍,徐秀.中文版《孤独症诊断观察量表》模块 1 信度和效度评价及临床应用研究[J].中国循证儿科杂志,2013,8(4):257—261.

2. 评价方法

ADOS 每一个模块操作大概需要 30～40 分钟。在这 30～40 分钟的观察期里，对被评估者在设定情境中的材料互动均需进行完整记录，总体的评分则需要在整个模块检查完成之后进行。根据这些评分以及附于模块最后的算分规则，可以形成对被观察者的诊断意见。评分结果分为 4 级：得分为 2 或 3 分表示该项目存在明显异常；1 分表示轻微异常；0 分为无异常。ADOS 模块 1 中诊断自闭症需同时满足以下 3 个条件：A 领域＞2 分，B 领域＞4 分，A ＋ B 领域＞7 分。由于受试者在有限的时间及环境中并不一定能够表现出特定的兴趣及刻板行为，D 领域条目目前并不包含在诊断算法中（周秉睿等，2013）。

3. 注意事项

（1）评估人员要经过专业培训，需熟悉、了解、掌握各模板中的评估条目，严格遵循活动和材料以及互动方式、形式的诊断要求。在评估过程中，评估人员应高度注意被评估者，详细、翔实记录，便于后期评分，扫除后期对正常检查和评估的影响。

（2）ADOS 需长时间进行以获取足够观察的时间和行为信息，从而达到通过完整信息做出更优诊断的目的。

总之，目前国内儿童自闭症评估工具较少，本土化程度低，需要加快修订工作的进展速度。在修订过程中，应加强各医疗单位、学校、特殊教育部门等的合作，扩大样本量、减少遗漏、提高本土化程度。还应设置适当的随访，以评价评估工具的准确性。

三、发育评估量表

可用于自闭症患儿发育评估的量表包括丹佛发育筛查测验表、波特奇早期发育核查表、盖泽尔发展诊断量表和心理教育量表。本书重点介绍心理教育量表。

心理教育评定量表（Psycho-Educational Profile，PEP）是美国北卡罗来纳州立大学精神病学系 Schopler 等（1980）因结构化教学（treatment and

education of autistic and related communication handicapped children,
TEACCH)的需求而制定的。该量表首次从儿童发展角度评估自闭症儿童,
以制订早期疗育、家庭教育的系统教育治疗计划。

PEP 自问世以来迅速在美国及全球得到广泛应用,我国香港协康会在
1990 年引入并充实和修订 PEP,使其适合 2.5 岁及以下儿童,用来扩大语言
功能范畴,简化评估行为的问题。通过修改专有名词,运用量表评估可以识
别自闭症儿童的强项和弱项,并进行针对性结构化教学。我国香港协康会紧
跟 PEP、PEP-R、PEP-3 等 3 个版本的变迁及时进行修订,进行相应信度效度
研究,逐渐形成现在应用的 PEP-3 繁体中文版(Shek et al.,2005)。

目前,国内使用的 PEP 量表有两个版本:香港协康会修订的 PEP-3(繁
体中文)及北京大学第六医院与辽宁师范大学联合修订的 C-PEP。PEP 不仅
适用于自闭症儿童,对相关智力、语言发育障碍儿童的个体化评估同样有效。
它不仅能提供有关患儿目前发育水平的信息,指出患儿偏离正常发展的特征
与程度,而且可为临床医生、特教工作者及家长制定下一步个体化训练方案
提供科学依据,在对康复治疗方法的有效性观察中也显示出其优越性,其诊
断与教育效果已得到世界多国专家及患儿家长的广泛认同(Salgueiro et al.,
2012;Villa et al.,2010)。

(一)测试内容

PEP-3 量表评估内容包括自闭症儿童及相关发育障碍儿童的各方面情
况:感知、模仿、大小肌肉能力、手眼协调能力、语言表达、认知理解及相关病
态行为等。PEP-3 包含儿童发展及行为副测验和儿童照顾者副测验两大部
分:儿童发展及行为副测验包括认知 34 项、语言表达 25 项、语言理解 19
项、小肌肉 20 项、大肌肉 15 项、模仿/视觉动作 10 项、情感表达 11 项、社
交互动 12 项、行为特征(非语言)15 项、行为特征 (语言)11 项,具体如
表 1-4 所示;儿童照顾者副测验包括问题行为 10 项、个人自理 13 项、适
应行为 15 项。

表 1-4　PEP-3 儿童发展及行为副测验部分评估内容

发展部分测验	评估内容	评估项目举例
认知 （语言/语前）	认知、对口语的记忆、逻辑推理、视觉肌动统合等	重复句子或数字，描边
语言表达	与他人进行沟通交流，表达自己的能力	说出卡片上图片所代表的词语，向大人表达饥饿、想要食物、想要玩具，说出大和小的形状
语言理解	理解他人说话的能力	指出测试员所说的身体部位，能够辨认常见事物的图片，能够理解一些动词
小肌肉	身体各个不同部位精细动作的能力、3～4 岁儿童生活所需能力	筷子夹小球，在指定区域内填色、串珠子
大肌肉	协调、控制身体各个部分的能力	上楼梯，能熟练地拍皮球 5 下，双脚交替跳过低矮的障碍物
模仿 （视觉/动作）	在视觉及肌动项目上的模仿能力	模仿小肌肉、大肌肉的动作并能熟练地使用一些简单日常生活用品
问题行为测验	测验指向	评估项目列举
情感表达	能在不同场合表达恰当的情感	能够对测试员展开的游戏等表达愉悦等情绪，通过身体动作、面部表情等去感受
社会互动	在不同场合与他人交往、沟通的能力	与测试员进行简单的互动，如展开一些简短的对话、进行眼神接触等
语言行为特征	恰当地说话	重复词语或短句，发出无意义的声音
非语言行为特征	触觉和感知觉行为	儿童玩弄测试的材料，公式化的行为及表现

引自：张长莉，张嘉江.PEP-3 特点及基于个别化教育计划的应用举例[J].黑龙江教师发展学院学报，2020,39(11):69—71.

（二）评价方法

PEP-3 以"0、1、2"3 级评分，可通过电脑软件计算原始分，并将其和发展月龄一起进行疗效对比分析。

（三）注意事项

PEP-3 引入家长评定量表，该量表须由父母或照顾者填写，这部分内容有助于认清儿童的发展程度,也有助于帮助治疗师认识儿童的不足,在自闭症儿童评定中优势更为突出,能更好地反映患儿的问题行为、适应行为和自理能力,可作为康复训练中个性化方案制定的有效补充,更好地减少因特殊儿童对环境、测试者不适应及行为依从性差而出现的偏差。

第三节　自闭症谱系障碍诊断标准

日常生活中,父母发现儿童疑似患有自闭症倾向时,通常无法做出诊断。鉴别和诊断要由专业医疗机构来做。目前,针对自闭症广泛使用的诊断分类标准主要有美国精神医学学会(American Psychiatric Association,APA) 编写的《精神疾病诊断与统计手册》(*Diagnostic and Statistical Manual of Mental Disorders*,DSM) 以及世界卫生组织出版的《国际疾病分类:精神和行为疾病分类》(*International Classification of Diseases*,ICD)两大诊断系统,这两者是在自闭症的诊断分类和研究领域中有着全球影响的工具,其中 DSM 诊断标准应用最为广泛。2001 年,《中国精神障碍分类与诊断标准》(*Chinese Classification and Diagnostic Criteria of Mental Disorders*,CCMD)出版,该标准中的自闭症诊断分类标准也是以 DSM 评估系统为蓝本编纂而成。

一、《精神疾病诊断与统计手册(第五版)》

(一)自闭症谱系障碍诊断标准演化进程

科学的诊断是实施自闭症有效干预服务的必要前提。作为一种具有临床多样性、病原学异质性且常并发多种其他疾病的复杂神经发展异常障碍,以现有的科研水平,要找到该疾病准确的发病机制还尚需时日。因此,对自闭症的诊断更多的只能通过自闭症一系列外显的临床表现来确定其获得情况,这就对科学系统的诊断分类标准的建构提出了更高、更具体的要求。

最初的精神疾病诊断分类系统(DSM-1、DSM -2 和 ICD-8)中,均将自闭症归为儿童期精神分裂症。随着自闭症案例的不断积累,临床界对自闭症的语言和社会交往困难的认识开始逐渐清晰起来,并在承认对其真正病理机制认识不足的基础上,于 20 世纪 70 年代末将自闭症的主要症状表现归纳为:

"社会互动障碍""语言沟通障碍"及"重复出现刻板固执的行为、兴趣和活动方式"三大障碍,这也成为精神医学诊断自闭症的主要参考依据。同时,这一时期的 ICD 和 DSM 两大诊断分类系统也都将自闭症从先前的儿童期精神分裂症归类中移出,其中 1980 年出版的《精神疾病诊断与统计手册(第三版)》首次将典型自闭症(autistic disorder,AD)归入"广泛性发育障碍"分类下,而此时对这一障碍的定义并没有"谱系"的概念,还主要专注于幼儿期AD,对其发展性变化以及晚发型 AD 的描述还很不完善。

1994 年出版的《精神疾病诊断与统计手册(第四版)》中自闭症诊断分类标准的变化很大,主要表现在以下几个方面:优化了该版本自闭症诊断分类标准的灵敏度和特异度,同时提高了缺乏经验的评估者在使用该诊断分类标准进行诊断的可靠性;将童年瓦解性障碍(childhood disintegrative disorder,CDD)、雷特综合征(rett's syndrome,RTT)及待分类广泛性发展障碍(pervasive developmental disorder-not otherwise specified,PDD-NOS)3 类 AD 相关亚型纳入"广泛性发展障碍"的分类下。

(二)《精神疾病诊断与统计手册(第五版)》(DSM-5)

2013 年 5 月 18 日,美国精神病学会编著 DSM-5 并在美国正式出版,自闭症谱系障碍诊断标准见表 1-5。

表 1-5　《精神疾病诊断与统计手册(第五版)》诊断标准

A. 在各种情景下持续存在的社会交流和社会交往缺陷,不能用一般的发育迟缓解释,符合以下 3 项:(1)社会情感互动缺陷:轻者表现为异常的社交接触和不能进行来回对话,中度者表现为缺乏分享性兴趣、情绪和情感,社交应答减少,重者完全不能发起社会交往。(2)用于社会交往的非言语交流行为缺陷:轻者表现为言语和非言语交流整合困难,中度者表现为目光接触和肢体语言异常,或在理解和使用非言语交流方面缺陷,重者完全缺乏面部表情或手势。(3)建立或维持与其发育水平相符的人际关系缺陷(与抚养者关系除外):轻者表现为难以调整自身行为以适应不同社交场景,中度者表现为在玩想象性游戏和结交朋友上存在困难,重者明显对他人没有兴趣。

B. 行为方式、兴趣或活动内容狭隘、重复,至少符合以下 4 项:(1)语言、动作或物体运用刻板或重复(如简单刻板动作、回声语言、反复使用物体、怪异语句)。(2)过分坚持某些常规及言语或非言语的仪式行为,或对改变过分抵抗(如运动性仪式行为,坚持同样的路线或食物,重复提问,或对细微变化感到极度痛苦)。(3)高度狭隘、固定的兴趣,其在强度和关注度上是异常的(如对不寻常的物品强烈依恋或沉迷,过度局限或持

续表

续的兴趣)。(4)对感觉刺激反应过度或反应低下,对环境中的感觉刺激表现出异常兴趣(如对疼痛、热、冷感觉麻木,对某些特定声音或物料表现出负面反应,过多地嗅或触摸某些物体,沉迷于光线或旋转物体)。	
C.症状必须在儿童早期出现(但当对儿童社交需求未超出其受限能力时或在后期学习时才会显著表现出来)。	
D.这些症状将会影响个体的社交、工作或其他的日常功能。	
E.这些问题不能完全用智力障碍、智力发展问题,或发育迟缓来解释。智力障碍和自闭症谱系障碍常常会共同出现,从而产生自闭症谱系障碍和智力障碍共病的诊断,社会交往低于一般发展水平。	

引自:邹小兵,邓红珠.《美国精神疾病诊断分类手册(第五版)》"孤独症谱系障碍诊断标准"解读[J].中国实用儿科杂志,2013,28(8):561—563.

DSM-5改变了过去版本中较为模糊甚至无明显病情程度划分的诊断方式。根据自闭症谱系障碍儿童的症状和功能水平分为3级严重程度,以便能够更好地为自闭症谱系障碍儿童家庭选择干预方案提供参照,如表 1-6 所示。

表 1-6　自闭症谱系障碍严重程度

项目	严重程度	社会交流	受限、重复的行为
具体分级内容	第三级"需要非常大的支持"	语言及非语言社交能力的严重缺陷导致严重的功能损害,社交互动非常有限,对他人发起的社交行为极少回应。比如,个体只能讲几个可被理解的词,极少发起社交互动,当其发起社交行为时,仅是为达成其需求而做出不寻常的举动,且仅对非常直接的社交方式做出反应	行为缺乏灵活性,应对变化非常困难,或受其他限制/重复的行为表现严重影响到各方面功能。对改变关注点或改变行动有极大的痛苦/困难
	第二级"需要巨大支持"	在语言和非语言社交技巧方面有明显缺陷;在有支持帮助的情况下,社交功能缺陷仍明显;可发起有限的社交互动;对他人发起的社交行为有极少的或不正常的回应。比如,个体可说简单句子,仅对狭窄范围的兴趣有互动,且有明显奇特的非语言交流	行为缺乏灵活性,应对变化困难,或其受限/反复的行为表现频繁出现,可被他人观察到,且影响到许多领域的功能。对改变关注点或改变行动感到痛苦和/或困难

续表

项目	严重程度	社会交流	受限、重复的行为
具体分级内容	第三级"需要支持"	在没有支持帮助的情况下，社交方面的缺陷引起可被注意到的功能损害。发起社交行为有困难，对他人发起的社交行为有不合规则或不成功的反应。可能在社交互动方面兴趣减少。比如，个体可说完整的句子且乐于交流，但不能进行你来我往的谈话，其试图交朋友的方式奇特且通常不成功	行为缺乏灵活性，从而在一个或更多领域引起明显的功能损害。转换活动时有困难。组织或计划方面有困难，以致阻碍其独立

引自：卜凡帅，徐胜.DSM孤独症谱系障碍诊断分类标准的演变、影响与展望[J].中国心理卫生杂志，2015，29(6)：425—430.

（三）DSM-5诊断标准新变化

DSM-5中关于自闭症概念的修改反映了现阶段人们对其的了解更加深入。DSM-5提供了更准确、更全面的诊断标准，与之前版本相比主要有以下变化。

（1）统一诊断名称。首先，DSM-5从分类上，用自闭症谱系障碍替代原有的广泛性发育障碍。这一名称的变化更加突出了病症的"谱系"理念，体现了自闭症原不同亚型之间的统一连续性。在DSM-4中，广泛性发育障碍名称下有自闭症、阿斯伯格综合征、儿童瓦解性精神病、非特定的广泛性发育障碍及雷特综合征等5种疾病名称。而这5种疾病间的界限实际上并不清晰，在很长一段时间，同一患者由不同医生看诊，可能会获得不同诊断，如不典型自闭症、阿斯伯格综合征或高功能自闭症，这让患儿家长感到迷茫和混乱。从美国已进行的现场诊断试验结果看，新标准达到了不同医生对同一患者获得相同诊断的效果（Huerta et al.，2012）。

（2）增加自闭症障碍支持程度。DSM-5相对于之前版本DSM的另一个显著变化就是加入了对自闭症障碍支持程度的描述，这也是DSM中自闭症诊断分类标准长期以来饱受诟病的一个重要缺失。具体来说，DSM-5将自闭症的障碍支持程度对应新划分的两大诊断领域划分为3级：需要支持（Ⅰ级）、需要较多支持（Ⅱ级）、需要极大支持（Ⅲ级），以期对这类儿童提供更加适切的帮助。

（3）调整诊断领域。DSM-5 将诊断标准缩减为两大领域 7 项标准，需要诊断的最少项目数也减少到 5 条，即将原自闭症三大缺陷领域中的"社会交往"和"语言沟通"合并为"社会交往"，与"刻板/重复性行为"一起构成了 DSM-5 中自闭症的两大诊断领域。在临床实践中，医生普遍感觉到，自闭症的社会交往领域和语言沟通领域的两大核心缺陷在很大程度上有紧密重合和不可分割性；语言发育障碍在自闭症表现中不具备普遍性和特异性，不能依据语言障碍鉴别自闭症与其他发育障碍（如智力障碍和语言障碍），相反，强调语言障碍在自闭症诊断中的重要性可能会起到阻碍早期发现自闭症的不良效果。因此在 DSM-5 中，自闭症诊断标准条目由 3 个核心症状减为 2 个，将社会交往障碍和沟通障碍合并为社会交往障碍，保留狭隘兴趣与刻板行为。

（4）设立新诊断分类。在 DSM-5 中，那些只表现出社会交往领域障碍，而未表现出限制性兴趣/重复行为"被诊"者，被分离出去，在"交流障碍"下设立新的诊断分类，即"社会交流障碍"（social communication disorder, SCD）。DSM-5 减少了语言障碍在自闭症诊断标准中的权重：语言发育落后、刻板重复语言或特殊语言、社交语言缺乏是 DSM-4 中自闭症的重要诊断依据；而 DSM-5 中，仅提到了语言与非语言交流的整合能力差，未提到语言障碍。

（5）诊断时间提前。DSM-5 提出"症状必须在儿童早期（婴幼儿时期）出现"，为早期诊断提供了依据，使早期干预成为可能，其意义之重大显而易见，也是新标准的重要进步。在 DSM-4，由于"3 岁前起病"条目的存在，临床医生做出自闭症早期诊断缺乏依据。充足的临床依据证明，自闭症患儿在婴儿期或儿童早期即可出现特征性表现和症状，1 岁前后得到早期诊断不仅重要，而且完全可能。有经验的临床医生有能力在患儿 1 岁甚至 1 岁以内做出明确的自闭症诊断。

（6）暂时或曾经出现过的症状均可作为诊断依据。

（7）将感觉症状划为受限、重复行为的一类。感觉症状包括对感觉输入（光、声音、味觉、触觉等）的高反应性或低反应性，或对感觉刺激的异常兴趣（盯着光看、旋转物体等）。

二、《国际疾病分类》诊断标准

《国际疾病分类》(ICD)由世界卫生组织主持编写并发布。ICD诞生之初(ICD-1)是按解剖学部位进行的致死原因分类,从 ICD-1 到 ICD-5,大约每 10 年修订一次。ICD-6 第一次把精神障碍进行了分类,但没有提供定义或诊断指南。ICD-7 的精神障碍分类没有大的变化。ICD-8 的精神障碍分类中首次出现"autism"一词,将"婴儿孤独症"列入"精神分裂症"的"其他"子分类中,但是没有提供定义描述。直到 1990 年发布 ICD-10,自闭症归类在广泛性发育障碍(F84)分类下,被分为 8 种不同的广泛性发育障碍(pervasive developmental disorder,PDDs):儿童自闭症,非典型自闭症,雷特综合征,儿童瓦解性精神障碍,伴智力缺陷和刻板运动的过度活动障碍,阿斯伯格综合征,其他广泛性发育障碍以及待分类的广泛性发育障碍。2018 年 6 月 18 日,世界卫生组织发布了《国际疾病分类》第 11 版(ICD-11),提出自闭症两个核心症状领域(社会交往和沟通障碍狭隘,兴趣与刻板行为)和 12 项标准,并首次引入"待分类的广泛性发育障碍"概念。

ICD-11 指出自闭症的缺陷足够严重,以至于个人、家庭、社会、教育、职业或其他重要功能领域受损,并且自闭症谱系障碍个体在智力和语言能力方面表现出全方位的障碍。根据是否伴有智力发育障碍和功能性语言障碍的严重程度,将自闭症谱系障碍分为 8 个亚型,如表 1-7 所示。

表 1-7 自闭症在 ICD-11 中的编码和分类

6A02 自闭症谱系障碍

6A02.0 自闭症谱系障碍,不伴有智力发育障碍,伴有轻度功能性语言障碍或无功能性语言障碍

6A02.1 自闭症谱系障碍,伴有智力发育障碍,伴有轻度功能性语言障碍或无功能性语言障碍

6A02.2 自闭症谱系障碍,不伴有智力发育障碍,伴有功能性语言障碍

6A02.3 自闭症谱系障碍,伴有智力发育障碍,伴有功能性语言障碍

6A02.4 不伴有智力发育障碍,伴有功能性语言缺失

6A02.5 伴有智力发育障碍,伴有功能性语言缺失

续表

6A02 自闭症谱系障碍

6A02. Y 其他特定的自闭症谱系障碍
6A02. Z 待分类的自闭症谱系障碍

引自:毕小彬,范晓壮,米文丽,等. ICD-11 和 DSM-5 中孤独症谱系障碍诊断标准比较
[J].国际精神病学杂志,2021,48(2):193—196.
注:轻度功能性语言障碍或无功能性语言障碍指使用功能性语言(口语或符号语言)表达
个人需求或意愿等目的的能力轻度受损或没有受损;功能性语言障碍指年龄相关的功能
性语言(口语或符号语言)显著受损,并且不能使用多于单个词语或简单句型的功能性语
言来表达个人需求或意愿等目的;功能性语言缺失指完全或者几乎完全丧失年龄相关的
使用功能性语言(口语或符号语言)表达个人需求或意愿等目的的能力。

　　ICD 和 DSM 作为自闭症领域最权威的两大诊断系统,一直以来都备受临床和教育工作者关注。在最新版本的修订过程中,两大系统都注重兼容性,互相靠拢,两者核心症状标准类似,但在某些方面却不完全相同,如表 1-8所示。

表 1-8　ICD 和 DSM 关于自闭症诊断标准差异

诊断系统	ICD-11	DSM-5
分类	将自闭症细分为 8 个亚类; 提供自闭症患者有智力障碍和没有智力障碍的详细区分方法	没有进行自闭症亚类区分,但有自闭症严重程度分类; 简单承认自闭症与智力障碍可以共存
诊断	把"已获得技能的缺失"作为自闭症诊断的一个特征; 没有具体的诊断条目,仅列出临床描述和诊断指南	没有把退行性作为自闭症诊断的一个标准; 有清晰诊断标准
共病	提供自闭症个体是否伴有智力障碍和语言障碍的详细指南; 在共病的诊断上临床自由度更大	简单指出自闭症和智力障碍及语言障碍可以同时发生; 对共病的关注较少

引自:邹小兵,邓红珠.《美国精神疾病诊断分类手册(第 5 版)》"孤独症谱系障碍诊断标准"解读[J]. 中国实用儿科杂志,2013,28(8):561—563.

　　总体上,DSM-5 给出的是统一的分类和诊断标准,而 ICD-11 给出的是诊断指南,没有具体的诊断条目,给临床工作者更多的弹性;ICD-11 列出自闭症定义性的特征,没有规定自闭症的诊断必须符合一定数量的特征或特征组合的阈值,只是列出各种定义性的特征,让临床自行决定,这种灵活性准许

基于临床诊断和常识进行诊断；DSM-5 则有更为清晰的标准，更利于自闭症相关的流行病学调查和科学研究的开展。

ICD-11 的发布，对目前正在使用 DSM-5 为标准的自闭症诊断必定带来积极的影响。详细了解和掌握 ICD-11 和 DSM-5 的自闭症诊断差异，有助于临床工作者根据自闭症个体的疾病程度和共病情况来制定最为适合的个体化治疗方案。

三、《中国精神障碍分类与诊断标准》

无论是 DSM 系统还是 ICD 系统的诊断分类标准，这种基于症状表现来确定自闭症获得情况的方法难免因地区文化差异而出现偏差，因此针对本地区文化调适就显得尤为不可或缺。2001 年，《中国精神障碍分类与诊断标准（第 3 版）》(*Chinese Classification and Diagnostic Criteria of Mental Disorders*，CCMD- 3)出版，至今已有 20 余年，诊断分类标准依旧沿用 3 个症状领域诊断条目，新版本的修订工作亟待开展。

CCMD-3 中指出，儿童自闭症是一种广泛性发育障碍的亚型，以男孩多见，起病于婴幼儿期，主要为不同程度的人际交往障碍、兴趣狭窄和行为方式刻板。约有 3/4 的患儿伴有明显的精神发育迟滞，部分患儿在一般性智力落后的背景下具有某方面较好的能力，具体诊断标准如表 1-9 所示。

表 1-9 《中国精神障碍分类与诊断标准》诊断标准

A.症状标准：在下列 1、2、3 项中，至少有 7 条，且 1 项至少有 2 条，2、3 项至少各有 1 条。
1. 人际交往存在质的损害，至少 2 条：
(1)对集体游戏缺乏兴趣，孤独，不能对集体的欢乐产生共鸣；
(2)缺乏与他人进行交往的技巧，不能以适合其智龄的方式与同龄人建立伙伴关系，如仅以拉人、推人、搂抱作为与同伴的交往方式；
(3)自娱自乐，与周围环境缺少交往，缺乏相应的观察和应有的情感反应(包括对父母的存在与否亦无相应反应)；
(4)不会恰当地运用眼对眼的注视，以及用面部表情、手势、姿势与他人交流；
(5)不会做扮演性游戏和模仿社会的游戏(如不会玩过家家等)；
(6)当身体不适或不愉快时，不会寻求同情和安慰，对别人的身体不适或不愉快也不会表示关心和安慰。

2. 言语交流存在质的损害，主要为语言运用功能的损害：
(1)口语发育延迟或不会使用语言表达，也不会用手势、模仿等与他人沟通；

续表

(2)语言理解能力明显受损,常听不懂指令,不会表达自己的需要和痛苦,很少提问,对别人的话也缺乏反应; (3)拒绝改变刻板重复的动作或姿势,否则会出现明显的烦躁和不安; (4)过分依恋某些气味、物品或玩具的一部分,如特殊的气味、一张纸片、光滑的衣料、汽车玩具的轮子等,并从中得到极大的满足; (5)强迫性地固执于特殊而无用的常规或仪式性动作或活动。
3.兴趣狭窄和活动刻板、重复,坚持环境和生活方式并不改变: (1)兴趣局限,常专注于某种或多种模式,如旋转的电扇、固定的乐曲、广告词、天气预报等; (2)活动过度,来回踱步、奔跑、转圈等; (3)拒绝改变刻板重复的动作或姿势,否则出现明显的烦躁和不安; (4)过分依恋某些气味、物品或玩具的一部分,如特殊的气味、一张纸片、光滑的衣料、汽车玩具的轮子等,从中得到满足; (5)强迫性地固执于特殊而无用的常规或仪式性动作或活动。
B.严重标准:社会交往功能受损。
C.病程标准:通常起病于 3 岁以内。
D.排除标准:排除阿斯伯格综合征、Heller 综合征(婴儿痴呆征)、雷特综合征、特定感受性语言障碍、儿童分裂症。

国内学者郭兰婷等(2010)研究发现 CCMD-3 与 ICD-10 临床诊断一致性较高,但少数症状出现率仍偏低。刘靖等(2006)的研究结果显示,CCMD-3 和 DSM-4 诊断标准具有较好的诊断一致性,为进一步提高诊断一致性,有必要对 CCMD-3 中个别症状条目予以调整,该研究结果与杨文婧等研究结论一致。杨文婧等(2010)认为 CCMD-3 症状条目较多,叙述较复杂,有利于诊断的严谨性,但也易导致漏诊,且个别条目如"活动过多"不是自闭症核心症状,应修订去除。

总之,无论哪种诊断标准和称谓如何变化,有一点始终得到公认:自闭症具有社会交往障碍和行为异常,行为异常通常表现在刻板行为和感知觉异常等方面。

第二章　自闭症谱系障碍儿童
运动功能评估及运动干预研究综述

第一节　动作及相关概念界定

一、概念

动作(motor skills)是人类必备的一种基本运动能力,它无处不在,是生命和发展最普遍、最基本的范畴与活动。动作是指通过练习而学会的一系列伴有期望结果的协调组合。动作研究涉及运动学、神经科学、心理学和机械工程等多个学科,不同学科的目标和对象不同,对动作的理解也有所不同。从行为角度来看,它是身体发展的一个重要部分,而儿童期是其发展的关键时期。从心理学角度来看,儿童早期的动作发展不仅是其智力发展的重要指标,更是其心理发展的主要建构力量。

新的学科研究表明:动作是在脑的多个区域的协同活动下,以一定的认知评估和情绪体验为背景,对个体所处特定环境中有意义信息的适应性反应,经过"计划—选择—决策—执行—反馈—调整"等一系列环节。动作发展涉及神经系统、肌肉系统和骨骼系统的整合与协调,是作为主体的个体对外部世界作出反应的基本方式。

基本动作技能(fundamental movement skills,FMS)是指人体非自然发生的基础运动学习模式。这一术语由美国学者 Beisman(1967)在研究有节奏伴奏时儿童学习基本技能的效果时第一次提出。根据基本动作技能研究的理论,通常认为个体的基本动作技能在婴儿期就开始发展,是进行复杂身体活动和专项运动技能形成的基础(Clark et al.,2005)。跟踪研究证据表明,儿童和青少年早期的基本动作技能水平与后期的表现存在明显的相关性,儿童和青少年在早期获得并保持良好的基本动作技能水平有助于未来运动技能的发展(Barnett et al.,2010;Dhondt et al.,2013;Lloyd et al.,2014)。较早进行基本动作技能发展的个体在后续的成长中能够表现出更高的运动技能以及竞技能力水平(Robinson et al.,2015;Stodden et al.,2008;Lloyd et al.,2015)。

二、基本分类

1967年,美国学者 Beisman 第一次提出了基本动作技能这一术语,并将投掷、捕捉、攀爬、平衡、跳跃、跨跳、变向跑、拍球和击打等统称为基本动作技能(Beisman et al,1967)。

1975年,美国学者 Gallahue 在总结前人的研究以后对基本动作技能这个术语进行了剖析,并将基本动作技能分成了基本移动能力和操纵技能两类(Gallahue et al,1975)。

1979年,美国学者 Seefeldt 在 Gallahue 研究的基础上将稳定技能从移动技能中独立出来,基本动作技能被分为移动技能、物体操纵技能和姿势控制技能(Stodden et al.,2008)。采用的分类标准不同,基本动作技能类别也不同。通常基本动作技能分为移动性动作技能、操控性动作技能以及平衡稳定性动作技能。移动性动作技能是指身体相对于空间的某一固定点发生移动,即从一点移动到另一点,从而产生空间距离的动作技能,如爬、走、跑、跳等。操控性动作技能是指身体的一部分(通常是手、脚)准确控制物体的动作技能,如投抛(球)、接(球)、踢(球)、停(球)等。平衡稳定性动作技能分两种情况:一种是在静态或动态情况下,克服身体重力,稳定身体各部位和关节,保持某种姿势的能力,如单足站立、手倒立等;另一种是身体绕3个解剖轴旋转的动作技能,如前(后)滚翻、直体滚动(Barnettl et al.,2016)。依据肌肉的参与情况分为粗大动作发展和精细动作发展;依据运动的时间分为分立动作技能、序列动作技能、连续动作技能;依据运动的环境分为开放性动作技能和闭合性动作技能。

对国内外数据库进行检索发现,当前 FMS 研究包括幼儿动作发展序列、FMS 与儿童青少年体力活动及认知发展、FMS 测评工具、FMS 干预策略等(Webster et al.,2017;Holfelder et al.,2014)。然而,相关研究多以普通人群为主,对特殊人群的关注相对较少。我国当前对 FMS 的研究尚处于起步阶段,对特殊人群 FMS 的研究更为匮乏。

三、动作发展的价值

幼儿阶段正处于基本动作发展的关键期,走、跑、跳、投等动作的产生与发展都在此阶段形成。关键期是幼儿动作技能学习与发展最容易的阶段,一旦错失,将难以弥补。研究显示,幼儿动作发展对其今后的身体健康有预测性作用,幼儿期动作发展水平高的幼儿,在其成年之后参与各种活动的积极性也高(刘慧然等,2019)。

(一)动作发展是儿童神经系统正常发育的标志之一

儿童动作的发展与神经系统发展有着密切的关系。感觉器官接受了外界刺激,通过外周神经将信息传达到中枢神经系统,中枢神经系统进行整合及处理后,再将处理后的信息或指令通过外周神经传达到相应的器官,信息通过运动神经传达到肌肉时,肌肉就会收缩和舒张产生一系列的动作。在神经系统的控制和调节下,儿童的各种动作发展迅速并更加协调。在早期,由于儿童语言能力发展的局限,使得儿童其他领域的发展成就主要以动作为表现形式。因此,动作的发展成为观察儿童发展的重要窗口。

(二)动作发展有利于儿童身体健康

儿童在活动和运动时,运动系统、呼吸系统、循环系统、消化系统等都在大脑和神经系统调节下,参与活动和运动过程。

第一,促进血液循环和心脏的收缩能力,心脏得到充足的氧气和更多的营养物质,心血管系统机能得到提高。

第二,促进消化系统的消化和吸收,保证儿童活动和运动需要的热能和各种营养素。

第三,运动时肌肉保持正常的张力,并通过肌肉活动给骨组织以刺激,促进骨骼中钙的储存,促进骨骼的生长,能使骨骼变得粗壮和坚固,同时使关节有较好的灵活性、韧带有较佳的弹性。

第四,增强运动系统的准确性和协调性,促进儿童动作发展,最终能完成各种复杂动作。

第五,运动时增强体内的免疫功能,当外界环境发生变化时,经常活动和锻炼的儿童能很快适应,而不经常活动的儿童稍有不适就生病。

（三）动作发展促进心理发展

第一,动作发展提高儿童认知水平。皮亚杰认为:智慧起源于运动。动作对儿童的心理活动和心理功能的发展具有重要的作用。不论是粗大动作还是精细动作,儿童在不断探索过程中,促进了记忆、情绪和注意力的发展。吴升扣等（2017）对60名3～6岁幼儿的本体觉和粗大动作发展进行研究,发现本体觉与粗大动作发展呈正相关,可以通过发展粗大动作来发展本体觉,促进认知发展。胡静等（2022）在对学龄前儿童动作技能与注意集中和注意转移的相关性研究中,发现其呈现正相关的趋势。Alesi等（2016）进行足球干预实验研究也发现了这种趋势,处于协调素质敏感期的儿童在进行协调性运动干预后,注意力持续时间明显增长。Irene等（2015）运用系统分析法,综述了21篇有关4～16岁发育正常儿童、青少年运动技能与认知能力关系研究的高质量期刊文献,梳理出比较一致的观点:精细动作与短期记忆存在低到中度相关;精细动作与流体智力存在低到中度相关;粗大运动技能与晶体智力存在低度相关;物体操控动作技能与流体智力、工作记忆、视觉空间记忆存在低度相关,与学业能力存在低到中度相关;两侧肢体运动协调与流体智力存在低到中度相关。

第二,动作发展有助于幼儿感知觉发展。在幼儿时期动作与感知觉是智力发展的重要前提。动作练习对大脑的发育具有反向促进作用。幼儿在不断练习、丰富、提高动作的过程中,可促进大脑的结构更加完善,进而为个体早期心理发展奠定良好的基础。幼儿的感知觉能力是从简单的动作中获得的,幼儿依靠动作与外界环境互动来感知形状、深度、大小、方位等以获得经验,从而促进感知觉的发展。例如:基本体操动作练习促进幼儿方位(空间)知觉能力的发展;爬行动作促进幼儿深度知觉的发展;手指、手腕等活动能力以及手眼协调,有益于幼儿感知外界事物的属性和物与物之间的关系,促进幼儿视觉和触觉的发展。

第三,促进儿童行为自我调节能力提升。自我调节能力是儿童早期心理发展的最高成就(Eisenberg,2004)。行为自我调节能力的基础是脑执行功能,包括注意、工作记忆和控制抑制等认知能力。从学前阶段起,儿童逐步学会管理和控制自己的行为。例如,安静地坐下来听老师讲话,跟随指令变换自己的行为,控制自己在课堂上做小动作的企图等。这些技能群被称为行为自我调节能力。行为自我调节能力源自脑执行功能,又高于执行功能,是儿童整合注意力、工作记忆和控制抑制等执行功能的认知要素,将执行功能转化为外显行为(Becker et al.,2014;Matthews et al.,2009)。行为自我调节能力水平高的儿童,能够更好地运用社会规则和标准作为其行为的指导方针(Von Suchodoletz et al.,2013)。马瑞等(2019)对149名4~6岁大中班儿童动作发展与行为自我调节能力之间的关系进行研究发现:学前儿童动作技能发展水平对其行为自我调节能力具有积极影响,特别是手部精细动作、抛接动作、双手接的动作、静态平衡等动作技能,对行为自我调节能力的影响突出。

(四)动作发展满足儿童独立生存能力发展的需要

第一,动作发展有利于幼儿社会交往能力的发展。动作技能水平高的幼儿常常更有自信,更愿意参加集体活动,善于与人交往,动作技能熟练的幼儿更受同伴的欢迎,可以促进幼儿个性良好的发展。刘姿颖(2018)的研究显示,体育运动对同伴交往行为、亲社会行为、语言和非语言能力的提升均有所帮助。董良山等(2021)对自闭症儿童进行了10周的运动干预,结果显示自闭症儿童在活动中的孤独状态时间明显减少,在一定程度上,社会交往能力得到了提高。

第二,增强社会适应能力。动作是幼儿与外界环境进行接触的媒介,通过进行动作练习使个体与外界产生互动模式,从而使个体获取各种经验,促进幼儿自主性、独立性的发展,使个体能够多角度、深入地摸索其周围的物质世界与社会环境,提高个体对外界环境的适应能力。

四、幼儿动作发育里程碑

孩子的发育有一定规律,既有连续性,又有阶段性。在不同年龄阶段有着不同的发育标志,而所谓里程碑,就是在某一年龄段多数儿童可以达到的发育标志的汇总。

(一)粗大动作

世界卫生组织儿童成长标准工具包括坐直、站立(有支撑)、爬行(用手和膝盖)、行走(有支撑)、站立、行走等 6 个粗大动作成长里程碑。WHO 提供了一个时间范围以便于快速判断幼儿运动成长里程碑的达成情况,如表 2-1 所示。

表 2-1 6 个粗大动作成长里程碑时间窗口

动作成长里程碑	左边界(月)	右边界(月)
坐直(无支撑)	3.8(3.7,3.9)	9.2(8.9,9.4)
站立(有支撑)	4.8(4.7,5.0)	11.4(11.2,11.7)
爬行(手膝爬)	5.2(5.0,5.3)	13.5(13.1,13.9)
行走(有支撑)	6.0(5.8,6.1)	13.7(13.4,14.1)
站立	6.9(6.8,7.1)	16.9(16.4,17.4)
行走	8.2(8.0,8.4)	17.6(17.1,18.0)

注:表格中左右边界代表里程碑的标准时间范围,包含了从第 1 百分位到第 99 百分位的范围值。

1. 坐直(无支撑)

动作特征:儿童能平衡上身和头部的重量,无须手臂和手的额外支撑而坐立。儿童的上身与头部是垂直的(即没有前倾),儿童的一条腿通常是不动的。

达成里程碑的条件:(a)儿童的头部是垂直的;(b)儿童没有使用手或胳膊平衡身体或支撑身体;(c)儿童笔直地坐着至少 10 秒钟。

测评建议:测试人员始终微笑着面对儿童,将儿童放成坐着的姿势。最好给他一个可以用双手拿着的玩具,以免其使用手臂或手支撑或平衡身体。

2. 站立(有支撑)

动作特征:这是迈向直立行走的第一步,儿童第一次尝试去平衡整个身体的重量,为下一步向前行走做准备。最主要的特征是当儿童双手把住固定支撑物时,可以真正支撑身体的全部重量,身体没有趴在或靠在固定支撑物上。

达成里程碑的条件:(a)儿童使用双脚站立;(b)儿童使用双手把住固定支撑物,身体没有趴在上面;(c)儿童的身体没有接触到固定支撑物;(d)儿童双腿支撑身体的大部分重量;(e)儿童这样扶着支撑物至少 10 秒钟。

测评建议:将儿童放成站立的姿势,使儿童双腿支撑身体的重量。让儿童双手分开一段距离把住支撑物,身体不要接触到支撑物。这样,儿童用双脚来支撑身体的大部分重量。要注意儿童的身体没有摇晃或靠在支撑物上。支撑物的高度建议与儿童腹部位置持平。

3. 爬行(手膝爬)

动作特征:这是一个手膝爬行阶段,手腿交替爬行(例如:左手和右腿同时向前或向后移动)。

达成里程碑的条件:(a)手和腿交替着向前或向后移动;(b)儿童的肚子没有挨着爬行面;(c)持续和连贯地向同一个方向至少移动 3 次。

测评建议:将儿童放在一个支撑面(例如地板、地毯上)上,保持爬行的姿势。站在儿童前面距离 120~150 厘米的位置,如果儿童没有集中注意力,可以使用一个玩具或其他可以吸引儿童注意力的东西,吸引儿童爬向自己并得到玩具。

4. 行走(有支撑)

动作特征:这时有意去让儿童扶着支撑物,迈步并调整身体的位置,向前移动。

达成里程碑的条件:(a)儿童的身体保持直立姿势;(b)儿童侧身或向前

迈步,用双手或单手扶着支撑物;(c)一条腿向前迈步时,另一条腿支撑身体的大部分重量;(d)儿童保持这种方式至少走5步。

测评建议:让儿童保持站立姿势,使儿童的双腿支撑身体的大部分重量。让儿童双手分开一段距离扶着支撑物。如果儿童没有集中注意力,可以使用一个玩具或其他可以吸引儿童注意力的东西,吸引儿童走向自己并得到玩具。

5. 站立

动作特征:儿童开始展示使用双脚承担和平衡身体重量的能力。这种姿势下,儿童的双腿没有弯曲,儿童使用双脚站立并且没有倚靠其他支撑物,可以独立保持身体平衡。

达成里程碑的条件:(a)儿童可以使用双脚站立;(b)儿童的双腿支撑着身体的全部重量;(c)儿童没有接触支撑物;(d)保持站立姿势至少10秒钟。

测评建议:将儿童放在地板上,保持站立的姿势,松开双手,让儿童单独站立。

6. 行走

动作特征:儿童开始展示平衡身体和向前行走的能力。最明显的标志是儿童可以直立行走,而不是一步一步挪。孩子独立行走,当发现孩子步态不稳时要及时用手扶住。

达成里程碑的条件:(a)儿童的身体是直立的;(b)一条腿向前移动时,另一条腿支撑着身体的大部分重量;(c)没有成人或支撑物的辅助;(d)儿童至少独立走5步。

测评建议:让儿童保持站立的姿势,不要接触到任何支撑物。测试人员站在儿童前面距离120~150厘米的位置,让儿童走向测试者,有时候,需要去鼓励儿童。

(二)0~3岁精细动作发展

抓握动作是幼儿精细动作发展过程中最初且最基本的动作,并为后期幼儿握笔、绘画、写字及生活自理动作能力的习得奠定基础。0~3岁幼儿手部精细动作发展顺序如表 2-2 所示。

表 2-2　0～3 岁幼儿手部精细动作发展

月数	动作发展情况
新生儿	握拳。
1.5	手半张开。
2	将带响玩具放于手中时可握。
4	手完全张开,欲伸手触摸到桌上的物品。
5	想要拿附近的玩具、物品,此时抓握的方式以尺侧手掌的全手握,是一种不确切的抓握方式。
6	手张开欲拿想要的东西,抓握的方式为全手握。
7	以拇指、食指、中指为主抓握,即桡侧握。
9	开始两只手玩耍。
9～10	用拇指、食指末节指腹侧捏物。
12～14	拇指、食指指尖捏物。
15	可将小的物品放入杯中或瓶中,也可从杯中取出。
18	可搭 2～3 层积木,能将一个杯子的水倒向另一个杯子。
21	可搭 4～6 层积木,会用铅笔在纸上乱画。
24	可将 2～3 块积木摆成一横列。
30	会用剪刀乱剪纸和布。
36	会用积木搭成门或隧道。

(三)3～6 岁儿童动作发展

《3～6 岁儿童学习与发展指南》关于儿童动作发展提出三大目标,即"具有一定的平衡能力,动作协调、灵敏""具有一定的力量和耐力""手的动作灵活协调",在小班、中班、大班阶段对应着不同的发展要求,具体见表 2-3、表 2-4、表 2-5。

表 2-3　小班(3～4 岁)幼儿动作发展目标

目　标	具体要求
目标1　具有一定的平衡能力,动作协调、灵敏	1.能沿地面直线或在较窄的低矮物体上走一段距离。 2.能双脚灵活交替上下楼梯。 3.能身体平稳地双脚连续向前跳。 4.分散跑时能躲避他人的碰撞。 5.能双手向上抛球。
目标2　具有一定的力量和耐力	1.能双手抓杠悬空吊起 10 秒左右。 2.能单手将沙包向前投掷 2 米左右。 3.能单脚连续向前跳 2 米左右。 4.能快跑 15 米左右。 5.能行走 1 公里左右(途中可适当停歇)。
目标3　手的动作灵活协调	1.能用笔涂涂画画。 2.能熟练地用勺子吃饭。 3.能用剪刀沿直线剪,边线基本吻合。

表 2-4　中班(4～5 岁)幼儿动作发展目标

目　标	具体要求
目标1　具有一定的平衡能力,动作协调、灵敏	1.能在较窄的低矮物体上平稳地走一段距离。 2.能以匍匐、膝盖悬空等多种方式钻爬。 3.能助跑跨跳过一定距离,或助跑跨跳过一定高度的物体。 4.能与他人玩追逐、躲闪跑的游戏。 5.能连续自抛自接球。
目标2　具有一定的力量和耐力	1.能双手抓杠悬空吊起 15 秒左右。 2.能单手将沙包向前投掷 4 米左右。 3.能单脚连续向前跳 5 米左右。 4.能快跑 20 米左右。 5.能连续行走 1.5 公里左右(途中可适当停歇)。
目标3　手的动作灵活协调	1.能沿边线较直地画出简单图形,或能边线基本对齐地折纸。 2.会用筷子吃饭。 3.能沿轮廓线剪出由直线构成的简单图形,边线吻合。

表 2-5　大班(5～6 岁)幼儿动作发展目标

目　标	具体要求
目标1　具有一定的平衡能力,动作协调、灵敏	1 能在斜坡、荡桥和有一定间隔的物体上较平稳地行走。 2.能以手脚并用的方式安全地爬攀登架、网等。

续表

目　标	具体要求
目标 1　具有一定的平衡能力，动作协调、灵敏	3. 能连续跳绳。 4. 能躲避他人滚过来的球或扔过来的沙包。 5. 能连续拍球。
目标 2　具有一定的力量和耐力	1. 能双手抓杠悬空吊起 20 秒左右。 2. 能单手将沙包向前投掷 5 米左右。 3. 能单脚连续向前跳 8 米左右。 4. 能快跑 25 米左右。 5. 能连续行走 1.5 公里以上（途中可适当停歇）。
目标 3　手的动作灵活协调	1. 能根据需要画出图形，线条基本平滑。 2. 能熟练使用筷子。 3. 能沿轮廓线剪出由曲线构成的简单图形，边线吻合且平滑。 4. 能使用简单的劳动工具或用具。

作为个体适应环境的重要手段，动作在个体发展各阶段重要性的具体表现是不同的。

在婴幼儿期，个体花费很多的时间和精力在动作的学习、练习以及各种动作活动上，例如独自坐、爬行、站立、行走、跑、跳、抓握、使用工具等构成基本生存活动要素的动作。在儿童中期和青少年时期，尽管个体已经具备基本的动作能力，但是对动作活动保持着明显的偏好。学校学习的重要目标之一仍是帮助个体增长各种运动经验，发展更高水平、适合其学习与工作需要的动作。进入成年期，虽然在基本动作能力上没有显著的变化，但是由于职业发展和生活的特殊需要，成年人特异化的动作继续发展。在老年期，由于身体机能水平出现衰退，通过各种途径保持生活必需的基本动作能力成为极其重要的任务。可见，在个体一生发展的各个阶段，动作就是不可或缺的一部分。

第二节　自闭症谱系障碍儿童运动功能障碍及其表现特征

神经发育障碍普遍存在于自闭症中，尤其是运动障碍。运动障碍可能导致社交沟通异常，也是自闭症非典型发展的第一个标志。未经干预的动作障碍可持续进入青春期和成年期，长期存在并影响自闭症患者日常生活。因此,自闭症儿童动作发展能力及与之相关的动作发展障碍逐渐引起学者及实践者重视。

据文献资料报道,自闭症儿童运动功能障碍的特点在婴儿期和儿童及青少年期各不相同:在婴儿期表现为动作发育迟缓,这种特征会进一步影响自闭症儿童的社交和感官体验,是预测和识别自闭症交流障碍的有力证据之一(West,2019;Bhat et al.,2005)。在儿童和青少年期表现为粗大和精细动作技能缺陷,这种缺陷和自闭症症状的严重程度呈显著正相关,不利于其社交能力和认知功能的发展(Fitzpatrick et al.,2017;Johnson et al.,2013)。

一、运动功能障碍对个体发展的影响

在个体发展的早期,动作发展是判断个体脑部发育是否正常的重要指标。运动功能的发展与儿童的语言、认知和社会发展能力有关,可以作为新生儿发育精神病理学的指标(Karasik et al.,2011)。国外有关回顾性研究表明,自闭症婴儿明显的社交障碍得到诊断之前就出现了运动障碍,运动障碍的早期出现会对社会认知和交流发展的关键方面产生消极影响(Fournier et al.,2010;Kasari et al.,2005)。社交交际技能的缺陷是自闭症儿童诊断的重要特征。通常,随着患有自闭症的儿童进入青春期,社交技能缺陷变得更加明显,并且与学业问题、抑郁症和焦虑有关。基于这些特点,自闭症儿童早期社会交往能力的筛查与改善显得尤为重要。动作发展缓慢的自闭症儿童,通常伴有社会交往能力的缺失。

有证据表明,运动功能障碍有可能阻碍自闭症儿童社交沟通能力的提高(Ajzenman et al.,2013;MacDonald et al.,2013a)。尽管,目前还不明确自闭症儿童动作发展和社会交往能力内在的相关机制,但是研究自闭症儿童动作与早期交往能力的关系是很有必要的。社会交往能力弱可能会极大地抑制他们参与积极游戏的能力,从而降低自闭症儿童运动技能的熟练程度。MacDonald 等(2013a)对一组患有自闭症的学龄儿童进行随机对照试验,研究发现精细和粗大运动技能更熟练的自闭症儿童表现出更少的社会交际缺陷,同时发现精细动作与适应性社交沟通技能之间存在直接关系。即如果自闭症儿童的动作发展较弱,那么其社交技能缺陷也比较严重。因为儿童早期进行兴趣分享和同伴参与都是基于动作做支撑的,动作的笨拙及物体操控能力弱直接导致他们无法参与到同伴游戏中,长此以往,社会交往能力就被弱化。

Dadgar(2017)等进一步对 20 名 3～5 岁的自闭症儿童进行了动作发展与早期社会交往能力的关系的研究,该研究基于 TGMD-2 和早期社会交往量表进一步证明,自闭症儿童动作发展与社会交往能力有关。结果显示:自闭症儿童的物体控制技能与社会交往呈正相关,而位移技能与社会交往能力无关。迄今为止,自闭症儿童动作发展与社会交往能力之间关系的内在机制尚不清楚,但未来可以探索创造社交环境,并在其中进行自闭症儿童运动干预训练,进而在发展动作表现的同时改善自闭症儿童的社会交往能力。

二、自闭症儿童动作障碍具体表现特征

近 20 年,越来越多的研究证实:自闭症儿童动作发展能力普遍低于同龄正常发展儿童,主要涉及粗大动作、精细动作及与之相关的动作协调和运用,这些异常的动作行为可出现在自闭症婴幼儿期(2 岁以前),后可延续至儿童期甚至成年。

Liu 等(2013)采用 MABC-2 量表(The Movement Assessment Battery for Children 2,MABC-2)对 30 名 3～16 岁自闭症儿童和 30 名具有典型发育同龄人的运动技能进行测评。研究发现:自闭症儿童运动技能得分明显低于具有典型发育的同龄人,77％的自闭症儿童得分低于 5 个百分位数,且伴有明显的运动迟缓。迄今为止,这些运动异常通常被归类为“相关(相对于核心)症状”,并被认为会干扰适应性技能的发展(Fournier et al. , 2010)。

既往研究中动作发展障碍更多的按照精细动作和粗大动作进行分类,为将自闭症儿童各时期的动作发展障碍进行归类和细化,本书按照这两大动作领域的特定功能障碍进行分类:将婴儿期的动作发育迟缓归纳为动作发育里程碑延迟;将儿童和青少年期的粗大和精细动作技能缺陷按照动作姿势控制障碍、动作运用障碍、动作协调障碍和精细动作发展障碍类别进行梳理。

（一）幼儿动作发育里程碑迟缓

动作发育里程碑的延迟可能预示着个体早期的发育异常,是多种疾病的早期征兆和信号。早期姿势里程碑的获得对于婴儿各项生长发育有积极影响,如成功地坐起(无支撑)对婴儿发声极为重要,独立坐立可使肋骨抬高,呼吸加深、舌头前倾、声带曲线得到调整等,这些改变均可促进高级语音尤其是喃喃自语的形成。然而,自闭症儿童坐起(无支撑)的延迟极有可能导致喃喃自语的推迟出现,从而对后期沟通障碍的发展产生级联效应。事实也证明,大约70%在婴儿期出现动作发育迟缓的高风险自闭症儿童后期表现出了沟通障碍(West,2019)。

爬行是婴幼儿动作发展中的一个重要的里程碑,作为婴儿早期的自主位移动作,爬行是儿童探索环境、发展社交的第一步。关于自闭症儿童婴幼儿期的异常爬行动作。20世纪末,Teitelbaum等(1998)对后期被诊断为自闭症婴儿(6~12个月大)的回顾性视频进行研究发现:动作不对称性在早期动作技能行为中表现明显,包括躺姿势和爬行模式。另一项对6~36个月自闭症高危婴儿进行测量的前瞻性研究发现:36个月儿童坐立动作时头部迟滞与自闭症显著相关(Flanagan et al.,2012)。基于124名自闭症儿童父母的回顾性研究发现:自闭症儿童坐直、站立(无支撑)和行走(无支撑)里程碑的获得分别比世界卫生组织公布的标准中位年龄晚了1.74个月、2.42个月和6.31个月(Arabameri et al.,2015)。自闭症儿童婴儿期的动作发展障碍对运动领域以及其他领域的发展均有显著影响。行走里程碑的延迟获得会限制儿童采用更为灵活自主的方式探索周围的环境,减少其与照料者之间的复杂互动行为,从而有损其社交能力的发展。关于自闭症儿童行走动作特征的研究发现,他们具有突出的行走困难问题。Teitelbaum(1998)通过观察那些后来被诊断为自闭症的儿童2岁时的录像发现,这些儿童缺乏方向感,走路时手臂不摆动或者呈现僵硬特征。Rinehart等(2006)对比了重度自闭症儿童与普通儿童的行走能力及身体姿势,均发现其肢体协调性差,突出表现在手臂摆动动作方面。Nobile等(2011)在前人基础上进一步发现,自闭症儿童在行走时身体、方向和稳定性发生了改变,为维持身体平衡,他们在行走时双脚间距大且步幅小,出现共济步态失调。

(二)动作技能发展障碍

据报道(Robinson,2011),自闭症动作发展是研究者和患者父母最初关注幼儿发展的焦点。Chawarska 等(2007)提出自闭症幼儿在早期就出现运动技能缺陷,并在 14～24 个月大时变得尤为明显。Lloyd 等也证实了该研究结果。Lloyd 等(2013)对自闭症幼儿($N=172$,年龄在 14～36 个月)横断面研究中发现其精细和粗大的运动技能缺陷变得逐渐严重。Landa 等(2006)对 87 名年龄为 6、14 和 24 个月的婴儿进行了发育检查。研究发现,24 个月时,自闭症组在所有领域的表现都明显低于对照组,在粗大运动、精细运动和接受性语言方面也低于语言延迟组。这项前瞻性研究表明,早期运动障碍是自闭症儿童与其他发育迟缓(语言延迟)儿童之间的潜在诊断区别。患有自闭症的儿童运动功能障碍可能从幼年开始,一直持续到青春期。

(三)动作姿势控制障碍

姿势控制是个体在静态和动态运动过程中避免过度摇摆和保持头部、身体位置稳定的能力。姿势控制的发展水平是儿童期个体动作发展能力的重要表现之一,也是衡量身体稳定性的神经肌肉功能指标。姿势控制是粗大动作所依赖的核心要素,在动作执行时,维持稳定性至关重要。如婴儿时期的爬行、坐立、行走。关于姿势稳定性的研究主要涉及维持稳定的时长及动作保持力,研究表明,自闭症儿童在静态及动态平衡中存在困难,且随着年龄的增长身体稳定性并没有达到年龄应有的水平。Vernazza-Martin 等(2005)在步态和姿势控制研究中发现 4～6 岁自闭症儿童运动过程中表现出步幅长和不规则的身体振动,这与对照组相比,步态呈现不稳定和姿势多变。

现有研究表明,缺乏姿势控制、稳定性和平衡能力以及协调障碍,会导致自闭症儿童的各种运动技能和步态问题(Calhoun et al.,2011)。步态对称通常被用作神经功能的指标,健康步态通常表现出极小的不对称性,而病理学步态表现出夸张的不对称性。运动轨迹恰好能够揭示有关步态畸变的信

息,对于理解自闭症疾病的病因和开发新的治疗方法至关重要(Pauk et al.,
2016)。利用步态分析的研究发现,自闭症患儿与正常发育儿童在步幅、速度
和步幅长度方面存在差异(Pauk et al.,2016;Titianova et al.,2004)。早
期准确的步态分析对于全面了解自闭症儿童身体姿势控制和行走模式极其
重要,此外还可为个体化运动治疗方案的开发提供依据。

(四)动作运用障碍

动作运用障碍是指无法按照演示或者要求来完成一套顺序正确、协调性
良好的动作,反映出动作计划能力受到损害。研究发现:自闭症儿童动作运
用障碍研究主要集中在动作计划及执行方面。Forti 等(2011)对 12 名自闭
症且无智力障碍的学龄前儿童和 12 名性别和年龄匹配正常发育儿童的动作
计划和控制阶段的进行运动学分析,分别研究了动作计划和控制过程。研
究表明,自闭症患者的运动异常可能是由计划—控制整合的中断决定的,
或者是由有限计划处理能力决定的。另一项关于自闭症儿童及正常发展
儿童在目标导向任务表现方面的对比分析研究更发现:自闭症儿童动作
计划反应时间长,随着任务难度的增加,时间亦变得更长(Glazebrook et
al.,2006)。

一项关于高功能自闭症儿童运动能力的研究发现,该群体在动作计划方
面显著慢于正常儿童,而且在动作执行方面存在缺陷,这种缺陷还与序列、视
觉及预知有关(Vemazza Martin et al.,2005)。执行功能是指个体在设定目
标、制订计划并有效实施计划中所需的互相协同的一系列高级认知功能。研
究证明,执行功能与儿童的早期发展尤为重要,尤其学龄前阶段。学龄前儿
童执行功能主要包括自我调节、抑制控制、工作记忆和认知灵活性等(Cirino
et al.,2018)。如自闭症儿童在进行目标任务投掷练习时,无法准确地感知
所演示的动作、理解言语指示或者将演示整合之后执行一个动作。执行功能
与认知自我调节紧密相关,认知自我调节是自我调节能力的重要维度(Rudd
et al.,2019)。研究发现,身体活动、动作技能训练干预对学前儿童自我调节
能力具有积极影响(Robinson et al.,2016;Becker et al.,2013)。陈爱国等

(2018)对聋哑儿童进行过为期 11 周的运动干预,通过结构磁共振成像技术发现儿童右侧小脑前部灰质体积减小,改善了儿童的执行功能。Lai 等(2017)对高功能自闭症儿童和青少年的执行功能的神经心理学评估进行元分析后发现,患有高功能自闭症的儿童和青少年除抑制作用外在语言工作记忆、空间工作记忆、柔韧性、计划以及生成性方面均存在中度损伤。

（五）动作协调障碍

动作协调障碍又叫动作协调困难,在做出涉及多个有顺序的连续动作时,出现身体的不协调。动作协调障碍可表现为笨拙的、缺乏敏捷度及奇特的行为。动作协调不良儿童无法将一个个分解动作顺畅地整合成所需要的行动。比如,在投掷时,个体需要将动力从腿部和躯体汇聚并传递到肩部,最后再到达胳膊和手;如立定跳远时,手臂摆动与下肢起跳无法协调配合,出现向前跳不摆臂或者向后摆臂现象。动作协调障碍自闭症儿童常常难以将节律性动作整合起来,完成跳绳、两脚交替跳动等活动。

有时候动作不协调的情形甚至在精细动作上也可以看得出来。比如说,握笔写字或画画的动作不协调,就被称为"书写困难"。部分动作协调困难的人存在感觉、触觉、知觉和视觉方面的问题。此外,还有其他方面的影响,比如口头语言表达功能不全、语言障碍或进食困难。

关于动作协调障碍的研究最早见于凯纳对阿斯伯格儿童笨拙行为的描述:在体育活动中,动作不放松、没有节奏、控制不了身体;书写动作困难、乱涂乱画、字体无法保持一致。然而,后期研究数据表明,笨拙行为在自闭症儿童中也普遍存在。Green 等(2009)提出动作协调困难普遍出现于自闭症儿童的诊断中,可作为自闭症的主要特征。

Higashionna 等(2017)分别运用儿童标准动作协调能力评估测试(第二版)分析了自闭症儿童的动作协调能力和学习成绩后发现,自闭症儿童的动作协调能力得分显著低于普通儿童,其动作协调能力总评分和学业总成绩得分之间呈显著正相关,这提示有动作协调困难的自闭症儿童可能更倾向于表现出学习困难。Kaur 等(2018)采用感觉统合测验的双边运动协调子量表评估 5～12 岁自闭症儿童的协调能力。结果发现:自闭症儿童与普通儿童在节奏感、反应能力和正确率存在差异性,不如普通儿童。与此同时,自闭症儿童做连续动作时无法较好地协调身体和四肢,完成动作所用的时间也长于普通儿童。

（六）手部精细动作障碍

较多研究表明自闭症儿童、青少年存在手部动作操作障碍。该障碍具体表现为手部动作操作的灵活性较差,抓握物体的力量较弱,完成精细动作所用时间较多。精确抓握物体的精细动作技能的发展对于个体更好地控制环境极为重要,而自闭症儿童较差的手部动作操作技能会限制其主动且有效地探索和把控物体的行为,不仅对学业的发展有负面影响,而且不利于其更好地获得日常生活技能。书写困难是自闭症儿童手部动作操作障碍的典型表现之一,如书写时的笔画歪曲和涂鸦时的溢出范围等。书写技能会深刻影响儿童的学业和心理发展。Anzulewicz 等(2016)采用智能平板触摸游戏对 3～6 岁自闭症儿童和普通儿童的书写模式进行比较,结果发现,和普通儿童相比,自闭症儿童书写时的力度分布不均,手部冲击力、手势运动轨迹更大且书写时速度更快。Johnson 等(2011)发现自闭症儿童用笔时的运动轨迹变化较多,字体较大。这种书写特点反映了自闭症儿童基本书写运动计划的内部调节能力受损。Kushki 等(2011)认为自闭症儿童的书写困难并非在字母大小、间距和对齐方面,而是整体易读性较低和字母组合能力较差。Fuentes 等(2009)则提出,完成书写需具备多个领域的能力,包括运动控制、视觉感知和视觉—运动整合,其中,缺乏稳定的控制能力无法使自闭症儿童流畅地控制手和手臂运动,从而降低了其书写的质量。

越来越多的研究提出自闭症儿童中存在运动技能缺陷,且早于核心症状之前,甚至暗示将早期运动技能缺陷作为自闭症初步诊断的重要标志之一(Flanagan et al. , 2012；Karasik et al. , 2011)。然而,人们对于自闭症运动障碍研究主要停留在个体发展的具体表现特征,缺乏对运动障碍与其核心症状之间的功能关系等重要问题的深入认识。当前,借助运动学、心理学、生物力学、脑科学等学科多角度深入探索自闭症运动障碍发展机制是学科研究的重要前沿课题之一,以期为自闭症儿童运动障碍的早期诊断和临床分层提供可检测指标。

第三节　自闭症谱系障碍儿童运动功能评估方法

自闭症儿童运动能力和动作技能发展遵从普通的发展模式。临床实践中,特殊儿童诊治与康复中需要敏锐的评估措施,开发完备标准化的儿童运动发育评估方法成为国外研究者们的研究方向。自闭症运动功能测量主要依据标准化测评量表和实验室仪器,通过量化测量结果,评估其发展水平。

一、自闭症儿童运动功能测评量表

随着神经科学、心理学、运动学等不同学科的前沿研究对动作与个体发展的影响,研究人员根据儿童运动发育情况,鉴别出粗大动作与精细动作发育领域中成序列的重要技能,制定出不同的测量工具评估儿童早期的运动表现,但该类工具无法对运动特征做精确量化和衡量运动损伤程度。Macdonald 等(2013b)采用 MSEL(The Mullen Scales of Early Learning,MSEL)量表测试了 159 名年龄在 12~33 个月的自闭症儿童($n = 110$)、正常儿童($n = 26$)和非自闭症幼儿(发育迟缓,$n = 23$)的总运动能力和精细运动能力,发现精细和粗大运动技能与自闭症症状显著相关。Holloway 等(2019)对 21 例自闭症儿童的粗大运动技能和社会功能的关系进行探究,采用 PDMS-2(Peabody Developmental Motor Scales-Second Edition,PDMS-2)量表评估粗大运动技能,发现总体运动能力与社会功能呈中到高度相关。Whyatt 等(2011)采用 MABC-2 量表对 7~10 岁自闭症儿童运动技能评估,发现与自闭症有关的基本运动技能缺陷可能不是普遍存在的,但在需要复杂、截取动作或核心平衡能力的活动中运动技能缺陷更明显。自 20 世纪 60 年代至今,涌现出一批具有特定内容的动作技能评估工具,标准化运动发育测量表在最初探索自闭症幼儿运动技能实施、早期干预以及康复领域中起到了重要作用,如表 2-6 所示。

表 2-6 国外自闭症谱系障碍儿童运动功能评估

名称	编制时间	编制者	国家	适用年龄/月	内容
BSID-2	1969 年编制，1993 年修订，第二版	Bayley	美国	0~30	包括智力、运动、行为 3 部分；运动量表包含粗大动作、精细动作以及平衡协调能力 81 项，用精神运动指数表示运动发育水平
PDMS-2	1974 年编制，2000 年修订，第二版	Folio，Fewell	美国	6~72	粗大动作评估量表包括反射、姿势、移动、实物操作共 151 分测项目；精细动作评估包括抓握和运动整合共 98 分测项目
BOT-2	1978 年编制，2005 年修订，第二版	Bruininks	美国	36~72	包括精细运动瞄准、精细动作整合、手动灵活性、上肢协调、双侧协调、平衡、跑动速度和敏捷度、力量 8 项测试内容
MABC-2	1992 年编制，2006 年修订，第二版	Henerson/Sugden	英国	48~192	手部精细、手眼协调、静态以及动态平衡能力共 8 个测试项目
TGMD-2	1985 编制，2000 年修订，第二版	Dale A. Ulrich 博士	美国	36~120	评估中 6 种身体位移和 6 种物体操控测试内容和评价标准
MSEL	1995 年编制	Mullen	美国	0~68	MSEL 子量表分为 5 个领域：总运动、精细运动、视觉接收（非语言问题解决）、接受语言和表达语言。

注：BSID，Bayley Scales of Infant development（贝利婴幼儿发展量表）；PDMS，The Peabody Developmental Motor Scales（皮博迪运动发育量表）；BOT，Bruininks-Oseretsky Test of Motor Proficiency（布尼氏动作熟练度测试）；MABC，The Movement Assessment Battery for Children（儿童动作测量量表）；TGMD，Test of Gross Motor Development（大肌肉动作测试）；MSEL，The Mullen Scales of Early Learning（马伦早期学习量表）。

二、自闭症运动功能障碍生物力学测量评价研究

文献表明，精细动作障碍在自闭症中很普遍，包括基本动作控制障碍、执行熟练的动作手势困难、动作学习异常等（Jansiewicz et al.，

2006）。Trevarthen 等（2013）提出运动控制是社会参与、情感表达和认知发展的基础，自闭症儿童从出生开始就表现出明显的运动缺陷，包括步态笨拙、肌肉张力和身体平衡感差。另有研究提出（Gowen et al.，2013；Wilson et al.，2018），对运动时机和整合的破坏可能是自闭症儿童动作障碍的基础。

随着对自闭症病理学机制的深入研究，标准化运动发育测评量表缺乏运动特征的精确量化，无法满足临床评估和实践研究需求，从生物力学视角来捕捉分析自闭症儿童运动功能的特定变量引起研究者们的广泛兴趣。借助生物力学工具，使用更精确的运动性能计算方法能够辨析不同程度的运动障碍，并利用这些运动障碍将自闭症患者与其他人群区分开来。

自闭症患者的运动障碍通常出现在儿童早期，可以影响粗大和精细运动领域，如平衡和手的灵活性（Forti et al.，2011；Fournier et al.，2010）。Grace 等（2017）采用定量数字化平板电脑来探讨学龄前自闭症患儿书写（弯曲度、速度、大小）与注意力、自闭症核心症状的关系，该研究确定了在书写能力、注意力、自闭症症状和运动能力之间存在中到大的关联性。与对照组相比，自闭症组明显表现出更少的平滑运动、更大的尺寸变异性和峰值速度。

另一项研究（Anzulewicz et al.，2016）采用带触摸屏和嵌入式惯性运动传感器（三轴陀螺仪和三轴加速度计）的智能平板电脑记录分析 37 名 3～6 岁自闭症儿童和 45 名正常儿童进行游戏时手势进入设备的接触力和运动模式，传感器数据采集采用 iOS 核心运动框架，采集频率为 10Hz。实验数据显示，自闭症儿童手势操作表现出更大的幅度和更远的位置，且所占的平均面积大于对照组。与健康同龄人相比，自闭症儿童在精细动作上表现出更大的接触力和不同的动作力量模式，手势力的模式紊乱似乎是自闭症儿童动作特征的重要组成部分。

自闭症儿童在游戏过程中产生了一种特殊的运动模式，这与一般发育的儿童所产生的运动模式有着显著的不同。值得注意的是，采用智能平板电脑上的接触力区分自闭症儿童和典型发育儿童准确率高达 93%（Grace et al.，

2017)。通过平板电脑或者可穿戴设备(如智能手表和腕带)对游戏和书写时触摸、轻击、滑动或移动手指时的动作信号进行运动功能分析,这种新型测量模式似乎克服了实验性运动跟踪模式的局限性。在自然和最少指令条件之下,通过机器准确测量、识别儿童在游戏中自发运动的运动模式可能是早期发现自闭症运动障碍的一种新方法,但仍需要在更大、更广泛的人群中来证实。

Calhoun 等(2011)采用 8 个采样频率 60 Hz 摄像头运动捕获系统和 4 个测力板对自闭症儿童($n = 12$)和对照组儿童($n = 22$)步行过程中的关节角度和关节动力学进行分析。结果表明,自闭症儿童表现出足底屈肌力矩减少、足背屈角度增加以及髋部伸肌力矩降低,这一研究结果得到后人研究证实。Pauk 等(2016)对 18 例典型高功能自闭症(high function autism,HFA)患儿、10 例低功能自闭症(low function autism,LFA)患儿和 30 例年龄相仿的对照组采用 6 个采样频率 60 Hz 的摄像机运动捕捉系统和两块传感器测力板平台测量惯常速度步行 50 米过程中的步态、髋关节弯曲角度和足底压力分布。步行过程中的数据取自带有电容传感器鞋垫(每个鞋垫最多 240 个 SSR 传感器,取决于尺寸和形状)的计步器。结果显示:HFA、LFA 患儿足底压力分布、速度、节奏、幅度与对照组均存在显著性差异,与典型儿童相比,HFA 和 LFA 儿童走路时最大髋关节屈曲度和髋关节矢状面运动幅度更大,而屈膝矢状面运动范围减少;自闭症儿童在脚趾、脚跖骨头、外侧弓、内侧弓和足跟部位下的压力均降低。Titianova 等(2004)研究发现自闭症儿童步态与老年人相似,其步幅更宽,循环时间、双脚支撑时间、站立时间更长,Lim 等也证实了这一发现。Lim 等(2016)采用 GAITRite 便携式步态分析系统研究自闭症儿童的步态模式,结果显示:在时间变量中,自闭症组的周期时间、双腿支撑时间和站立时间明显更长;在空间变量中,自闭症组的节奏明显低于对照组,自闭症组步态速度和步幅频率明显慢于对照组,且步幅增加。Eggleston 等(2017)采用 Vicon 三维运动捕捉系统,对 5~12 岁自闭症患儿的运动步态数据进行分析。结果表明 自闭症的儿童在整个步态周期中均表现出明显的下肢关节位置和地面反作用力不对称性。

综上所述,借助数字化平板电脑、运动捕捉系统、步态分析系统、临床步幅分析仪等对自闭症儿童粗大动作进行测量评价,实验方式和测评环境自然轻松,自闭症儿童易接受。步态分析系统还能提供足迹分析,可能有助于揭示潜在的足部和步态问题,对制定康复策略至关重要。未来,临床医生和研究者可以根据步态分析,借助肌电图测量个体肌肉活动,了解步态偏差的机制,开发提高自闭症儿童运动技能的治疗方法,这为研究者深入了解自闭症运动障碍提供了新视角。

三、自闭症运动功能障碍神经生物学测评研究

神经学机制研究与标准化定量运动功能测量工具相结合,对于分析自闭症儿童的异质性、确定运动障碍行为和药物干预至关重要。目前,自闭症病因并无确切的答案,但有些证据表明与个体 X 脆性染色体异常或者脑神经递质异常有关(APA,2013)。

在神经发育障碍中,寻找生物标记物的重点是对大脑结构和功能的测量,更具体地说是那些捕捉大脑皮层连接的测量。大脑连接性测量是一种前瞻性自闭症生物标记物,通过它可以推断大脑区域在生理上或功能上相互连接的情况,从而形成大脑网络完成认知、行为任务(Mohammad-Rezazadeh et al.,2016)。大脑连接方法可以分为结构性和功能性两种,核磁共振影像(magnetic resonance imaging,MRI)和弥散张量成像(diffusion tensor imaging,DTI)是用于绘制表征大脑网络内解剖纤维特征的结构性方法(Hui et al.,2010;Masutani et al.,2003)。功能性脑部网络的描述可以利用诸如功能磁共振成像(functional magnetic resonance imaging,fMRI)的血液动力学成像技术或脑电图(electroencephalography,EEG)和脑磁图(magnetoencephalogram,MEG)等其他大脑活动度量来获得功能网络。EEG 和 MEG 是一种直接对其突触后大脑活动的测量方法,作为自闭症儿童动作发展的诊断、预测发育结局和监测治疗反应的生物标记物,具有实用和理论上的双重优势,其信号反映了突触后锥体细胞活动的近似测量毫秒级时间分辨率,能够在毫秒尺度上解释神经生理振荡和动力学问题,但也存在空

间分辨率低的缺陷(Ewen et al.，2016；Jeste et al.，2015；Mahajan et al.，2015；Mohammad-Rezazadeh et al.，2016)。

　　文献报道,利用 MRI、fMRI 和 DTI 成像研究能够确定自闭症患者大脑结构生长的非典型模式(Mahajan & Mostofsky，2015)。过去 10 年,fMRI 检查自闭症神经网络的研究数量成指数增长。偻然,MRI 已成为研究者首选工具,静息态 fMRI 更是得到研究者们的一致推崇。Martino 等(2009)对 539 名自闭症患者和 537 名正常人静息 fMRI 数据进行分析发现:大脑皮层各区欠连接,而过度连接主要影响与皮质下结构的连接,特别是丘脑、苍白球与初级顶叶感觉运动区的连接。Mohammad 等(2016)提出尽管众多研究使用 fMRI 研究任务相关和静息状态下的功能连接性,但脑电/脑磁图由于其丰富的时间动力学特性,更适合于描述功能性和连接性。Giulia 等(2014)利用 EEG 对 6 个月和 12 个月婴儿进行神经功能连接性指标测量以测试幼儿患病风险,研究发现:到 12 个月大时,与低风险婴儿相比,患有自闭症的风险婴儿的功能连接性降低。最近的一项研究中,EEG 被用来评估 8～13 岁自闭症儿童在实践运动中控制任务时的脑电波振荡变化(Ewen et al.，2016)。研究表明,患有自闭症儿童在执行实践任务时表现出与任务相关的脑电波功率调制降低,这表明自闭症儿童的运动障碍可能与额顶叶实践网络的活动减少有关。自闭症中的运动损伤与异常的神经生理机制相关,因此可以通过引入干预措施来测量其损伤程度,同时提供了一个潜在的基于大脑的标记物。

　　自闭症运动异常特征明显,但其临床表现的复杂性与潜在的神经生物学机制之间的关系仍有待深入研究。越来越多的研究集中于挖掘自闭症核心症状的神经生物学机制,缺乏自闭症运动障碍神经解剖的客观依据。随着影像学技术的发展,自闭症运动障碍神经机制研究也取得了一些阶段性成果,如表 2-7 所示。

表 2-7　自闭症运动功能障碍神经影像学诊断措施

作　者	评测方式	神经学机制
Mostofsky et al.	静息 fMRI	小脑侧前叶活动的减少;皮层和皮层下区域的运动执行网络连接性下降;大脑和小脑运动区域呈现相对分离
Qiu A et al.	MRI、LDDMM	右侧基底神经节形状的变形;表面变形存在于尾状核、壳核和苍白球中;右后壳核的表面向内变形预测较差的运动技能
Nebel et al.	静息 fMRI	大脑中央前回的功能分区内和功能分区之间连接性存在不足或过度连接
Marrus et al.	静息 fMRI	大脑背侧注意网络、扣带回、额顶叶、皮层下网络、默认模式网络与粗大动作发展相关

早期一项关于自闭症儿童运动障碍的可能病理生理机制研究显示:前庭系统与小脑和脑干的中枢连接功能障碍可能是自闭症儿童奇怪运动行为的原因(Ornitz,1974)。当今,神经影像学研究发现,自闭症运动功能障碍儿童存在大脑结构异常现象,研究者对自闭症大脑功能连接异常这一理论基本达成共识。自闭症广泛存在的人脑皮层欠连接、局部过度连接和混合连接,大脑连接中断是自闭症的潜在神经信号(Maximo et al.,2014)。综合近年来的研究结果可以得出:自闭症运动障碍大脑局部近距离过度连接,而长距离连接下降。Nebel 等(2014)采用静息 fMRI 对自闭症儿童进行研究,结果表明:自闭症运动障碍程度与大脑中央前回各区域间的连接强度有关,背内侧(dorsomedial,DM)—后外侧(posterior lateral,PL)连接性下降导致机体协调性降低;不同功能分区之间的连接强度与自闭症表现特征的严重程度有关。Marrus 等(2018)通过对 187 名 12 个月和 24 个月的自闭症婴幼儿用 MSEL 量表和脑部 MRI 进行了粗大动作评估,根据自然睡眠中获得的 fMRI 分析步行和粗大动作技能评分与脑部网络功能连接的关系。研究结果表明,婴幼儿脑部网络功能与行走和运动功能有较强的关联,提出该年龄段婴幼儿脑部网络水平连接的增加和减少可能是行走和运动功能发展的基础。

　　最初静息 fMRI 更偏向于大脑皮质网络研究,而近期的研究文献发现皮质下功能电路异常(例如,皮质—纹状体—丘脑-皮质)可能是自闭症感觉运动普遍存在的临床障碍基本机制。Qiu 等(2010)使用大变形微分形测量映射(large deformation diffeomorphic metric mapping, LDDMM)对 32 名自闭症男孩和 45 名典型发育男孩进行 MR 图像分析,评估基底神经节形状的组间差异及与运动的关联。该研究提出:自闭症儿童运动障碍与右基底神经节形状的变形有关;多个对比分析显示,患有自闭症男孩右后壳核的表面向内变形预示着较差的运动技能,双侧前、后壳核的内向变形预示预后较差。总而言之,自闭症运动障碍生理学机制并未有统一答案,仍需研究者深入探究。

　　与自闭症儿童相比,神经影像学分析自闭症成人运动功能障碍的神经机制显得更为频繁。最近一项关于高功能自闭症成人运动功能的研究也运用扩散纤维束成像术(Diffusion tensor tractography, DTT)和精细动作技能测量,发现自闭症成人初级运动皮层和躯体感觉皮层与精细运动技能表现之间具有一定的联系(Thompson et al., 2017)。

　　纵观运动障碍测评工作发展的历程,标准化运动发育测量表只对动作技能进行量化评估,无法做到精确化。随着生物技术的发展,研究人员将生物力学和神经生物学引入动作发展评估领域,这使得自闭症运动障碍研究更加全面,从内在发病机制到外在运动技能水平测评进入具体化。临床实践中主要借助先进的试验设备,挖掘自闭症儿童运动功能障碍的神经生理学机制,这有助于显示神经系统对典型和非典型运动结果的贡献。遗憾的是,目前仍缺少大样本自闭症儿童运动功能障碍的长年追踪性研究。

第四节　自闭症谱系障碍儿童运动功能障碍干预研究进展

　　长期以来,研究者致力于体育运动对自闭症三大核心症状的康复治疗研究,针对运动功能障碍的干预研究近年来才逐渐兴起。然而,目前的研究主要集中在个案干预研究,大范围横截面和追踪性研究比较少见。Karen 等(2018)对 6～17 岁自闭症儿童和典型发育儿童在身体、娱乐、社交、技能、工作及家务劳动方面的异同进行了研究。研究结果显示,在 11~17 岁,自闭症儿童比正常儿童参与水平要低得多,并且随着年龄的增长,自闭症儿童在许多类型的休闲活动中参与差距越来越大,最终导致成年后参与活动的有限性。幼儿时期进行干预以增加活动的参与,有助于促进成年后的技能发展。

一、基本运动技能干预

梳理早期干预文献发现,研究者从最初的核心症状干预措施逐渐向基本运动技能干预领域拓展。MacDonald 等(2014)认为运动技能是自闭症严重程度的一个重要预测因素,具备优秀基本运动技能的自闭症儿童往往表现出较小的社交技能障碍。因此,改善自闭症基本儿童运动技能给研究者和临床康复提供了一个崭新的窗口。

基本运动技能干预是一项基础性干预方式,主要从事与发展健康生活方式有关的体育活动,包括姿势、移动、实物操作、抓握等一般动作技能。相关干预课程由专业教师和研究人员共同指导,根据受试对象设置单元教学计划及技能目标。这种干预模式有助于自闭症儿童建立更熟练的 FMS 模式,对于舞蹈、体操、比赛性运动项目以及娱乐性体育活动所需的更复杂技能发展至关重要(Lubans et al. , 2010)。

Bremer 等(2016)采用 12 周运动技能干预课程对 5 名 3~7 岁自闭症儿童进行运动干预,包括跑步、跳跃、投掷、接球、踢腿等基本动作。研究发现:FMS 干预可以有效地提高运动技能,并可能导致个体行为的改善,该研究结果得到另一探索性研究的支持。Ketcheson 等(2016)对 11 名 4~6 岁自闭症谱系障碍儿童进行基本运动技能干预课程对照试验,实验组($n=11$)参加为期 8 周的干预,包括 4 小时/天、5 天/周的运动技能干预练习。研究发现:与基线相比,实验组粗大动作与精细动作都有不同程度的提高,粗大动作和精细动作分别在干预 4 周、6 周时开始出现显著性差异。在目标控制结果方面,在第 2 周和第 4 周、第 4 周和第 6 周以及第 6 周和第 8 周之间没有显著改善,但在第 4 周和第 8 周之间技能有显著提高。很难知道,实现动作技能显著改进的时间长短差异是否归因于运动技能复杂性或对象控制技能的要求。目前,仍需要更多关于运动技能干预课程运动强度及运动量的量化研究。此外,未来的研究应该考虑对控制组和实验组的技能进行测量,以确定运动技能的改变是否真的是运动干预的直接结果。

二、适应性体育活动干预

实践研究证明自闭症儿童上下肢大肌肉控制能力和协调能力较差,身体平衡及灵敏性也落后于正常儿童(Ozonoff et al.,2008;Hirata et al.,2015)。除了基本运动技能干预方式,研究证实,选取自闭症儿童感兴趣的适应性体育活动进行干预也能取得较好效果(Bremer et al.,2014)。

已有研究发现球类运动、骑自行车、骑马、韵律体操及舞蹈等可以改善自闭症儿童刻板行为、社会认知以及运动功能(Bremer & Lloyd,2016)。Pan等(2016)采用为期 12 周的乒乓球项目(包括乒乓球技术技能和小组合作游戏)对 22 名自闭症儿童进行对照试验,干预后实验组在协调性、灵敏性、力量以及手眼协调能力方面都有了明显改善;Bass 等(2009)研究表明 12 周治疗性骑马活动能有效提高 5~10 岁自闭症儿童的身体灵活性和反应能力;Macdonald 等(2012)使用一辆改装的自行车,个性化指导 71 名自闭症儿童骑两轮自行车,5 天干预结束后,85.4%的自闭症儿童成功掌握骑自行车的技能,身体灵敏性和协调性有明显改善。值得注意的是,以上干预需要根据自闭症儿童运动功能障碍程度和个体差异,选择简单、有趣的体育活动;参与团体运动时,需要根据儿童功能水平对活动难度、器材、规则等进行适当调整。一方面增加患儿参与集体活动机会,改善其社交能力,另一方面也有助于促进他们正常运动行为模式的建立。

另外,体育游戏凭借简单有趣、无特定技术要求等特点在自闭症适应性体育活动干预中发挥了重要的作用。游戏内容规则针对自闭症儿童的功能水平、个性、能力来设定,还可根据自闭症儿童偏好来选择主题或开发新游戏。Rafie 等(2016)对 20 名自闭症儿童进行为期 10 周的体育活动干预,包括球类游戏和趣味体育游戏,研究发现自闭症儿童动态、静态平衡能力和双侧协调性有显著提升,该干预方式可以提高其知觉运动技能。

随着科技发展,电子游戏被应用到自闭症运动障碍的康复实践中。Lei等(2016)采用 Kinect 体感游戏对 1 名自闭症儿童进行为期 3 个月的干预研究,实验结果显示:该名儿童上下肢动作能力和感觉运动协调能力有了显著提高。Roglic(2016)等也有类似的研究结果。然而,该领域的研究主要集中于个案研究,缺少大范围的横截面研究,其干预效果还需更深入探究。

三、感觉统合训练干预

20 世纪 70 年代,Ayres 博士提出感觉统合理论,最初只用于提高学习障碍儿童的学习成绩(Wepman,1973),在整合多学科研究结果的基础上逐渐应用到特殊儿童康复训练领域。Neva 等(2013)提出自闭症儿童存在感知、交流、感觉处理和神经功能调节异常,42%~88%的自闭症儿童患有感觉调节功能障碍。结合自闭症儿童的情绪行为、感觉、运动等方面的具体表现,感觉统合训练成为改善自闭症儿童运动障碍的有效方法。

感觉统合训练主要是借助秋千、跳床、平衡木、滑板、滑梯、跳跳球、独角椅等器材刺激儿童的前庭觉、触觉、本体觉以及肌肉运动知觉,以促进动作协调性和感知觉功能的发展。Zawadaka 等(2014)对 12 名 6~12 岁自闭症儿童开展为期 4 个月的感觉统合训练,所有受试者赤脚参与,训练主要包括利用摆动类、旋转类、障碍类器材,设计抛接球、钻小桶等不同的游戏。研究显示,干预后自闭症儿童动作相关的感觉调控能力有明显提高。Karim(2014)对 34 名 40~65 个月自闭症儿童进行每周 3 次、为期 6 个月的触觉、前庭觉、本体觉以及精细动作的干预训练。干预器材包括可触摸的气泡、手指绘画、压力球、黏土模型、旋转椅、跳跳球、平衡板以及徒手系鞋带、扣扣子、拉拉链、翻书等精细动作,该项研究结果显示他们的运动能力有了显著的改善。需要注意的是,感觉统合训练实施前应先对自闭症儿童感觉统合能力进行综合评估,再根据评定结果制订相应的训练计划。

四、水中运动干预

近年来,水疗干预进入研究者的视野,并且越来越受关注。水疗是基于流体力学的原理,一方面,可以通过水温、体重减轻和前庭输入提供多种感官刺激;另一方面,水的特性有助于积极的运动,提供姿势上的支持,并促进痉挛肌肉的放松,改善循环系统,使各种基本的运动技能得以发展。研究表明,相比普通儿童,自闭症儿童更喜爱水中运动项目(Eversole et al.,2016)。水疗干预可以改善自闭症儿童动作的笨拙缓慢,提高动作平衡性、灵敏性、协调性,并能促进心肺功能的发展。临床实践中,Halliwick 方法通常是自闭症儿童进行水疗课程结构设计的基础(Fragala-Pinkham et al.,2008;Pan,2010)。20 世纪 40 年代,James McMillan 提出 Halliwick 方法,随后将其引入残疾人运动康复领域。关于自闭症的水疗研究多采用 Halliwick 方法中60~90 分钟/次、2~3 次/周、持续 10~16 周的推荐量。根据流体力学和人体力学原理,Halliwick 方法分为 4 个阶段:对水的调节、旋转、水中运动的控制和水中运动,可精确划分为 10 个步骤(Mortimer et al.,2014)。一项为期14 周的水疗运动干预研究显示:包括自闭症儿童在内的残疾儿童心肺耐力和健康水平有明显提升(Fragala-Pinkham et al.,2008)。经过为期 14 周的水疗干预后,Pan 等(2011)发现自闭症儿童的肌肉力量和耐力得到改善。Yanardag 等(2013)的研究也支持以上研究结果,经过 12 周的水疗计划,自闭症儿童的运动能力增加。查阅国外该领域内文献并对其进行梳理归纳,结果如表 2-8 所示。

表 2-8　国外 Halliwick 方法干预研究

作者	年份	年龄/岁	样本量 n	干预强度	干预效果
Yilma et al.	2004	9	1	60 分钟/次,3 次/周,为期 10 周	刻板动作减少
Fragala et al.	2008	6~11	16	40 分钟/次,2 次/周,为期 14 周	心肺功能、游泳技能明显提高
Pan et al.	2011	7~12	15	60 分钟/次,2 次/周,为期 14 周	水上技能、肌肉力量和耐力得到改善
Chuet et al.	2012	7~12	42	60 分钟/次,2 次/周,为期 14 周	所有自闭症儿童的身体活动和社交行为都有改善
Yanarda et al.	2013	6~12	3	60 分钟/次,3 次/周,为期 12 周	运动成绩显著提高

　　Halliwick 方法同时倡导不借助任何教学辅助器材,在"一对一"教学模式上进行干预教学。不可否认,它对自闭症儿童运动技能的提高效果显著。然而,在当今的融合教育理念背景下,这一教学模式的利弊还有待于进一步探讨,如何将融合教育理念与 Halliwick 干预方法更好地融合发展是值得研究的课题。除此之外,水疗研究受到样本量小、缺乏参照物、抽样方法粗糙和缺乏标准化结果测量的限制,仍需深入探索。

　　形式多样化的水中游戏、水中运动项目也不失为一种较好的选择。水中行走、仰漂、踩水、潜水、漂浮打腿等方式对提高自闭症儿童社会交往、减少刻板行为、增加身体活动、改善身体动作等方面均具有良好效果。

　　这些积极的研究结果凸显了进一步为自闭症患者开发运动障碍干预措施的迫切需要。自闭症儿童运动功能障碍干预措施可根据患者障碍严重程度及其身体系统状况,在进行科学评估后制订。然而,目前干预方式多倾向于外在运动能力表现特征研究,缺乏结合其致病内生机制多学科的整合研究。今后的研究可采用动作训练干预方式,记录其脑活动的变化特点,并依据这些变化逐步形成一个具有适应性的活动模式,这是运动学、神经学和心理学等多学科综合探讨的另一个重要策略。由于儿童本身脑部可塑性具有独特性,以自闭症儿童为被试对象进行动作干预与脑可塑性的研究还相当少,这也是这方面研究的另一个重要发展趋势。

五、小结

　　动作障碍或缺陷已成为自闭症儿童的重要表现特征之一,了解自闭症儿童的真实运动水平极其重要。目前,国内自闭症运动功能领域的研究尚在起步阶段,并无专门适合自闭症婴幼儿和儿童动作功能测评的专业、统一的工具,主要还是标准依托于其他类型特殊儿童的动作评估量表,况且已有评估工具缺乏对特殊儿童测评时的详细指导。结合自闭症的典型症状,进行多学科交叉研究,制定科学、专业的自闭症运动功能障碍定量评估标准迫在眉睫。除此之外,当前研究多局限于使用评估量表对运动功能进行评测,缺乏纵向追踪性研究。今后,应当深入探讨自闭症运动障碍表现特征和神经学病理机制,进一步挖掘运动障碍与"核心症状"之间的关系,明确两者之间的功能联系。在此基础之上,发现确定动作障碍时间,制定及时、专业、个性化、科学的干预措施是提高自闭症儿童动作技能发展亟须解决的重要内容。

第三章　自闭症谱系
障碍儿童动作发展特征研究

梳理自闭症儿童研究领域现状可以发现,在研究内容上,国内主要集中在核心症状、康复手段以及社会支持等方面,缺乏对其动作发展领域的相关研究。本章以自闭症儿童为测评对象,对其动作发展进行测评,分析他们的动作发展特征,为探寻自闭症儿童动作发展的运动干预手段与方法提供实践依据。

第一节　研究背景

动作是人类生存和生活的一种基本能力,也是人早期与外界环境相互作用的主要手段之一,是个体进行各种活动所不可缺少的。身体所有的动作都是在神经系统调节和控制下,通过运动器官来完成。儿童动作的正常发展与神经系统的功能发展和成熟水平有密切关系,在神经系统的控制和调节下,各种动作发展迅速并更加协调。儿童的动作发展可以反映儿童神经系统的发育水平。因此,动作发展是儿童神经系统正常发育的标志之一。除此之外,运动对儿童的心理活动和心理功能的发展具有重要的作用。不管粗大动作还是手的精细动作,它们在不断的运动中促进了儿童神经系统的发育,使得神经系统的功能更加成熟和完善。著名儿童心理学家皮亚杰说:"思维起源于动作。"儿童的感知觉、情绪、注意力等心理活动,是儿童运动发展必不可少的因素。相反,儿童在不断运动的过程中,又促进了感知觉、情绪和注意力的发展。

近几年,随着自闭症发病率逐年升高,它逐渐走进普通大众的视野,社会交往和刻板/重复性行为方面的核心症状渐渐被大家认识和了解。除此之外,从自闭症儿童身心发展的总体水平看,还存在语言交往障碍、认知障碍、注意力不集中、情绪问题等。已有研究发现自闭症儿童动作发展与社会交往能力相关,即如果自闭症儿童的动作发展较弱,那么其社交技能缺陷也比较严重。然而,国外越来越多的研究发现,除核心症状外,动作发展障碍已成为自闭症儿童常见的并发症。该障碍出现的概率为 59%～80%(Davidovitch et al.,2015;Paquet et al.,2016)。其中,表现出精细动作发展障碍的儿童比率为 36%～63%;患有粗大动作发展障碍的儿童比例在52%～64%之间。

本书课题组一直致力于自闭症儿童健康促进研究,在课题调研过程中发现:自闭症儿童存在不同程度的运动障碍。等等是一名 4 岁自闭症患儿,伴随严重的语言障碍,做奔跑、跳跃、拍球等粗大动作极为困难,在日常生活中却无法自己穿衣服、鞋子,而另一名同年龄自闭症患儿却能够奔跑、跳跃,自己整理书包,穿脱衣服。自闭症儿童动作技能发展已成为国外学者研究自闭症表现特征的重要课题,主要集中在动作技能测评及核心症状相关性研究,而国内有关该领域的实证研究却是凤毛麟角。因此,本书以学龄期自闭症儿童为受试对象,在行为层面上描述自闭症儿童动作发展特征,揭示自闭症儿童动作发展的缺陷,旨在引起相关学者及实践者重视,为早期诊断、干预和治疗自闭症儿童动作障碍提供有益借鉴。

第二节　实验设计

一、研究思路

梳理国内外儿童动作发展相关文献资料,在浙江省平湖市医佰康复教育中心和平湖市实验幼儿园招募 3～6 岁儿童志愿者;确定受试对象,收集该领域内相关研究资料,编写儿童基本信息表;采用 MABC-2 对自闭症儿童和普通儿童的动作发展水平进行测量评估,在测评过程中研究人员对其进行临床观察和记录,同时访谈儿童教师和家长,最终对其测量评估结果进行定量和定性分析。根据测评结果,对比分析自闭症儿童动作发展基本特征,为后期制定相应的动作发展干预课程提供实证数据,如图 3-1 所示。

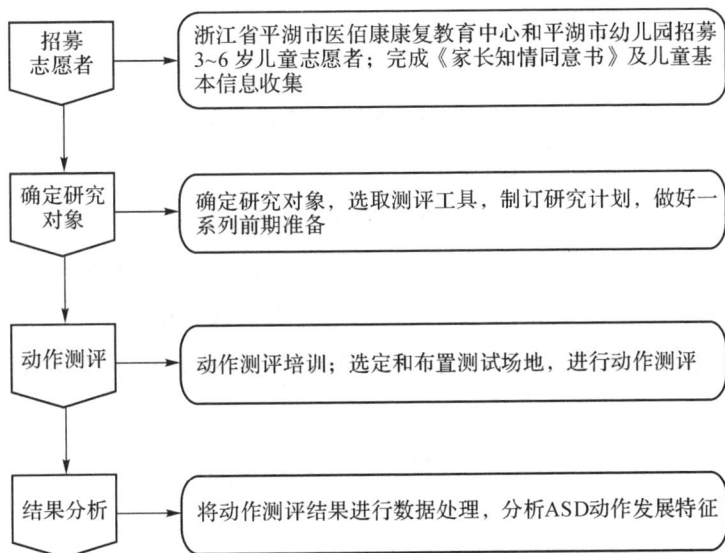

图 3-1　本实验研究思路

二、研究对象

浙江省平湖市医佰康康复教育中心 15 名 3～6 岁自闭症儿童(均得到医疗机构确诊,但自闭程度有差异),同年龄段普通儿童 15 人作为对照组。剔除因各种原因未完成全部测试内容的儿童,最终纳入研究对象:13 名 3～6 岁自闭症儿童,15 名普通儿童。如表 3-1、表 3-2 所示。

表 3-1　研究对象基本情况

类　别	3 岁/人	4 岁/人	5 岁/人	6 岁/人	平均年龄/岁	组间差异(p 值)
自闭症儿童	2	3	5	3	4.96±0.80	0.987
普通儿童	2	3	7	3	4.95±0.82	

表 3-2　自闭症症状严重程度

自闭症严重程度	轻度	中	重
人数	6	4	3

三、研究方法

(1)客观测量法:课题组成员采用"儿童动作评估成套工具的最新版(MABC-2)"评估研究对象动作发展水平。

(2)数据分析法:采用 SPSS 26 数据包对结果进行数据分析,数据描述使用平均数±标准差($\overline{X}\pm S$)表示;组与组之间的比较采用独立样本 T 检验。

(3)问卷调查法:自编问卷对研究对象基本信息进行收集。儿童个人基本信息中涉及婴儿期动作发展信息,为确保信息的准确性,在问卷填写时均由知情抚养人填写。

(4)观察法:在动作发展水平测试中,观察儿童在测评时动作执行时的具体特征,并做好相应记录。

(5)访谈法:通过对自闭症家长及其老师的访谈,收集反映自闭症儿童动作发展水平的各种信息。

四、研究步骤

(一)选取测试工具

本书动作测评采用目前应用最广泛的针对儿童运动协调能力标准化的测量评定工具 MABC-2 ,通常被认为是判定儿童运动协调能力水平测试的"黄金标准" (Clark & Whitall,2011)。MABC-2 标准评估测试共分为 3～6 岁、7～10 岁、11～16 岁 3 个年龄层的不同测试;依照年龄增加逐渐加深测验难度,或者不同的实施项目。本书对 3～6 岁年龄层进行测评,测评结果与已建立的全国儿童运动协调能力常模数据库进行对比分析。

MABC-2 每个年龄层测验均包含 3 个主要类别的基本能力:手部精细操作、手眼协调能力、静态以及动态平衡能力。3～6 岁儿童测评内容具体如表3-3 所示。该三大能力作为儿童成长发育过程中各项运动协调能力的基本组成因素,可以全面测试评估儿童各方面动作的协调能力。

表 3-3　MABC-2 测试内容

主要类别	项　目		
手部精细操作	投掷硬币	穿珠子	画轨迹
定位与抓取	单手投袋	双手接袋	—
静态以及动态平衡	单脚站立	脚尖走路	双脚连续跳

一名智力正常、协调性较好的儿童完成整套测试评估需要 20～30 分钟。实际测试需要时间很大程度上取决于被测对象的配合程度,自闭症儿童则需要花更长的时间,大约需要 1 个小时。

(二)招募志愿者

在浙江省平湖市医佰康康复教育中心和平湖市实验幼儿园招募学龄前儿童志愿者,本次一共招募了 30 名 3～6 岁儿童。由其抚养人填写《家长知情同意书》和《儿童基本信息表》,并建立扶养人微信群以便于沟通后续测试事宜。

(三)动作测评准备

施测场地设施:合理的测试房间至少有 6 米×4 米大小,应该具备较好的通风和照明设备,环境安静,没有噪声或其他干扰,清除所有与测试无关的摆放物;地面平整且较硬,便于跳跃项目测试;施测手部精细动作时,应布置有一张桌子和两把椅子。为了手部灵活性任务的顺利实施,椅子的高度应该适合被测试儿童的体形,桌面高度大概与儿童坐下时肘部的高度同高,儿童的双脚能够踩实地面。

着装准备:分为儿童着装和测试人员着装。儿童身着适合运动的服装和鞋子(防滑鞋底),衣服长短要适度,如裤子太长,测试时容易绊倒儿童;女生长发扎成马尾,避免测试遮住视线造成干扰。为能较好地呈现示范效果,测试人员也应该穿着运动服和运动鞋给儿童进行示范测评。

正式测试:测试人员对受试儿童进行动作发展测评,共包括表 3-3 中的 8 种测试项目。

五、测试步骤

特殊儿童群体具有特殊性,为保证实验能够顺利开展,获取更准确的实验数据,课题组成员先对个训老师进行测试方法培训,个训教师和实验人员再共同对儿童进行动作能力测评。课题组实验人员担任主试,个性教师辅助测试。正常儿童组则由课题组实验人员进行测试。考虑自闭症儿童无法较长时间保持注意力,课题组将 8 项测试内容分前后两周完成测试:第一周测试手部精细动作项目;第二周测试手眼协调能力和静态以及动态平衡能力项目。

(一)确定儿童"惯用手"

测试项目中,设计单手任务打分,为了保证测试数据的准确性,在正式测试之前需要确定儿童"惯用手"。在开始正式测试之前,测试人员请他们在另外一张纸上写自己的名字或者画画,结束后就图画内容可以与儿童进行交流,与儿童之间建立亲密关系和信任感。儿童可能在画画的时候交换用手,这种情况下,只需要选择他开始用的那只手并进行相应记录。在测试过程中,主试要检查以确定儿童用了同一只手完成绘画测验。

(二)正式测试

测试中所有的任务都是由主试示范、儿童练习和儿童正式测试 3 部分组成,如图 3-2 所示。因其中有一些任务需要左右手/脚分别操作,主试需明确左右手/脚后都分别按照以上 3 步进行测试。

开始 → 主试示范 → 儿童练习 → 儿童正式测试 → 结束

图 3-2　测试流程

主试示范:测试过程中,主试用语言先解释一下测试内容方法和要求,然后进行演示。示范主要是为了帮助儿童克服言语理解的困难,便于他们更直观地理解操作方法。但对于自闭症儿童来说,一次示范他们可能无法完成动作,因此需要主试耐心地进行多次示范。需要注意的是,在进行手部精细动作测试时主试示范时要坐在儿童旁边(儿童同侧),这样儿童更容易进行观察,主试也更容易指导。

练习阶段:每个测试任务中都给出不同的练习次数。主试确保儿童尽快、准确地了解任务的要求。但是,对自闭症儿童和发育迟缓儿童而言,推荐练习次数往往无法达到练习效果。因此,在练习过程中,会根据儿童自己的能力调整练习次数。如果儿童能够模仿完成动作,就可以正式测评了。当然,也有儿童经过多次尝试不配合练习,无法完成测试,这种情况可以记录为"R"。

练习之后马上就要进行正式测评。测试项目中,有惯用手和非惯用手任务时,儿童首先练习使用惯用手。如果右手是惯用手,练习之后马上开始用右手进行正式测试。换左手进行练习,再进行左手的正式测试。

正式测评:每个儿童都有一次或多次机会可以尽最大能力完成任务。根据任务不同,正式测评的次数也不同:对于所有的手部精细动作类任务,允许最多两次正式测评;如果是测评双手,这就意味着每只手都有两次测评机会;对于所有的平衡类任务,不管是动态还是静态,最多允许两次正式测评;如果测评双腿,这就意味着每条腿都有两次测评机会;手眼协调能力正式测试中,单手投袋和双手接袋最多允许 10 次正式测评。

一旦正式测试开始了,主试就不能以任何形式帮助儿童,包括语言的提醒。一次测试结束后,主试就前一次测试给儿童鼓励,如果测试中出现问题给及时的纠正和指导。比如,在投掷硬币任务时儿童使用双手投掷或平衡任务中用抬起的一条腿贴靠支撑站立的另一条腿,主试都要给提醒或重新示范讲解任务要求。

测试记录:测试过程中,如果儿童没有开始或完成任务,要用下面的字母来解释原因,不同的字母代表不同的测试结果。

"F":儿童尝试测试失败,如果经过必要的指导和练习,儿童还是不能合理完成任务,比如同时捡起两枚硬币,越过线去投掷,则记录为"F"。

"R":如果一个儿童拒绝尝试一项任务,比如,在手部任务中,儿童可能很好地完成了第一次正式测评,得到了某个分数,然后他可能就不想继续尝试了,即便让他休息一会儿之后,他也不会继续。这在不同任务中的不同阶段都可能会发生,这种情况就会被标记为"R"。

"I"：自闭症儿童和发育迟缓儿童有时完不成某项任务。比如，双脚连续跳测试中，儿童下肢力量较弱，无法做跳跃动作，双脚连续跳则更无法完成，则记录为"I"。

六、具体测试内容与方法

（一）投掷硬币

测试工具：一个蓝色方盒（测试专用）、6 或 12 枚黄色硬币、桌垫、秒表。

测试场地布置：把桌垫放在儿童前面，让其长边离桌子边缘大约 2.5 厘米。将蓝色方盒放在桌垫上，将盒子的短边正对儿童，让硬币投币口与桌垫一边平行。对于三四岁的儿童，测试使用 6 枚硬币，将硬币放在儿童惯用手旁边，两横排摆放，每排 3 个；对于五六岁的儿童，将 12 个硬币放在儿童惯用手旁边，四横排摆放，每排 3 个。在每排和每列硬币之间都留约 2.5 厘米宽的距离。测评另一只手时，把盒子跟硬币的位置换过来。

正式测试方法：练习结束后，调整桌垫及硬币摆放位置，儿童用一只手扶住盒子，另一只手放置在桌垫上，开始正式测试。听到"开始"口令后，儿童用测试手拿起硬币，一次一枚，通过投币口快速投入方盒中。测试手离开桌垫时开始计时，当最后一枚硬币投入盒子时停止计时。先测惯用手，再测非惯用手，双手都要进行测试，如图 3-3 所示。

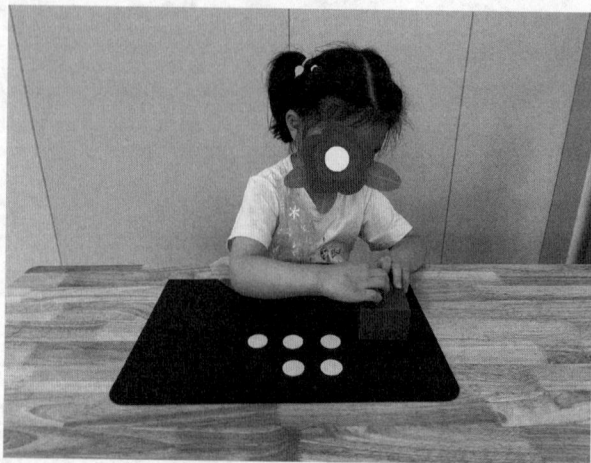

图 3-3　投掷硬币项目测试

测试时各阶段任务要求见表 3-4。

表 3-4　投掷硬币测试各阶段任务要求

测试阶段	任务要求
示范	示范时强调操作要求： 1. 硬币一次投 1 枚； 2. 指定用手后，中途不能换手； 3. 测试中抓稳方盒，投掷越快越好。
练习	1. 儿童每只手可练习 1 次，三到四岁的儿童用 3 枚硬币练习；五到六岁的儿童用 6 枚硬币练习（即练习量为正式测量数量的一半），自闭症儿童可以适当增加练习次数； 2. 每只手练习完成后，马上正式测评该手； 3. 练习中儿童出现错误操作，及时打断并予以提醒或重新示范。
正式测试	1. 测试以惯用手先开始，每只手测两次； 2. 测试过程中不予任何形式的帮助与指导。

需要记录内容：测试过程中的惯用手；每次测评顺利完成所花的时间。

如果儿童出现以下行为则记录为失败（F）：

- 一次拿起或者投掷多于 1 枚硬币；
- 在测评过程中换手或双手并用；
- 硬币掉落到够不着的地方。

（二）穿珠子

测试工具：6 或 12 颗黄色方珠子、红绳、桌垫、秒表。

测试准备：把桌垫放在儿童前面，让其长边离桌子边缘大概 2.5 厘米。对于三四岁的儿童，把 6 颗珠子排成一排，珠子的洞眼朝上，与垫子的长边平行，离短边缘大约 5 厘米，珠子之间距离大约 2.5 厘米均匀放置。对于五六岁的儿童，用同样的方式摆放两排 12 颗珠子。将红绳轻放在桌子上，保证绳子与珠子的摆放位置便于儿童拿取。

正式测试：练习结束后儿童将双手放在垫子上。听到"开始"口令后，儿童拿起红绳和一颗珠子开始穿进去，越快越好。在穿线的过程中儿童的手可以采用任何姿势，比如手臂可以放在桌子上，也可以拿起实验用具放在眼前，或者把它们放在垫子上等，只要全部珠子穿进去即可，顺序无关紧要。在第一只手离开垫子时开始计时。在最后一颗珠子穿过红绳金属头时停止计时，如图 3-4 所示。

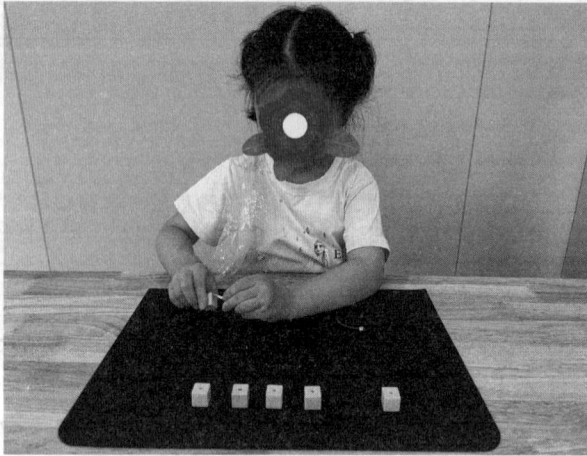

图 3-4　穿珠子项目测试

测试时各阶段任务要求见表 3-5。

表 3-5　穿珠子测试各阶段任务要求

测试阶段	任务要求
示范	示范时强调操作要求： 1. 可以采用儿童喜欢用的一只手，不强调哪一只手； 2. 拿起红线金属头穿珠子； 3. 一次只能穿 1 颗，越快越好。
练习	1. 儿童每只手只有一次练习机会，三到四岁的儿童用 3 颗珠子练习；五到六岁的儿童用 6 颗珠子练习（即练习量为正式测量数量的一半），自闭症儿童可以适当增加练习次数； 2. 练习中儿童出现错误操作，如一次拿多颗珠子或尝试一次穿多颗珠子，及时打断并予以提醒或重新示范。
正式测试	1. 一共两次测试机会，测试过程中不予任何形式的帮助与指导； 2. 如果珠子滚落在地上手臂可以够到的地方则捡起继续进行，滚落在够不到的地方则认为任务失败。

需要记录内容：每次测评顺利完成所花的时间。

如果儿童出现以下行为则记录为失败（F）；

·一次穿多于一颗珠子；

·将珠子掉落到够不着的地方。

（三）画轨迹

测试工具：专用描画用纸一张；贝罗尔细头红色水笔；光滑的书写垫板。

测试场地布置：儿童坐在桌子面前，双脚着地，手臂自然放在桌子上。将一张描画用纸放在儿童面前的桌面中间位置，笔放在旁边。

正式测试：儿童从自行车开始，画一条连续的线，沿着轨迹不能越过边界。在中间位置线要画在拱形下面，并沿着轨迹一直画到房子的地方，鼓励儿童不要提笔离开纸，但是只要不断线就不扣分。允许儿童调整纸面的角度（最多调整到45度），以便于更容易完成这个任务。本任务只测评惯用手，如图3-5所示。

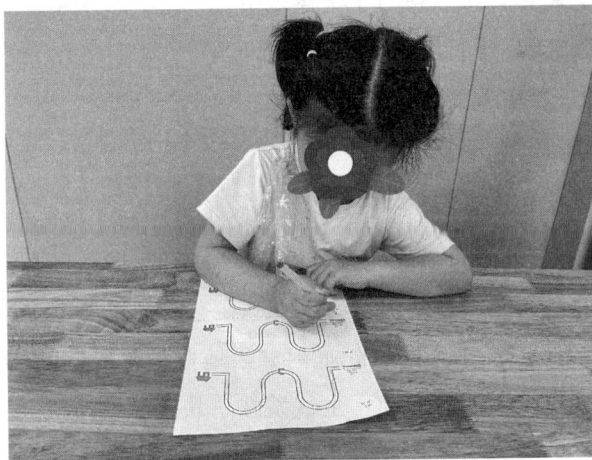

图 3-5　画轨迹项目测试

测试时各阶段任务要求见表3-6。

表 3-6　画轨迹测试各阶段任务要求

测试阶段	任务要求
示范	同一条轨迹一半用来示范，一半用来儿童练习，示范时强调操作要求： 1. 非拿笔手按住纸张，画慢一些，一定要在两条边线内画线； 2. 轨迹中心的拱形下继续画线到终点房子处； 3. 告知儿童纸张的位置可以调整到自己舒服的位置。

续表

测试阶段	任务要求
练习	1.只有一次练习机会,儿童按主试示范轨迹进行画线,完成整条轨迹练习,自闭症儿童可以适当增加练习次数; 2.练习中儿童出现错误操作,如跨越了边界、将笔提起后未能接上次的终点处继续画、在画的过程中改变方向或者转动纸张超过45度,及时打断并予以提醒,或者重新示范。
正式测试	1.一共两次测试机会,测试过程中不予任何形式的帮助与指导; 2.如果儿童准确无误地完成了第一次轨迹的描画,就不需要进行第二次测试。

需要记录内容:

·画轨迹所用手;错误个数(0 表示没有错误),测试结束后根据评分标准进行判断,并将错误次数填写于记录表中。

如果儿童出现以下行为,记录为失败(F):

·在画的过程中改变方向;

·转动纸面超过 45 度。

(四)单手投袋

测试工具:豆袋一个;一块纯色地板垫,一块目标垫。

测试场地布置:测试教室内,远离墙壁,在空旷的场地上进行。将两块地板垫放在地面上,短边相距 1.8 米,此时如果地板垫较滑,可以用胶带粘住垫子,保证测试过程中垫子不移动。主试站在一块地板垫上,儿童面朝主试站在另一块地板垫上。

正式测试方法:儿童站在纯色垫子上投豆袋,用任何一只手拿豆袋都是被允许的。儿童手拿豆袋将其投在目标垫的任何部位,中心圈只是用来瞄准。测试中,鼓励儿童采用单手下手投袋,也就是手臂从腰部以下向前上投掷,但是手举过肩部投掷或者双手投掷只要成功,就计入成绩。自闭症儿童测试中,手举过肩部投掷或者双手投掷情况经常发生,如图 3-6 所示。

图 3-6　投袋项目测试

测试时各阶段任务要求见表 3-7。

表 3-7　单手投袋测试各阶段任务要求

测试阶段	任务要求
示范	示范时强调操作要求： 1.站在垫子上投出豆袋； 2.瞄准地板垫中心圆圈； 3.豆袋抛出后，滑行到目标垫不算成功，投掷在目标垫上后滑行出垫，则计为成功。
练习	1.儿童有 5 次练习机会，自闭症儿童可以适当增加练习次数； 2.练习过程中，儿童可以换手或举手过肩投掷，鼓励他们使用下手； 3.儿童离开垫子投掷或者将豆袋从地面滑过去，及时打断并予以提醒，或者重新示范。
正式测试	1.一共 10 次测试机会； 2.测试过程中不给予帮助，但是如果儿童在一个试次中失败了，可以提醒儿童注意失败原因，然后才进行下一个试次。

需要记录内容：

·投袋使用手，是左手、右手还是双手；

·儿童踩在垫子上抛 10 次投中目标垫的次数（只要豆袋的任何部分碰到了目标垫都算成功；短距飞行落地后滑到或跳到目标垫上的不算成功；先落在目标垫上，但后来又滑出或者弹出目标垫的情况也算成功）；

·拒绝记录为 R，如果儿童不能完成任务，则为不适合，记录为 I。

（五）双手接袋

测试工具：豆袋一个；2 个地板垫（测试专业垫）。

测试场地布置：该项目测评的场地布置同单手投袋。

正式测试方法：主试投掷豆袋，到儿童伸手能够得着的范围内（大致为腰部到肩部的范围），然后儿童用双手接豆袋。主试的投袋位置对测试结果会有一定的影响，因此，测试之前主试人员进行多次练习，保证投掷的合理位置。在投豆袋时，主试应估计好儿童的高度，如有必要应该蹲下投豆袋。儿童双手接袋要求：五六岁儿童要用双手干净利索地接住豆袋，不可以借助身体其他部位拦截豆袋，如利用胸膛和双臂将豆袋抱在怀里则记录为"F"；三四岁儿童则可以用身体去接豆袋，只要用身体部位截住豆袋避免落到地上就认为成功，如图 3-7 所示。

图 3-7　双手接袋项目测试

测试时各阶段任务要求见表 3-8。

表 3-8　双手接袋测试各阶段任务要求

测试阶段	任务要求
示范	示范时强调操作要求： 1. 站在垫子上等待主试投出豆袋，可以离开垫子去接豆袋； 2. 盯着豆袋在空中的移动轨迹，双手向内靠拢，抓紧豆袋； 3. 不同年龄段的儿童有不同的抓取要求。
练习	1. 儿童有 5 次练习机会，自闭症儿童可以适当增加练习次数； 2. 如果他们过早离开垫子（如在主试投出豆袋前），或者用身体辅助抓取豆袋（只限五六岁儿童），及时打断并予以提醒，或者重新示范； 3. 主试投袋后，允许儿童离开垫子去接一个抛得不太好的豆袋。
正式测试	1. 一共 10 次测试机会，主试投出的豆袋儿童根本够不着的次数不计为测试次数； 2. 测试过程中不给予帮助，但是如果儿童在一个试次中失败了，可以提醒儿童注意失败原因，然后才进行下一个试次。

需要记录内容：

· 10 次测评中成功抓取的次数，用一只手抓取可以算为成功；

· 五六岁儿童用身体辅助接豆袋不计入成绩；

· 拒绝记录为 R，如果儿童不能完成此任务，则为不适合，记录为 I。

（六）单脚站立

儿童必须穿运动鞋完成此次任务。

测试工具：一个地板垫；秒表。

测试场地布置：在空旷的场地进行测试，将地板垫放置在地面，用胶带将其粘在地板上，保证测试过程中不移动，以保证儿童安全。

正式测试方法：儿童单腿（测评腿）站在垫子上，双手自然地放在身体两侧，尽可能保持到 30 秒。测试中，儿童可以移动测评腿到任何位置，只要不接触地面即可，但是站在垫子上的脚不能移动。不允许用非测评腿钩住测评腿。儿童身体可以摇摆，手臂可以从身体两侧移开，但是不能用它抱住非测评腿。非测评腿离开地板时开始计时，出现错误就停止计时。允许儿童选择先测哪条腿，双腿都要测试，如图 3-8 所示。

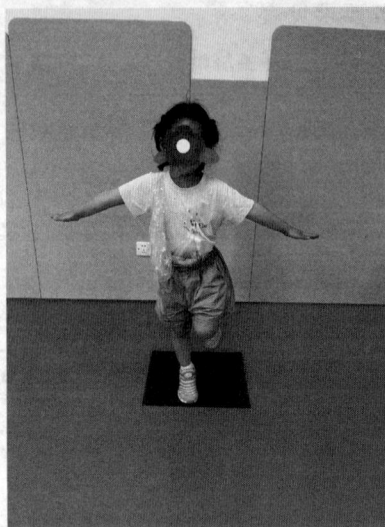

图 3-8　单脚站立项目测试

测试时各阶段任务要求见表 3-9。

表 3-9　单脚站立测试各阶段任务要求

测试阶段	任务要求
示范	示范时强调操作要求： 1.在保持平衡时,站在垫子上的脚不能移动; 2.非测评的那条腿不能触碰地面; 3.如有必要,可以用手臂来保持平衡。
练习	1.儿童每条腿练习 15 秒,每条腿只能练习一次,自闭症儿童可以适当增加练习次数; 2.在练习过程中,如遇到儿童无法找到平衡点,则主试握着儿童的双手或单手帮助儿童找到平衡点后松开手; 3.如果儿童移动了踩在垫子上的脚或者用另一条腿来钩住这条腿,及时打断并予以提醒,或者重新示范。
正式测试	1.每条腿都有两次测试机会,最长时间为 30 秒,如果第一次就保持平衡坚持了 30 秒,就不需要第二次测评了; 2.儿童可以自己选择最开始用哪条腿站立,也可以在练习时分别尝试使用两条腿,但是在正式测验中不可以换腿; 3.测试过程中不能给予帮助。

需要记录内容：

· 分别记录儿童左右脚单脚站立秒数（最高到 30 秒）；

· 拒绝记录为 R，不适合记录为 I。

（七）脚尖走路

儿童必须穿运动鞋完成此次任务。

测试工具：黄色胶带（专用胶带）。

测试场地布置：在空旷的场地进行测试，远离障碍物以保证儿童安全，将 4.5 米长的黄色胶带贴在地板上，主试找一个合适的位置蹲下，以便在任务过程中能看清楚儿童脚的侧面。

正式测试方法：儿童站在黄色线的一端，需要提起脚跟，用脚尖沿着黄线走路，可以借助手臂保持身体平衡，如图 3-9 所示。

图 3-9　脚尖走路项目测试

测试时各阶段任务要求见表 3-10。

表 3-10　脚尖走路测试各阶段任务要求

测试阶段	任务要求
示范	示范时强调操作要求： 1. 每一步都把脚趾放在线上；

续表

测试阶段	任务要求
示范	2. 脚跟要一下抬起; 3. 可以用手臂来保持平衡。
练习	1. 只有一次练习机会,一共走 5 步,自闭症儿童可以适当增加练习次数; 2. 在练习过程中,如果儿童偏离直线或者脚跟着地,及时打断并予以提醒,或者重新示范; 3. 如果在练习中有些儿童脚跟提得特别高(使用脚趾走路),告诉他们不需要如此,只要脚跟离开地面即可。
正式测试	1. 两次测试机会,走 15 步或者走到终点都算成功(不足 15 步),如果儿童第一次走了 15 步或者走到终点都没有犯规,就不需要第二次测评了; 2. 任何时候儿童脚尖离开黄线或者脚跟落地,则该次测试立即停止; 3. 测试过程中不能给予帮助。

需要记录内容:

·连续正确的步数(从头开始,不偏离黄线或者让脚跟着地);

·如果儿童到达终点而没有任何错误,记录最高分 15,即使儿童实际步数少于 15 步也可以;

·拒绝记录为 R,不适合记录为 I。

(八)双脚连续跳

儿童必须穿运动鞋完成此任务。

测试工具:6 个地板垫。

测试场地布置:在空旷的场地进行测评,远离障碍物。将 6 个垫子的长边相接排成一列,目标垫放在终点。所有地板垫用胶带粘在地板上,保证测试过程中不移动,以保证儿童安全。

正式测评方法:儿童站在第一块地板垫上,双脚并拢,然后往前从一个垫子跳到下一个垫子,跳在目标垫上停止。对于三四岁的儿童,怎么跳都可以,只要双脚离开地面并且落在垫子内就行,每次跳跃落地后可以调整脚的位置。但对于五六岁儿童,必须连续跳 5 次。每次双脚都要同时起跳和落地,落地后不能调整脚的位置,只能连续跳到下一个垫子上。所有年龄的儿童必须稳定地落在最终的目标垫,否则最后一跳无效,如图 3-10 所示。

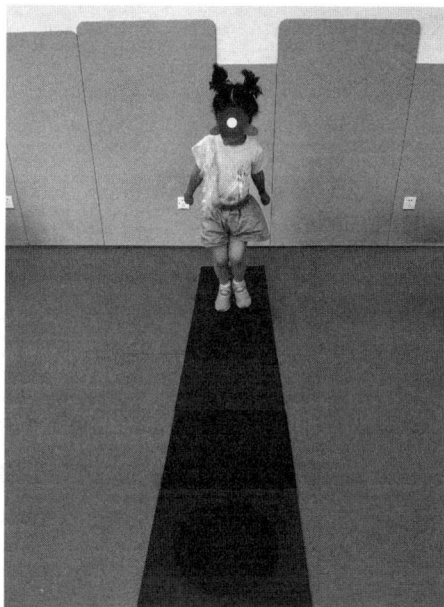

图 3-10　双脚连续跳项目测试

测试时各阶段任务要求见表 3-11。

表 3-11　双脚连续跳测试各阶段任务要求

测试阶段	任务要求
示范	示范时强调操作要求： 1. 跳在垫子上面； 2. 一次只跳过一个垫子； 3. 双脚同时跳跃(只限五六岁儿童)。
练习	1. 只有一次练习机会,完成 5 次跳跃,自闭症儿童可以适当增加练习次数； 2. 在练习过程中,如果儿童跳出垫子外、跳多次才跳过一个垫子或者没用本年龄段儿童的跳跃方式,及时打断并予以提醒,或者重新示范。
正式测试	1. 两次测试机会,如果儿童第一次跳跃成功,就不需要第二次测评； 2. 测试过程中不能给予帮助。

需要记录内容：

· 连续正确的跳跃次数。

如果儿童出现以下行为,记录为失败(F)：

·跳在垫子边缘或者外面；

·在垫子走动完全失去平衡/摔倒；

·将手放在地板上；

·多次才跳过一个垫子(五六岁儿童)；

·在几次跳跃之间调整脚的位置(仅限五六岁儿童,三四岁儿童可以在垫子上调整脚的位置)；

·拒绝记录为 R,不适合记录为 I。

七、研究过程的质量控制

主试对测评的了解程度、测试过程中计时计分的准确性、施测前准备的充分程度,以及与儿童的互动情况都会影响测评的准确性,测试前后,课题组从以下几个方面,确保数据的准确性。

(1)课题组实验人员均参加 MABC-2 培训,并取得相应测试证书。

(2)测试过程中,测试老师需要在整个测量过程中保持对孩子的高度关注,随时调整测试节奏和策略,以保证测试儿童在每个项目的最优成绩。

(3)其中,在测评中与儿童建立和谐的关系,保持孩子的积极参与性至关重要。主试应该尽最大努力让儿童觉得自在放松,并且享受测评过程。为此,在对自闭症儿童测试前,主试老师提前一个月进入康复教育中心,尽可能消除陌生感。

(4)在整个测评中,主试展现出自己的热情,并经常对儿童的努力提出表扬。如果儿童不能完成一项任务,主试应该鼓励他试一试或者试一试另外一个项目;对自闭症儿童进行测试时,个训教师应协助儿童更好地完成测试。

(5)儿童基本信息资料涉及婴儿期动作发展相关内容,因此填写时由了解准确信息的抚养人填写。

第三节　研究结果与分析

一、婴幼儿时期粗大动作发展里程碑情况

婴儿主动运动发展有一个内在的规律,虽然儿童受到环境及先天肢体发育的影响,每个儿童粗大动作发展的速度都不太一样,但原则上还是要符合一般的生理发育规律。一般来说,儿童坐、爬、站、走、跳、上下楼梯,都有合理的生理时间,但如果家长发现粗大动作的发展比一般标准慢了 3 个月以上,就要特别注意。

从表 3-12 可以看出,自闭症儿童婴幼儿期粗大动作发育与普通儿童相比,除行走外其他动作发育无显著性差异。从均值上来看,尽管两组儿童之间的差距并无统计学意义,但自闭症儿童在抬头、翻身、坐立、爬行、行走时间上均晚于普通儿童,且差距越来越大,直至行走阶段两组出现显著性差异。

表 3-12　自闭症婴幼儿期粗大动作发育里程碑情况(月)

测试指标	自闭症儿童($n=13$)		普通儿童($n=15$)		组间差异
	M	SD	M	SD	p 值
抬头	2.38	0.75	2.30	0.79	0.868
翻身	3.25	0.96	3.93	0.88	0.194
坐立	6.07	0.48	6.63	0.96	0.558
爬行	9.50	5.97	7.29	1.77	0.217
行走	17.75	5.56	12.40	1.55	0.043 *

注:* 表示 $p < 0.05$。

本研究结果与国外关于自闭症儿童婴儿期多项动作发育里程碑研究结果一致,自闭症儿童婴幼儿期动作发育显现延迟。Ozonoff 等(2008)基于家庭录像的回顾性研究显示,1 岁前自闭症儿童获得爬行、坐直(无支撑)这两类里程碑的时间略微晚于普通儿童,本研究中自闭症儿童坐立时间也略迟于普通儿童。

二、动作发展特征分析

MABC-2 儿童动作协调能力标准评估测试(MABC-2)是目前应用最广泛的针对儿童的动作协调能力标准化的测量评定工具,被认为是判定儿童动作协调能力水平测试的"黄金标准",本书课题组将所有自闭症儿童动作测试结果与全国儿童运动协调能力常模数据库进行比较。表 3-13 为某一自闭症儿童采用 MABC-2 进行测试的得分,表 3-14 为测试结果。

表 3-13　自闭症儿童采用 MABC-2 测试得分

任务编号	任务名称	最佳原始分	标准分	百分位
手部精细动作 1	惯用手投硬币	43	1	
	非惯用手投硬币	61	1	
手部精细动作 2	穿珠子	141	1	0.1
手部精细动作 3	描画轨迹	7	1	
定位与抓取 1	双手接袋	4	1	
定位与抓取 2	单手投袋	1	1	0.1
身体平衡 1	单腿平衡——表现好	2	1	
	单脚站立——另一条腿	2	2	0.1
身体平衡 2	脚尖走路	5	1	
身体平衡 3	双脚连续跳	4	4	

表 3-14　自闭症儿童 MABC 测评结果

测试指标	具体表现
手部精细动作	该儿童手部精细操作能力与全国同年龄儿童相比处于较低水平(0.1%);在进行手部精细操作的准确性和速度上的表现低于同龄儿童,例如把硬币投入小方盒、串珠子,以及使用笔描画细线等。这说明儿童在日常生活中,相对其他同年龄儿童,在用笔写字画画、使用筷子、倒水、系鞋带或者扣纽扣等活动上表现困难。这可能与缺乏相应的手部触觉和针对小物体的精细操控能力有关。此能力可以通过某些乐器的演奏训练、使用算盘、做手工、涂色等活动予以加强。 家长可以鼓励孩子在日常生活中帮助择菜、参与简单的面点制作、使用儿童筷子、捏橡皮泥、折纸、玩积木拼图类游戏、尝试简单的十字绣等,以保证孩子的手部精细运动能力的正常快速发展。该儿童可能在未来的书写以及打字技能的学习上需要家长以及老师给予较多关注与相应练习;在孩子剪指甲或者使用小刀、剪刀等尖锐物品时,家长要给予充分关注提醒,以避免造成无意伤害。

续表

测试指标	具体表现
定位与抓取	儿童协调能力与全国同年龄儿童的平均水平相比处于较低水平(0.5%);儿童不太能够准确地接住投掷的沙袋,并且准确地对目标进行投掷;这些都表明了她对于视觉环境和身体各部位一系列的相应动作之间的协调掌控能力有所欠缺。儿童可能不太擅长一些对协调能力要求较高的体育活动,比如球类运动,或者需跟随音乐节拍的舞蹈类身体运动。在日常生活中,相对于其他同龄儿童,该儿童在走路的时候可能较为经常碰到静止或者运动的他人或者物品,容易打碎或者掉落东西。 激发孩子的自信心和相应兴趣十分重要。家长可以通过鼓励孩子尝试学习演奏乐器(架子鼓等)、多进行户外运动以增加孩子对空间环境和自我身体运动的准确感知能力。同时,家长需提醒孩子在横穿马路等日常活动中额外注意以确保人身安全。另外,有一些协调不佳的情况有时也可能与孩子的注意力分配有关。家长也可以通过进行一些注意力集中训练,比如填色、拼图等帮助孩子更好地进行自主性注意力控制。
静态及动态平衡	该儿童的动态和静态平衡能力稍显落后于全国同年龄儿童(0.1%)。在测试中的单腿平衡时间、沿线行走以及跳跃活动的表现不佳。这可能体现出她前庭系统控制的问题或者下肢支撑力的缺乏,可以通过适当的体育运动加以锻炼;一些简单的日常活动例如单脚站立、倒走等也可以帮助平衡能力的提高。 儿童在专业老师辅导下进行轮滑(滑冰)、舞蹈等练习对平衡力的提高有一定作用。应注意在日常跑步、跳跃等活动中的安全保障,以避免因无法保持平衡而导致的身体摔伤。

通过与常模数据库对比分析发现,所有参与测试的自闭症儿童均处于5.0%以下,总体运动协调能力低于同年龄儿童的全国平均水平,存在不同程度的运动协调障碍。

（一）手部精细动作

1. 投掷硬币

通过表 3-15 可以看出,自闭症儿童在投硬币和穿珠子两个项目评估中,均与普通儿童之间具有显著性差异。在投硬币测试项目中,惯用手投硬币时自闭症儿童的平均时间为 34.62（±19.23）秒,而普通儿童则只需 18.65（±2.52）秒,组间存在显著性差异（$p=0.015<0.05$）;两组非惯用手投硬币时间差值则更大,自闭症儿童平均时间为 43.22（±21.34）秒,而普通儿童则只需 20.31（±3.34）秒,出现差值的原因可能与动作干预有关。接受评估的自闭

症儿童均为康复教育机构幼儿,在康复过程中经常穿插精细动作训练,如插雪花片、套柱等。儿童基本采用惯用手执行动作任务,非惯用手练习机会较少,这可能导致自闭症儿童与普通儿童相比,非惯用手投硬币所用时间差值更大于惯用手投硬币所用时间差值。

表 3-15　自闭症儿童手部精细动作测试结果

测试指标	自闭症儿童($n=13$)		普通儿童($n=15$)		组间差异
	M	SD	M	SD	p 值
投硬币(惯用手)/秒	34.62	19.23	18.65	2.52	0.015 *
投硬币(非惯用手)/秒	43.22	21.34	20.31	3.34	0.003 * *
穿珠子/秒	122.58	27.80	50.17	14.11	0.000 * *

注:* 表示 $p<0.05$;* * 表示 $p<0.01$。

通过对比数据发现,自闭症儿童惯用手投硬币所需时间少于非惯用手所用时间,这一点与普通儿童一致。一般情况下,惯用手也称优势手,是更强壮、更灵活的手,比如吃饭、扔球、建造积木塔等都采用惯用手,而儿童非惯用手较弱,不太擅长日常任务,自闭症儿童也符合这一动作发展特点。

在测评时,观察自闭症儿童动作特征,主要有以下几点:

(1)投币时不看投币口,没有将硬币对准投币口;

(2)用奇怪的手势拾取硬币,放硬币时手指动作过大;

(3)不用手保持盒子稳定;

(4)手部动作并不流畅,动作过慢。

2.穿珠子

穿珠子项目测评中,自闭症儿童表现出更弱的精细动作水平。普通儿童穿珠子所需时间为 50.17(±14.11)秒,自闭症儿童则需要 122.58(±27.80)秒。相比投硬币项目,穿珠子对儿童的精细动作、专注力和手眼协调的能力有更高的要求。

在测评时,观察自闭症儿童动作特征,主要有以下几点:

(1)串珠子时不看珠子；

(2)手持线距线头过近或过远；

(3)很难一手推线头,一手拉线头；

(4)手部动作不流畅,动作过慢。

3.画轨迹

画轨迹任务对儿童手指控制能力及灵活运用的能力有较高的要求。从表 3-16 中可以看出,受试自闭症儿童中有 3 名儿童无法顺利完成测评任务,其中包括 2 名重度和 1 名中度障碍儿童。已完成测评任务儿童中平均失分6.85(具体评分标准见附录5),而普通儿童平均失分1.2,两组儿童平均失分相差甚远。

表 3-16　画轨迹测试结果

基本情况	自闭症 （M±SD）	普通儿童 （M±SD）	组间差异 p
无法完成人数	3	0	
已完人数的平均失分	6.85±4.10	1.2±1.10	0.008＊＊

注：＊表示 p<0.05；＊＊表示 p<0.01。

一般而言,2～6 岁是儿童握笔动作技能迅速发展的阶段。从儿童书写技能的发展过程来看,4 岁左右的儿童开始具备书写字母和数字的能力。但这些字母和数字笔画歪斜、东倒西歪、间距不一,每个字母和数字都比正常书写的字体大几倍。7 岁时,儿童书写的字母和数字的字形明显变小,小学二年级的儿童更是表现出较高的书写水平。《3～6 岁儿童学习与发展指南》中提出 5～6 岁大班幼儿能根据需要画出图形,线条基本平滑。但从测评结果来看,自闭症儿童书写技能令人担忧,手部控笔能力有待进一步提高。图 3-11、图3-12、图 3-13 分别是 3 名重度自闭症、中度自闭症以及轻度自闭症儿童的画轨迹测评结果,和普通大班儿童画轨迹结果(见图 3-14)相比,可以看出障碍程度越高,儿童书写技能越差。

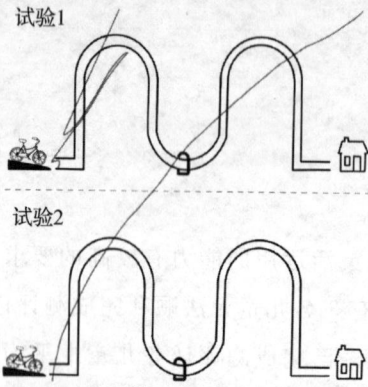

图 3-11 自闭症大班儿童画轨迹结果(重度)

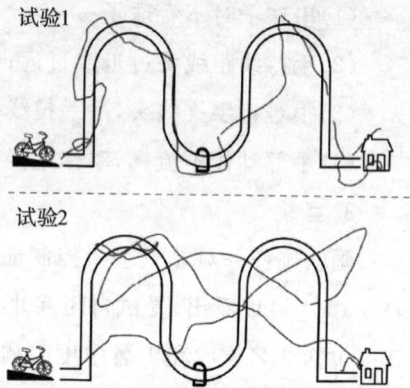

图 3-12 自闭症大班儿童画轨迹结果(中度)

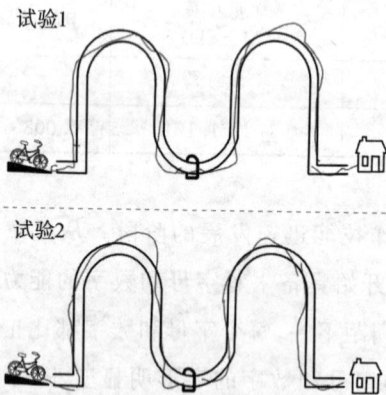

图 3-13 自闭症大班儿童画轨迹结果(轻度)

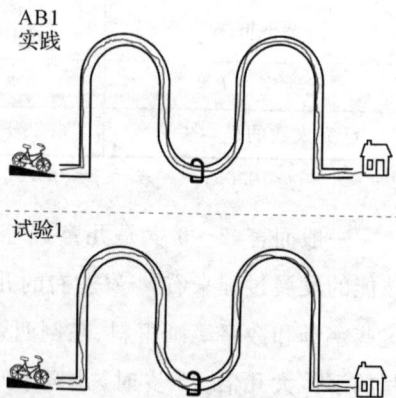

图 3-14 普通大班儿童画轨迹结果

书写是一个感知—运动的复杂过程,书写过程的顺利完成需要很多因素的密切配合。除了手部动作的发展,书写活动的进行和完成很大程度上依赖于视动整合能力,视觉感知信息和运动器官间的协调与配合是完成既定任务的重要保证。视动整合能力简单来说,就是手眼协调的一种能力,指视觉和肌肉动作协调活动的能力,它是最重要的感觉统合能力之一。对儿童视动整合能力的研究发现,虽然有的孩子在单纯的视觉能力和动作能力上都不存在障碍,但自闭症孩子在学习写字、临摹几何图形等方面仍有较大的困难(Berry,1989)。结合以往的研究资料,不难看出自闭症儿童视动整合能力较差,视动整合能力差则会影响到孩子学习新事物的能力,进而影响孩子建立生活自理方面的技能。因此,帮助孩子提升手眼的协调能力、调整感知觉的统合对于自闭症孩子的干预训练来说十分关键。在对自闭症儿童干预时,可通过粗大动作和精细动作相结合的方式进行训练,如抛接球、沿线剪纸、穿珠子等活动。

在测评时,观察自闭症儿童动作特征,主要有以下几点:

(1)不看描画痕迹;

(2)头部距离纸张过近;

(3)姿势怪异/不熟练;

(4)握笔不平稳。

(二)定位与抓取

1.单手投袋

从表 3-17 中,自闭症儿童在 10 次单手投袋中投中目标垫平均值为 2.23($\pm$2.52)次,而普通儿童投中目标垫平均值为 4.14($\pm$2.41)次;自闭症儿童在单手投袋测评任务结果与普通儿童测评结果之间具有显著性差异(p=0.045<0.05)。

表 3-17　自闭症儿童定位与抓取测试结果

测试指标	自闭症儿童(n＝13)		普通儿童(n＝15)		组间差异
	M	SD	M	SD	p 值
单手投袋/次	2.23	2.52	4.14	2.41	0.045 *
双手接袋/次	1.38	1.61	6.21	2.01	0.000 * *

注:* 表示 p<0.05;* * 表示 p<0.01。

单手投袋需要儿童自己根据目标垫的距离计划动作的实施顺序、力度及方向等。测评中发现自闭症儿童无法按照演示或者要求来完成一套顺序正确、协调性良好的动作,主要表现在动作计划及执行方面。一方面,他们无法按照测试人员的演示要求完成单手投袋任务;另一方面,无法借用动作经验调整动作的准确性,10 次投出豆袋落地的位置几乎一致。

　　测试对象中有一名 6 岁重度自闭症男童,该名儿童伴有严重的语言功能障碍,无语言。在单手投袋时,10 次投袋一次也未投中目标。课题组成员观察发现,该名儿童无法按测评教师的动作要求进行投袋,而是按照自己的方式随意将豆袋投出,投袋时还表现出一些动作特点:没有摆臂动作,投袋时眼睛不注视目标,方向控制不稳,无法根据距离调整投掷时的力度。而另一名同年龄轻度自闭症儿童,在投袋过程中,在测评人员的多次指导与协助练习下,正式测评时能够独立完成投袋任务,同时投掷动作比较协调,4 次投中目标,但这名儿童在根据前期动作经验重新调整肢体动作的能力方面与普通儿童相比还是存在一定的差距。

　　在测评时,观察自闭症儿童动作特征,主要有以下几点:

　　(1)两眼没有紧盯目标;

　　(2)没有摆臂动作,投掷臂没有跟进动作;

　　(3)过早或过晚地松开豆袋;

　　(4)在目标的一侧,多次出现错误(极不协调);

　　(5)不能较好地判断投掷力度(过大或过小)。

　　2.双手接袋

　　在双手接豆袋任务测评中,10 次机会中自闭症儿童接到豆袋的次数平均值为 1.38(±1.61),而普通儿童接到豆袋的平均次数为 6.21(±2.01);自闭症儿童双手接豆袋两项测评任务结果与普通儿童测评结果之间具有显著性差异($p=0.000<0.01$)。

　　双手接袋任务主要评测儿童手眼协调、空间认知、动作协调以及动作计划能力等。通过测试结果可以看出,自闭症儿童这方面能力较弱。测试中主测人员将豆袋扔出后,一方面,儿童没有两眼跟着豆袋的飞行路线,双手合拢的时机过快或过慢;另一方面,儿童接球时双臂伸出—双手合拢串联动作缺乏协调性。测试中存在要么双臂伸出、双手不合拢动作,要么双臂和双手没有接豆袋的意图。

　　(三)静态及动态平衡能力

　　平衡是指身体所处的一种姿势状态,在运动或者受到外力作用时人体自动调整并维持姿势稳定的一种能力,也称姿势稳定性,是控制身体中心与支撑面关系的能力,属于控制领域的范畴,主要包括静态和动态平衡能力。静态平衡能力是人体在静止状态下维持稳定的身体姿态的能力,是肌肉做等长收缩时所处的平衡状态;而动态平衡能力则是人体在运动或外力作用下,能够有效地控制、调整身体重心和姿态的能力。

1. 单脚站立

单脚站立作为反映静态平衡能力的测试指标,因其操作简单易行、对人群的区分度敏感,可分为睁眼和闭眼两种形式,本测评标准中采用睁眼单脚站立。从表 3-18 可以看出,自闭症儿童的左脚单脚站立和右脚单脚站立平均时间分别为 2.35($\pm$1.05)秒和 2.60($\pm$1.61)秒,与普通儿童组之间分别具有显著性差异(p=0.000<0.01;p=0.000<0.01),自闭症儿童表现出更差的静态平衡能力。

表 3-18　自闭症儿童静态及动态平衡能力测试结果

测试指标	自闭症儿童(n=13)		普通儿童(n=15)		组间差异
	M	SD	M	SD	p 值
左单脚站立/秒	2.35	1.05	20.93	7.49	0.000＊＊
右单脚站立/秒	2.60	1.61	20.45	9.57	0.000＊＊
脚尖走路/步	1.92	1.78	13.75	3.59	0.000＊＊
双脚连续跳/次	2.42	1.93	5	0.00	0.001＊＊

注:＊表示 p<0.05;＊＊表示 p<0.01。

在测评时,观察自闭症儿童的动作特征,主要有以下几点:

(1)剧烈摆动以维持平衡;

(2)头部不稳,眼睛不专注;

(3)手臂不做或很少做补偿动作来保持平衡。

2. 脚尖走路

脚尖走路是测试幼儿动态平衡能力的方法。由于是在平地上进行,与走平衡木相比减少了高度对心理的影响,且更具操作性。测试中,儿童沿直线踮脚连续走 15 步为满分,而自闭症儿童平均仅为 1.92($\pm$1.78)步,与普通儿童的 13.75(±3.75)步具有显著性差异($p=0.000<0.01$)。

在测评时,观察自闭症儿童的动作特征,主要有以下几点:

(1)身体僵硬/紧绷;

(2)没有使用手臂来保持平衡;

(3)两脚站在直线上时很不稳;

(4)速度过快而不顾动作准确与否。

3.双脚连续跳

双脚连续跳是针对儿童动态平衡能力及身体控制能力的一种测评方法,连续跳跃式需要更好地控制身体重心。测试中,要求儿童控制双脚落地位置,按规则连续跳跃 5 次为满分,自闭症儿童连续跳跃次数仅为 2.42(±1.93)次,普通儿童则全部完成 5 次连续跳跃,两组儿童存在显著性差异($p=0.001<0.01$)。

测评时,观察自闭症儿童的动作特征,主要有以下几点:

(1)不做下蹲预备动作;

(2)两臂与两腿的摆动配合不协调;

(3)助跳时不使用双臂;

(4)着地时跌跌撞撞;

(5)速度过快而不顾准确性。

综上,本书关于自闭症儿童平衡能力的研究结果与国外研究结果一致。Fournier 等(2014)对自闭症儿童(平均年龄 5.5 岁和 11.1 岁)的静态和动态平衡能力进行研究,使用动静态平衡仪测试,通过进一步分析压力中心的分布,发现自闭症儿童无论是前后还是左右方向,晃动更为明显,姿势控制相比正常儿童明显更差。Graham 等(2015)认为在如闭眼、单脚、海绵平面状态下测试,自闭症儿童会表现出更大的晃动,平衡能力差于正常儿童。

国外对自闭症儿童的姿势研究较为深入,首先表现在测试仪器的使用,其次在测试中会注意区分不同的调控系统的功能。国内专门对自闭症儿童平衡能力的研究较少,还未引起广泛的关注。贾玥(2015)采用动态平衡测试,对自闭症儿童(7~9 岁)与正常儿童(各 8 人)的平衡能力进行了比较,主要测试 6 种状态下的平衡能力,其中,闭眼稳定面测试、睁眼摆动面测试和闭眼摆动面测试结果两组呈非常显著性差异;视觉晃动摆动面测试结果两组间差异也具有统计学意义,在本体感比分上无显著性差异,但在视觉比分上,非常显著性低于对照组,在前庭比分上也具有显著性差异。

三、性别之间差异

从表 3-19 和表 3-20 可以看出,在精细动作、定位与抓取和平衡能力 3 个方面自闭症儿童性别之间均无显著性差异。但进一步对比分析发现,在投硬币、穿珠子和画轨迹的 3 个精细动作任务中,女童平均成绩均优于男童,这与普通儿童精细动作发展规律一致。根据儿童动作发展规律,男孩在精细动作的发育上要比女孩慢。因此,在灵活性和手眼协调上,女童一直优于男童,这一点在自闭症群体中也同样存在。除精细动作之外,相比之下自闭症男童其他的动作发展平均成绩均高于女童,这与普通儿童组动作特征不一致。

表 3-19　自闭症儿童组内测试指标性别差异

测试指标	自闭症儿童($n=13$)		
	男 (M±SD)	女 (M±SD)	组间差异 (p 值)
惯用手投硬币/秒	39±22.20	25.85±7.24	0.285
非惯用手投硬币/秒	49±23.97	31.65±7.85	0.197
穿珠子/秒	129.63±21.43	108.50±36.96	0.231
单手投袋/次	2.38±3.07	2.00±1.58	0.807
双手接袋/次	1.50±1.1531	1.20±2.17	0.759
左单脚站立/秒	2.36±1.17	2.33±0.97	0.453
右单脚站立/秒	3.05±1.92	1.96±0.87	0.269
双脚连续跳/次	2.43±1.98	2.40±2.07	0.981
脚尖走路/步	2.29±2.14	1.40±1.14	0.422

注:* 表示 $p<0.05$。

表 3-20　普通儿童测试指标性别差异

测试指标	普通儿童（$n=15$）		
	男 （M±SD）	女 （M±SD）	组间差异 （p 值）
惯用手投硬币/秒	19.61±2.68	18.16±1.69	0.291
非惯用手投硬币/秒	20.65±4.21	20.18±2.90	0.801
穿珠子/秒	53.56±14.68	42.36±7.99	0.140
画轨迹（失分）	1.70±1.83	0.2±0.25	0.032 *
单手投袋/次	4.60±2.84	4.00±2.00	0.681
双手接袋/次	5.90±2.01	6.80±1.64	0.416
左单脚站立/秒	19.61±6.97	24.78±7.73	0.213
右单脚站立/秒	19.18±10.03	22.40±8.02	0.545
双脚连续跳/次	5	5	a
脚尖走路/步	13.75±2.143.73	14±3.39	0.908

注：* 表示 $p<0.05$；a 表示由于两个组的标准差均为 0，故无法计算 p 值。

表 3-19 表明，对于稳定性技能男童在 5 岁、女童在 4～7 岁处于发展的敏感期，总体水平为女童高于男童，并有研究认为在 8 岁之后基本运动技能表现出了显著的性别差异，女童逐渐开始弱于男童。本研究中女童平衡能力弱于男童，一方面，可能与自闭症障碍程度有关，受试儿童群体中重度和中度女童高于男童，障碍程度影响了儿童动作发展；另一方面，由于自闭症儿童差异性较大且存在一定的交流沟通的障碍，在测量过程中，存在一定的困难，因此关于自闭症儿童的研究以个案和小样本居多，具有一定的局限性，需要广大工作者采取更多的行动，进行联合和深入的研究。

四、自闭症障碍程度与动作发展相关性分析

课题组根据专业医疗诊断机构对自闭症儿童做出的诊断，将其障碍程度分为重度、中度和轻度程度三类，控制一些混杂因素后进行相关性分析。从表 3-21 可以看出，自闭症儿童动作发展与自闭症障碍程度具有相关性。在精细动作任务测评中，穿珠子和画轨迹任务完成所需时间和错误次数与其障

碍程度呈正相关（$r=0.753$，$p=0.027$；$r=0.813$，$p=0.0.037$），也就是说自闭症儿童障碍程度越高，穿珠子所需要的时间越长，画轨迹任务中出错的次数越多，自闭症精细动作也就越差。图 3-11、图 3-12 及图 3-13 测评结果也证实了这一动作特点，重度障碍程度儿童在描画任务中，几乎无法在边框内涂画，穿珠子和投硬币任务中动作也非常缓慢。

表 3-21　障碍程度与动作发展相关性分析

测试指标	障碍程度	
	r	sig 值
惯用手投硬币	0.139	0.667
非惯用手投硬币	0.148	0.647
穿珠子	0.753	0.027 *
画轨迹	0.813	0.037 *
单手投袋	-0.687	0.009 * *
双手接袋	-0.675	0.011 *
左单脚站立	-0.697	0.008 *
右单脚站立	-0.716	0.000 * *
双脚连续跳	-0.831	0.000 * *
脚尖走路	-0.768	0.002 * *

注：* 表示 $p<0.05$；* * 表示 $p<0.01$。

定位与抓取的单手投袋任务与自闭症障碍程度呈负相关（$r=-0.687$，$p=0.009$），障碍程度越高在单手投袋任务中能够投中目标的次数越少。自闭症儿童双手接豆袋任务与障碍程度也呈负相关（$r=-0.675$，$p=0.011$），障碍程度越高的儿童在双手接袋的任务中能够接到的豆袋的次数也越少。自闭症儿童很难接到豆袋，亦很难把豆袋投掷在规定区域，即使在练习中测评人员反复示范和协助，正式测评时自闭症儿童还是很难根据任务已完成的效果调整和实施动作。不难得出：障碍程度越高的儿童，为基础任务做出计划和调整动作能力越弱。发育正常的个体在成熟和经验的作用下能够感知和计划复杂性越来越高的动作，而自闭症儿童很难根据外界发出的命令的当前情境和本身情况进行正确的反应,并做出一系列适宜而复杂的动作。

在平衡能力方面,自闭症平衡能力与障碍成分同样存在较高的相关性。随着对自闭症儿童的运动能力和身体素质越来越多的关注,运动控制领域研究更加深入,认为平衡能力能够较多地反映感觉系统和运动控制系统的机能,与儿童的问题行为和刻板症状有重要的联系,与自闭症儿童的严重程度直接相关。Memari 等(2013)发现自闭症儿童(9~14 岁)的平衡能力与年龄匹配的正常儿童相比,前后左右的移动存在较大的差异,且身体晃动随着年龄增大而减少,平衡能力随着自闭症的症状严重程度增加。平衡能力受诸多因素的影响,从生理学角度来看,保持人体平衡受视觉系统、前庭系统、本体觉、触觉、神经系统、关节的灵活性、肌肉力量和有效并能适应外界环境变化的肌张力共 8 种因素的影响,其中最为重要的是视觉系统、本体觉和前庭功能。因此,在干预训练中,可将感觉统合训练作为提高自闭症儿童平衡能力的一种训练手段。

第四节　结论与建议

一、结论

通过研究发现,自闭症儿童在精细动作和动作协调及运用方面存在障碍,相关障碍不仅引起学者及实践者重视,而且为早期诊断及后续干预提供了有益借鉴。

(一)自闭症儿童动作发育里程碑延迟

自闭症儿童在抬头、翻身、坐立、爬行、行走时间上均晚于普通儿童,且随着年龄的增加差距越来越大,直至行走阶段与普通儿童出现显著性差异。

(二)自闭症儿童精细动作差

精细动作发展不良、协调性及灵巧度不足、手眼协调能力较差、书写困难都是自闭症儿童手部动作操作障碍的典型表现。

(三)自闭症儿童动作计划和动作协调能力较弱

自闭症儿童无法运用动作经验感知和计划复杂动作,很难根据外界发出的命令的当前情境和本身情况进行正确的反应,从而做出一系列适宜而复杂的动作。

（四）自闭症儿童平衡能力较差

要在不同环境和任务中有效地活动、协调地动作,就需要在静态和动态活动期间保持身体姿势受控的能力。与正常儿童相比,无论是静态还是动作平衡,自闭症儿童都表现出更差的姿势控制能力。

（五）自闭症儿童的动作能力与障碍程度具有相关性

自闭症儿童在手部操作动作、手眼协调、动作协调以及平衡能力等方面表现出与障碍程度具有较高的相关性,障碍程度越高,动作能力越差。

二、建议

动作发展作为个体适应社会的一个重要方面,理应得到充分的重视,而在国内已有的适应性教育中,对自闭症儿童动作发展特别是基本动作的发展关注还比较少,在自闭症儿童教育中引入"动作发展"这个概念,并进行相关的实践研究十分有必要。国外在此研究领域起步较早,有相当一部分的研究成果已经转化为实践应用,自闭症儿童动作发展相关的科学问题、研究视角和研究范式等,对指导我国自闭症儿童动作发展的深入探索具有较高的参考价值。

（一）开发自闭症动作发展评估工具

当前,尽管自闭症儿童中的运动异常存在普遍性,但运动评估的标准化和指南仍然缺乏一致性,并落后于其他行为和发育评估。虽然标准化测量工具已广泛应用于各类神经发育性障碍儿童动作发展水平的评估中,但基于这种方式评估自闭症儿童动作发展障碍的患病率存在显著差异,这阻碍了将该障碍纳入自闭症早期评估和筛查的必要性。因此,未来需要甄别和设计针对自闭症儿童的早期筛查量表和测量工具,一方面,由于自闭症儿童缺乏注意力和理解力,其动作评估极有可能受当时情绪、疲劳和其他负面行为的影响,导致评估结果反映不出儿童真实的动作能力。因此,工具和量表的制定需要设计一些对注意力、记忆力、社交行为和执行功能涉及较少的任务,避免在需要多通道信息加工处理的不稳定运动环境中对自闭症儿童进行测试。另一方面，需要通过大样本研究对量表的组成信度、收敛效度、区别效度、建构效度和评分者信度进行精准分析，以验证量表应用于自闭症儿童动作发展障碍评估的适宜性。

（二）设计自闭症运动干预课程体系

目前，自闭症干预着重于改善自闭症儿童的核心症状，而针对提高其动作发展水平的仍较少。纵观当前研究，动作干预取得了积极效果，但当前研究数量较少，且以探索性研究为主。在动作干预内容方面，多以基础动作技能为主（移动类动作及操作性动作）；在干预时间方面，时长不尽一致。基于此种循证，未来可考虑在充分遵循自闭症儿童身心发育特点的基础上，鉴于动作发展障碍对儿童社会化的消极影响，在研究中着力构建自闭症儿童动作发展的标准化课程，尤其是针对婴幼儿期的动作发展的干预类课程，选择适宜的动作评估工具及动作教育内容，采用多组多基线前测后测时间系列准实验设计来系统化比较不同干预频率、干预周期和干预方式的实施效果，从而明确最适宜自闭症儿童动作能力发展的运动干预模式，形成一套完整体系。

（三）研发自闭症家庭运动干预课程

现实生活中，父母们通常会把自闭症儿童的康复寄托于康复机构，认为孩子康复效果的好坏都是机构决定的，忽略了家庭在孩子康复过程中的作用。事实证明，在儿童康复训练的过程中，家长所起到的作用才是至关重要的。但是，家长能力有限，无法科学地对儿童进行运动干预。因此，可基于运动干预的效果来开发标准化的运动干预课程和研发家庭运动干预系统软件，把自闭症运动干预项目从实验推广到课堂和日常的运动活动中，这有利于扩大自闭症干预类型的范围，降低干预成本，从而惠及更多的自闭症儿童。

（四）重视儿童生活化动作教育

动作发展教育始终贯穿于儿童的生活之中，其实施与个体真实的生活情境紧密相连,应全方位地促进自闭症儿童的动作、认知、情感、自理、交往等能力发展。例如,家长让孩子承担些力所能及的家务,如扫地、择菜、擦桌子。同时,培养孩子的自理动作技能,包括穿衣、洗漱、进食、整理物品等基本技能。将自闭症儿童动作训练与生活结合,真正促进儿童身体与心理的全面发展。

第四章　自闭症谱系
障碍儿童体质健康水平研究

　　幼儿体质测试是儿童健康促进的重要内容之一,每个测试项目都涵盖了幼儿各项身体素质的发展指标。本章主要了解当前自闭症儿童体质基本状况,这对指导自闭症儿童运动干预和促进幼儿精神、行为、运动发育有重要的现实意义。

第一节　研究背景

　　《幼儿园工作规程》中明确要求:"幼儿园应建立幼儿健康检查制度和幼儿健康卡或档案。每年体检一次,每半年测身高、视力一次,每季度量体重一次,并对幼儿身体健康发展状况定期进行分析、评价。"《幼儿园教育指导纲要》中也明确规定:幼儿户外活动每天至少2小时,其中幼儿体育活动1小时。幼儿体能的发展是《幼儿园教育指导纲要》中的重要内容及目标,幼儿体能测试是检验幼儿体能发展的重要标准,同时对增强幼儿体质、提高运动中的自我保护能力有促进作用。

　　幼儿时期是身体素质及动作技能发展的黄金时期,良好的身体素质是幼儿全面发展的基础,它是衡量幼儿体质状况的一个重要方面。实施幼儿体质健康测试对幼儿身心发展有促进意义。

　　(1)幼儿体质健康测试是幼儿园健康教育的一部分。测试内容为制订幼儿健康活动的目的、内容、方法提供了科学依据,对促进幼儿体质发展有积极的指导作用。

（2）幼儿体质健康测试是一种激励手段。不仅能了解幼儿体能发展现状，而且促使教师、家长正确指导幼儿进行积极的体能锻炼。

（3）幼儿体质健康测试有利于幼儿心理素质的培养。在运动技能的反复训练中培养了不畏困难、坚韧不拔的意志品质；为幼儿提供了自我表现的平台，使他们体验到成功，增强了自信心；可以形成动力定型，养成自觉锻炼的习惯，奠定终身体育的基础。

（4）幼儿体质健康测试为幼儿身体素质发展的评价提供了量化标准，便于以后幼儿体育锻炼的指导更加科学化。

目前，我国就幼儿的身体素质测量与评价并没有统一的标准体系，一般参考《国民体质测定标准手册（幼儿部分）》中的测试内容和评价标准。当下学龄前儿童的体质健康研究对象主要是普通儿童群体，针对特殊儿童群体的研究较少。本书对自闭症儿童的身体素质进行测量与评价，了解幼儿体质健康的现状，以便为后期增强幼儿体质提供可参考的资料。

第二节　实验设计

一、研究对象

浙江省平湖市医佰康康复教育中心 13 名 3～6 岁自闭症儿童（均得到医疗机构确诊，但自闭程度有差异），15 名同年龄段普通在园儿童，如表 4-1 所示。

表 4-1　研究对象基本情况

类　别	3 岁/人	4 岁/人	5 岁/人	6 岁/人	平均年龄/岁	组间差异（p 值）
自闭症儿童	2	3	5	3	4.96±0.80	0.987
普通儿童	2	3	7	3	4.95±0.82	

二、研究方法

（1）测试法。该测试主测人员为课题组成员，协助人员为班级教师，参与测试人员均参加过国民体质测试方法培训，严格按照《国民体质测试标准手册(幼儿部分)》要求对幼儿进行测定。测试项目包括:10 米折返跑、立定跳远、双脚连续跳、网球掷远、坐位体前屈、走平衡木,如表 4-2 所示。

表 4-2　测试内容

类　别	形　态	素　质
测试指标	身高 体重	10 米折返跑 立定跳远 双脚连续跳 网球掷远 坐位体前屈 走平衡木

(2)数据分析法。采用 SPSS 26 数据包对结果进行数据分析,数据描述使用平均数±标准差($\overline{X} \pm S$)表示;组与组之间比较采用独立样本 t 检验;$p < 0.05$ 具有统计学意义。

(3)观察法。在体质测试中,测试人员观察自闭症儿童在执行任务时的具体动作表现特征,并做好相应记录。

(4)访谈法。通过对自闭症儿童家长及其老师的访谈,收集反映自闭症儿童日常生活中身体练习的资料。

三、测试内容与方法

(一)身高

测试时,儿童赤脚、呈立正姿势站在身高计的底板上(躯干挺直,上肢自然下垂,脚跟并拢,脚尖分开约 60°),脚跟、骶骨部及两肩胛间与身高计的立柱接触,头部正直,两眼平视前方,耳屏上缘与眼眶下缘最低点呈水平(如图 4-1 所示)。记录以厘米为单位,保留小数点后一位。

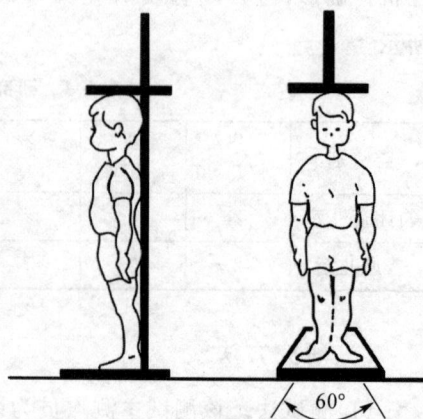

图 4-1　测量身高

（二）体重

测试时，受试者自然站在体重秤中央，站稳后，读取数据（见图 4-2）。记录以千克为单位，保留小数点后一位。

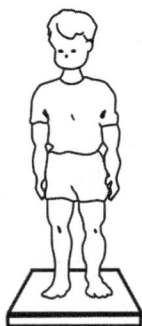

图 4-2　测量体重

（三）10 米折返跑

在跑道上画相距 10 米的两条直线，一条为起点线，另一条为折返线，在每条跑道折返线放一只水箱。测试时，普通儿童两人一组，自闭症儿童测试时测试人员与儿童一组，带领儿童完成测试内容。测试时，以站立式起跑姿势站在起跑线前，当听到"跑"的口令后，全力跑向折返线，测试员视受试者起动开表计时。受试者跑到折返处，用手触摸物体后，转身跑向目标线，当胸部到达起点线的垂直面时，测试员停表。记录以秒为单位，保留小数点后一位。小数点后第二位数按"非零进一"的原则进位，如 10.11 秒记录为 10.2 秒，如图 4-3 所示。

图 4-3　10 米折返跑

（四）立定跳远

使用立定跳远测试软垫。测试时，双脚自然分开，站立在起跳线后，然后摆动双臂，双脚蹬地尽力向前跳，测量起跳线距最近脚跟之间的直线距离，如图4-4所示。测试两次，取最大值，记录以厘米为单位，不计小数。

图 4-4　立定跳远

（五）网球掷远

使用网球和卷尺测试。在平坦地面上画一个长20米、宽6米的长方形，在长方形内，每隔0.5米画一条横线，以一侧端线为投掷线。测试时，儿童身体面向投掷方向，两脚前后分开，站在投掷线后约一步距离，单手持球举过头顶，尽力向前掷出（见图4-5）。球出手时，后脚可以向前迈出一步，但不能踩在或越过投掷线，有效成绩为投掷线与球着地点之间的直线距离。如果球的着地点在横线上，则记录该线所标示的数值；如果球的着地点在两条横线之间，则记录靠近投掷线的横线所标示的数值；如果球的着地点超过20米长的测试场地，可用卷尺丈量；如果球的着地点超出场地的宽度，则重新投掷。测试两次，取最大值，记录以米为单位。自闭症儿童测试前，需要测试人员协助儿童进行练习，然后再进行测试。

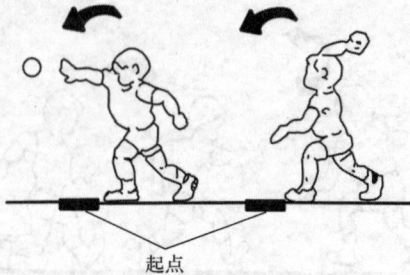

起点

图 4-5　网球掷远

（六）双脚连续跳

在平坦地面上每隔 0.5 米画一条横线，共画 10 条，每条横线上横置一块软方包（长 10 厘米，宽 5 厘米，高 5 厘米，见图 4-6），在距离第一块软方包 20 厘米处设立起跑线。测试时，受试儿童两脚并拢，站在起跳线后，当听到"开始"口令，双脚同时起跳，双脚一次或两次跳过一块软方包，连续跳过 10 块软方包。测试员视受试者起动开表计时，当受试者跳过第 10 个软方包双脚落地时，测试员停表，如图 4-7 所示。测试两次，取最好成绩，记录以秒为单位，保留小数点后一位，小数点后第二位数按"非零进一"的原则进位，如 10.11 秒记录为10.2 秒。

注意事项：测试时，如果受试者两次单脚起跳跨越软方包、踩在软方包上或将软方包踢乱则重新测试。

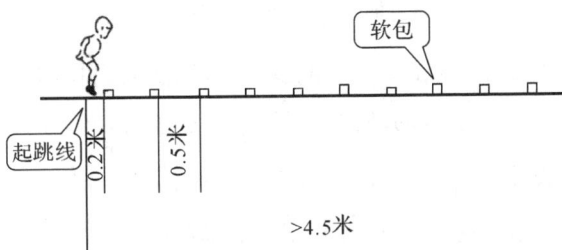

图 4-6　双脚连续跳

图 4-7　软包障碍跳

（七）坐位体前屈

使用坐位体前屈测试仪测试。测试时，受试儿童坐在垫上，双脚伸直，脚跟并拢，脚尖自然分开，全脚掌蹬在测试仪平板上；然后掌心向下，双臂并拢平伸，上体前屈，用双手中指指尖推动游标平滑前移，直至不能移动为止，如图4-8所示。测试两次，取最大值，记录以厘米为单位，保留小数点后一位。

图 4-8　坐位体前屈

注意事项：测试前，受试者应做准备活动，以防肌肉拉伤；测试时，膝关节不得弯曲，不得有突然前振的动作；记录时，正确填写正负号。

（八）走平衡木

使用平衡木（长3米，宽10厘米，高30厘米；平衡木的两端为起点线和终点线，两端外各加一块长20厘米、宽20厘米、高30厘米的平台）和秒表测试。

测试时，受试者站在平台上，面向平衡木，双臂侧平举，当听到"开始"口令后前进，如图4-9所示。测试员视受试者起动开表计时，当受试者任意一个脚尖超过终点线时，测试员停表。测试两次，取最好成绩，记录以秒为单位，保留小数点后一位，小数点后第二位数按"非零进一"的原则进位，如10.11秒记录为10.2秒。

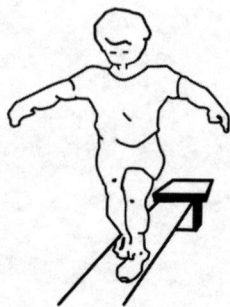

图 4-9　走平衡木

注意事项:测试时,受试儿童如中途落地须重试;要安排人员对受试者进行保护。

四、测试过程

(一)确定受试对象

所有受试对象与接受 MABC-2 测评儿童一致,扶养人均已签署《家长知情同意书》。

(二)测试准备

1.场地器材准备

课题组按照《国民体质测定标准手册(幼儿部分)》要求购置测试器材,测试场地符合测试要求。

2.人员培训

测试人员均为高校体育教师,每年参加大学生体质健康测试工作,测试前参加培训,学习《国民体质测定标准手册(幼儿部分)》具体测试内容和标准。

3.着装准备

着装准备分为儿童着装和测试人员着装。儿童身着适合运动的服装和鞋子(防滑鞋底),测试人员也应该穿着运动服和运动鞋以便给儿童进行示范。

(三)测试步骤

课题组考虑自闭症儿童身心发展特征,测试内容 8 个项目分次完成全部测试内容,第一次测试项目:身高、体重、坐位体前屈、走平衡木、立定跳远。第二次测试项目:双脚连续跳、网球掷远、10 米折返跑。

1.布置场地

测试人员提前布置测试场地,考虑测试时安全因素,做好防护工作。

2.准备活动

测试人员带领受试儿童做测试前的热身活动,避免测试时出现运动损伤,热身结束后可以进行测试项目的一些练习,如立定跳远、快速跑等练习。

3.正式测试

正式测试时,测试人员讲解动作要求并进行示范,自闭症儿童测试时需要测试人员更多的耐心,可以请求个训老师引导儿童完成测试项目。

第三节　研究结果与分析

一、受试儿童基本情况

从表 4-3 和表 4-4 可以看出不同测试项目随着年龄增加的发展规律;从表 4-5 和表 4-6 可以看出自闭症儿童各项指标性别之间无显著性差异,但男童除在坐位体前屈项目,其他项目成绩都优于女童。Guest 等(2017)研究指出,与同龄患有自闭症男孩相比,患有自闭症的女孩更加缺乏动作发展的熟练程度。但是,目前针对自闭症女孩动作发展的研究非常少,这可能进一步影响自闭症 女孩未来动作发展的改善以及参与体育活动的机会。

表 4-3　3～6 岁自闭症儿童测试指标均值

指　标	3 岁	4 岁	5 岁	6 岁
身高/厘米	104.70	107.47	108.42	120.83
体重/千克	17.55	18.63	19.36	25.20
10 米折返跑/秒	15.40	10.50	13.18	8.80
立定跳远/米	20.00	40.00	51.00	55.00
网球掷远/米	1.75	2.33	2.10	2.33
双脚连续跳/秒	21.00	9.95	10.48	9.31
坐位体前屈/厘米	6.40	1.90	9.30	3.77
走平衡木/秒	42.00	22.58	22.38	16.13

表 4-4　3～6 普通儿童各测试指标均值

指　标	3 岁	4 岁	5 岁	6 岁
身高/厘米	101.92	107.33	112.65	122.50
体重/千克	17.15	17.93	19.14	27.03

续表

指　标	3 岁	4 岁	5 岁	6 岁
10 米折返跑/秒	11.58	6.96	6.46	6.45
立定跳远/米	64.00	80.67	101.43	119.66
网球掷远/米	2.75	5.00	6.11	6.50
双脚连续跳/秒	9.97	9.64	6.53	4.82
坐位体前屈/厘米	12.70	10.37	6.50	8.60
走平衡木/秒	15.35	11.73	7.01	3.89

表 4-5　自闭症儿童组内测试指标性别差异

测试指标	自闭症儿童($n=13$)		
	男(M±SD)	女(M±SD)	组间差异(p 值)
身高/厘米	111.11±11.21	109.5±3.90	0.766
体重/千克	23.22±12.31	19.12±1.31	0.480
10 米折返跑/秒	10.64±2.75	13.92±8.43	0.353
立定跳远/米	39±11.8	48±28,85	0,449
网球掷远/米	2.06±0.62	2.30±0.44	0.477
双脚连续跳/秒	9.25±1.15	12.64±5.68	0.361
坐位体前屈/厘米	4.90±6.98	7.42±5.08	0.501
走平衡木/秒	22.7±10.63	26.12±14.17	0.628

注：* 表示 $p < 0.05$。

表 4-6　普通儿童测试指标性别差异

测试指标	普通儿童($n=15$)		
	男(M±SD)	女(M±SD)	组间差异(p 值)
身高/厘米	114.13±8.07	108.36±6.27	0.187
体重/千克	21.3±5.30	18.04±2.65	0.223
10 米折返跑/秒	6.95±2.02	7.81±1.76	0.438
立定跳远/米	100.90±24.10	85.8±19.39	0.247

续表

测试指标	普通儿童($n=15$)		
	男(M±SD)	女(M±SD)	组间差异(p值)
网球掷远/米	6.08±2.22	4.40±1.38	0.150
双脚连续跳/秒	6.21±1.57	9.38±3.23	0.002*
坐位体前屈/厘米	7.33±4.24	10.90±2.90	0.117
走平衡木/秒	6.87±3.39	11.58±6.49	0.187

注：* 表示 $p<0.05$。

二、身体形态

由表 4-7 可以看出，身高方面，自闭症儿童身高 110.49(±8.89)厘米，普通儿童身高 112.20(±7.81)厘米，两者之间无显著性差异($p=0.592$)；体重方面，自闭症儿童体重 21.64(±9.66)千克，普通儿童 20.21(±4.75)千克，两者之间也无显著性差异($p=0.615$)；而在单项得分方面，自闭症儿童和普通儿童在身高和体重单项得分上都无显著性差异。

表 4-7　身体形态基本情况

测试指标	自闭症儿童($n=13$)		普通儿童($n=15$)		组间差异
	M	SD	M	SD	p值
身高/厘米	110.49	8.89	112.20	7.81	0.592
身高单项指标分数	3.61	1.19	3.66	0.81	0.894
体重/千克	21.64	9.66	20.21	4.75	0.615
体重单项指标分数	4.23	1.53	4.60	1.21	0.470

注：* 表示 $p<0.05$ 具；* * $p<0.01$。

身高是反映人体骨骼的发育状况和人体纵向发育水平的重要指标。体重是反映人体横向发育的基本指标，在一定程度上反映了人体骨骼肌肉皮下脂肪及内脏器官的发育状况和人体充实度，与孩子的生长发育息息相关。除此之外，它们在计算身体指数、身高标准体重、评价体格特征和运动素质能力等方面有重要的价值和实际意义。

　　本测试结果显示：自闭症儿童在身高和体重方面，与普通儿童并无显著性区别，并且男童与女童之间也无性别差异性。当今，国内文献中对自闭症儿童体质研究方面的报道较少，仅李荣源（2005）对广州 50 名 3～6 岁学龄期自闭症儿童进行体质测试，发现在身高体质方面自闭症儿童与全国常规水平无差别，本研究结果与其一致。将本次测试结果与普通儿童平均水平比较发现，3～6 岁自闭症儿童身体形态指标处于正常水平，表现出与同龄正常儿童随年龄增大身高与体重不断增加的相同规律，这是幼儿自身自然增长过程的表现。从国内外的研究结果来看，普遍认为儿童自闭症是一种神经系统发育障碍性疾病，病变部位在神经系统，至今尚未见自闭症谱系障碍对消化系统、循环系统或运动系统有器质性损害的报道。因此，本测试结果符合该领域理论研究，自闭症儿童体质发育和营养状况是正常的，与普通儿童无差异性。这就验证了自闭症儿童从外表看上去与同龄儿童并无明显区别的说法。

三、10 米折返跑

　　从表 4-8 可以看出，自闭症儿童与普通儿童在 10 米折返跑测试结果上有显著性差异（$p < 0.05$）。普通儿童 10 米折返跑成绩为 7.24（±1.92）秒，而自闭症儿童成绩则为 12.01（±5.73）秒，两者相差较大；从 10 米折返跑单项指标上的分数来看，自闭症儿童在该项指标得分也较低，只有 0.92(±1.08)分（满分 5 分）。

表 4-8　10 米折返跑基本情况

测试指标	自闭症儿童（$n=13$）		普通儿童（$n=15$）		组间差异
	M	SD	M	SD	p 值
10 米折返跑/秒	9.53	5.73	7.24	1.92	0.001 *
单项指标分数	0.92	1.08	3.80	1.37	0.000 * *

注：* 表示 $p < 0.05$ 具；* * $p < 0.01$。

　　10 米折返跑是一项反映儿童身体灵敏性的测试指标，它由起跑、加速、急停（触碰标志物）、急起（折回）等环节组成。在对自闭症儿童进行测试时，因儿童存在不同程度上的认知障碍，测试有一定的难度。一部分儿童需要测试人员或者个训教师带领进行多次练习，待儿童基本理解测试方法后再进行测试。从测试结果看,自闭症儿童的整体平均成绩与正常儿童具有较大的差距。对比分析发现:自闭症谱系障碍程度具有相关性,且呈正相关。也就是说,障碍程度越高,儿童身体灵敏性越差。测试时课题组成员还对自闭症儿童进行了定性观察,观察发现结果如下。

(1)自闭症儿童执行能力较弱。测试时,自闭症儿童听到出发哨声后,反应比较慢,甚至需要测试人员在身后轻拍提示后才出发,这是造成自闭症儿童 10 米折返跑较慢的一个原因。

(2)自闭症儿童跑到触碰物折返时会有短暂的停留,这就使得再次启动加速跑时间增长。

(3)自闭症儿童快速跑时,出现手脚不协调,身体晃动。

四、立定跳远

在立定跳远测试中,有一名自闭症儿童腿部力量较弱无法完成动作,因此本项测试中只有 12 名自闭症儿童。从表 4-9 中看出,在立定跳远成绩方面自闭症儿童与普通儿童存在较大差异($p<0.05$),普通儿童立定跳远平均成绩为 95.86($\pm$23.13)厘米,而自闭症儿童仅有 42.00($\pm$18.31)厘米,两者相差甚远。

表 4-9　立定跳远基本情况

测试指标	自闭症儿童($n=12$)		普通儿童($n=15$)		组间差异
	M	SD	M	SD	p 值
立定跳远/厘米	42.00	18.31	95.86	23.13	0.000 * *
单项指标分数	1.25	1.08	3.80	1.37	0.000 * *

注: * 表示 $p<0.05$; * * $p<0.01$。

立定跳远主要反映儿童下肢肌肉的爆发力。爆发力的实质是指不同肌肉间的相互协调能力,是力量素质与速度素质相结合的一项人体基本素质。我国学者研究指出,下肢蹬踏爆发力与膝关节等速肌力指标呈显著正相关,可以反映下肢肌群力量发育水平,并作为下肢力量的简易测试方法(陈言等,2006)。测试结果显示,自闭症儿童下肢爆发力低于同龄健康儿童,差异具有显著性($p<0.05$)。通过表 4-3 和表 4-5 可以看出,接受测试的自闭症

儿童在立定跳远成绩方面性别之间无差异,与正常儿童一致,在成绩增长规律方面与正常儿童也相同,立定跳远成绩随年龄增长而提高。

目前,国内针对自闭症儿童下肢力量的内容研究比较匮乏。戴昕(2008)对智障儿童的下肢爆发力量进行测量,研究显示:智障儿童下肢爆发力与下肢力量显著低于健康同龄儿童,且下肢力量不随年龄增长而增强,这与自闭症儿童有不同之处。

对于学龄期的儿童来说,他们正处于生长发育的旺盛时期,身体内的器官、组织尚未发育成熟,像脊柱、骨骼发育都不成熟,肌肉、关节、韧带稳定性比较差。随着年龄的增加,儿童的爆发力也不断增加。从本研究结果来看,自闭症儿童的下肢爆发力也遵循力量素质发展规律。因本研究是探讨自闭症儿童下肢力量的初次尝试,自闭症儿童下肢力量情况还需要借助运动生物力学等手段进行长期的、更大样本量的进一步研究。

五、双脚连续跳

从表 4-10 可以看出:该项测试仅有 11 名自闭症儿童完成整个动作,有 2 名自闭症儿童无法完成双脚连续跳动作。11 名自闭症儿童双脚连续跳平均成绩为 11.37($\pm$4.68)分,较普通儿童平均成绩 7.27($\pm$2.64)分具有显著性差异($p<0.01$)。

表 4-10　双脚连续跳基本情况

测试指标	自闭症儿童($n=11$)		普通儿童($n=15$)		组间差异
	M	SD	M	SD	p 值
双脚连续跳/秒	11.37	4.68	7.27	2.64	0.013 *
单项指标分数	1.25	1.28	3.20	1.20	0.002 * *

注:* 表示 $p<0.05$;* * 表示 $p<0.01$。

双脚连续跳能反映人体协调性和下肢肌肉力量。从表 4-3 和表 4-5 可以看出,自闭症儿童双脚练习跳成绩性别之间差异无统计学意义,但男童的连续跳能力总体强于女童,这与正常儿童相同。除此之外,自闭症儿童双脚连续跳成绩未遵循随着年龄增加而提高的规律。综合立定跳远和双脚连续跳两项成绩分析,自闭症儿童的立定跳远成绩随着年龄增加提高,而双脚连续跳则不再体现出这样的规律。两个项目都是反映下肢力量,相对于立定跳远来说,双脚连续跳对于身体协调性有了更高的要求。由此可以看出,自闭症儿童在动作协调和控制方面存在一些缺陷,这与国外有关自闭症动作发展障碍研究结果一致。Kaur 等(2018)研究指出,自闭症儿童做连续动作时无法较好地控制、协调身体和四肢,完成动作所用的时间也长于普通儿童。

双脚连续跳测试时,观察自闭症儿童动作,主要有以下特征:

(1)双脚跳跃时,不能较好地进行连续跳,跳跃间隔时间较长;

(2)跳跃时,儿童目光不注视障碍物,身体晃动;

(3)无法较好地控制身体姿势和调节每次落地距离;

(4)有 1 名儿童腿部力量较弱,无法完成双脚跳跃动作,另一名儿童无法按照指令完成测试。

六、网球掷远

从表 4-11 可以看出,在网球掷远方面自闭症儿童与普通儿童存在较大差异性($p<0.01$):自闭症儿童网球掷远平均距离为 2.15(±0.55)米,普通儿童平均距离为 5.25(±2.10)米。从单项指标分数来看,自闭症儿童该项平均得分仅为 0.54(±0.77)分。

表 4-11 网球掷远基本情况

测试指标	自闭症儿童($n=13$)		普通儿童($n=15$)		组间差异
	M	SD	M	SD	p 值
网球掷远/米	2.15	0.55	5.25	2.10	0.000 * *
单项指标分数	0.54	0.77	2.87	0.91	0.000 * *

注:* 表示 $p<0.05$;* * 表示 $p<0.01$。

网球掷远是反映儿童上肢和腰腹力量的一项测试指标。自闭症儿童网球掷远成绩性别之间并无明显差异性,且没有随着年龄的增加而提高,这与普通儿童不同。网球掷远项目对于动作技术要求较高,自闭症儿童无法较好地全身协调用力。

有关自闭症儿童握力的研究方面,Kern 等(2011)借助 CARS 让 37 名自闭症儿童使用握力计测试手部肌肉力量,研究表明自闭症儿童的握力与疾病的严重程度有关。

网球掷远测试时,自闭症儿童投掷动作有以下特征:

(1)无法模仿教师投掷动作,儿童只用手臂力量将球扔球,没有借助身体腰腹力量;

(2)掷球角度低,无法将球抛物线掷出。

七、坐位体前屈

从表 4-12 中坐位体前屈测试平均成绩和单项指标分数来看,自闭症儿童和普通儿童之间差异均无统计学意义($p=0.19$;$p=0.26$)。从表 4-5 和表 4-6 可以看出,3～6 岁自闭症男童平均成绩 4.90(±6.98)厘米,女童平均成绩 7.42(±5.08)厘米,而 3～6 岁普通男童 7.33(±4.24)厘米,女童 10.90(±2.90)厘米。

表 4-12　坐位体前屈基本情况

测试指标	自闭症儿童($n=13$)		普通儿童($n=15$)		组间差异
	M	SD	M	SD	p 值
坐位体前屈/厘米	5.86	6.22	8.52	4.12	0.19
单项指标分数	2.15	1.21	2.53	1.06	0.26

注:＊表示 $p<0.05$;＊＊表示 $p<0.01$。

坐位体前屈是反映儿童柔韧性的一项测试内容。柔韧性是指人体关节活动幅度以及关节韧带、肌腱、肌肉、皮肤和其他组织的弹性和伸展能力,即关节和关节系统的活动范围。柔韧不足可直接影响动作的学习和高难运动技能的掌握,也会有碍于力量、速度、协调、平衡能力的发展,并易造成运动损伤。孙玉虎等(2021)对儿童柔韧性素质的影响因素进行研究,发现性别、身体质量指数、外界温度和体内温度是影响柔韧性的重要因素;男童坐位体前屈测量值低于女童测量值。本研究结果与其相符,自闭症儿童的柔韧性性别之间以及与普通儿童之间的差异均无统计学意义,但是女童平均成绩(7.42±5.08厘米)优于男童(4.90±6.98厘米),这与儿童柔韧素质发展规律一致。

八、走平衡木

从表 4-13 可以看出,在走平衡木测试中,自闭症儿童和普通儿童存在显著性差异($p<0.01$)。自闭症儿童走平衡木平均时间为 24.01(±11.65)秒,而普通儿童所需要时间为 8.44(±4.97)秒,两者平均成绩相差 15.57 秒。

表 4-13　走平衡木基本情况

测试指标	自闭症儿童($n=13$)		普通儿童($n=15$)		组间差异
	M	SD	M	SD	p 值
走平衡木/秒	24.01	11.65	8.44	4.97	0.000＊＊
单项指标分数	0.77	0.92	2.86	1.06	0.000＊＊

注:＊表示 $p<0.05$;＊＊表示 $p<0.01$。

走平衡能反映儿童平衡能力。平衡能力是维持身体姿势的能力,特别是在较小支撑面上控制身体重心的能力,它反映了身体对来自前庭器官、肌肉、肌腱、关节内的本体感受器以及视觉等各方面刺激的协调能力。保持平衡是完成运动技能的前提条件。如果学龄前儿童时期平衡能力没有得到很好的锻炼,会对后期更复杂的动作技能如跑、跳、攀爬等动作的学习造成影响,还可能增加学龄前儿童在体育活动中受伤的风险。对 4~14 岁儿童的平衡机能的研究显示,幼儿在 7 岁时身体的平衡机能达到成人水平,动态平衡能力的增长速度下降发生在青春期。因此在幼儿时期无论是幼儿园还是家长都应该注重对孩子平衡能力的培养,为孩子选择适宜的发展平衡能力的方法。

本研究发现自闭症儿童平衡能力较差,与普通儿童有较大差异。整体来说,自闭症男童平均成绩(22.7±10.63 秒)好于女童平均成绩(26.7±14.17秒),这与普通男童成绩好于女童相一致。从平衡能力增加规律来看,自闭症儿童与普通儿童一样随着年龄的增加而提高。这与国内外研究结果一致(Adamović et al.,2015;付丽敏等,2009)。

　　学龄前儿童平衡能力的发展取决于对来自视觉系统、本体感觉系统以及前庭感觉系统3个方面信息的整合。学龄前儿童在初期依靠视觉系统维持平衡,随着年龄的增长,本体觉和前庭感觉系统逐渐占据维持身体平衡的主导地位。因此,在学龄前阶段应针对视觉、本体觉和前庭感觉系统制订科学的训练计划来提高和改善自闭症儿童的平衡能力。

　　在平衡木测试时,自闭症儿童主要表现出以下特征:

　　(1)儿童无法做到左右脚交替前行,而采取双脚平行移动;

　　(2)儿童走在平衡木上,出现身体左右摇摆时,无法借助手臂调整身体重心。

第四节　结论与建议

一、结论

(一)身体发育正常

　　自闭症儿童在身体形态方面与普通儿童之间无明显差异,这说明自闭症儿童身体发育良好,符合年龄特征,并未显现身材矮小、身形消瘦等发育现象。

(二)柔韧性良好

　　本研究结果发现,自闭症儿童柔韧性良好,与普通儿童无较显著性区别。

(三)身体姿势控制能力、协调性及平衡能力较差

　　自闭症儿童在上下肢力量、灵敏与协调以及平衡能力方面有较大差异,尤其是身体姿势控制,如双脚连续跳、走平衡木、网球掷远项目,这与本研究中采用MABC-2量表测评结果一致。早期身体姿势控制障碍可能导致自闭症儿童在社交互动中的巨大差异。具体来说,如果个体在组织、发起和执行目标导向的运动方面存在问题,那么就很难在环境中有效地互动,可能对高级认知和社会行为的发展产生深远的影响。

二、建议

(一)对自闭症儿童实施运动能力评估

自闭症儿童去康复机构参与干预训练前,常常会接受语言、认知、感觉统合能力等方面的评估,而忽略了身体运动能力方面的评估,建议实施干预前对自闭症儿童身体运动能力进行评估,全面了解儿童身心发展特征,便于科学制订干预方案。

当前,自闭症康复主要采用专业机构、学校以及家庭训练三者相结合的方式,本书课题组在调研中发现,当前自闭症康复机构水平良莠不齐,自闭症儿童在进入机构进行康复训练前,机构工作人员会就儿童认知水平开展全面评估,却忽略了对他们身体机能和运动能力的评估。

自闭症儿童的运动技能发展越来越受到研究者的重视,运动与认知、生活技能等发展均相关,因此了解他们的真实运动水平对于个别化干预方案的制订与实施具有极其重大的意义。然而,当前研究并没有制订出完全适合其特点的运动评估工具,已有运动评估工具也没有对自闭症等特殊儿童测评的指导,这是未来研究与实践要重点解决的问题。

(二)将基本动作技能作为自闭症儿童运动干预内容

由于自闭症儿童在家里受到了格外的保护,他们的身体素质和克服困难的意志都比较差,在开展运动干预训练的过程中,要鼓励他们坚定意志完成训练任务,不在其他人帮助的情况下完成基本的动作。走、跑、跳、投、钻、爬等基本动作技能已被证实对自闭症核心障碍具有改善作用,且与日常生活紧密相连。目前社会上的康复教育机构水平参差不齐,感觉统合训练已成为主要运动干预方式,而结合基本动作技能开展的体育活动、体育游戏、韵律操等干预项目较为匮乏,受活动场地的限制,户外的体育活动项目更少。

(三)增加亲子体育活动时间

自闭症儿童大多伴有语言障碍、不同程度的认知障碍。父母关注的重点是孩子学习如何说话、眼神接触、在课堂上集中注意力和在社交场合的行为,而对体育活动有效改善儿童问题行为的意识淡薄。其实,最重要的事是让这些孩子积极活动,通过活动他们可以获得需要的所有其他技能。如家长陪儿童进行传接球游戏,在练习过程中,自闭症儿童的肢体语言、主动运动语言交往次数会逐步增加,且交往目光的接触时间不断延长,情绪问题行为与刻板行为也会减少,这便于增强自闭症儿童的分享意识与合作意识。

（四）家长加强学习运动干预知识

在接受访谈的家长中,对于运动干预知识了解甚少,甚至认为运动对于孩子康复没有效果,这不利于孩子的家庭康复。家长忽略了在生活中、自然情景中对孩子的观察和引导,也未能将动作技能发展贯穿在生活中,而是将道听途说的康复方法生搬硬套,导致教育训练毫无成效。

第五章　自闭症谱系障碍
儿童感觉统合能力水平研究

第一节　研究背景

在儿童发展早期,大脑是一部以处理感觉和运动信息为主的"机器"。儿童通过感觉来认识自己的身体以及自身以外的客体世界,特别是周边环境。他们通过触觉获得物体的信息,通过听觉学习分辨不同声音所代表的意义及如何讲话,通过视觉学习辨别物体的大小、形状、颜色和明暗等,通过本体觉和前庭觉学会运动方式和控制姿势,从而实现他们由反射性肢体活动到有意识精细运动的发展,逐步掌握自由行动、穿衣、吃饭、游戏、写字、读书以及与他人沟通交流的各种社会化技能。

人们感受世界、完成各种活动时往往不是凭借某个感觉系统或运动系统就可以完美实现,而是需要多个感觉系统在中枢的统一调控下进行,这就是"感觉统合"。它是个体生存与发展的基础能力之一,有着复杂的神经心理机制,对个体生活和学习的各个方面产生重要影响。

一、感觉统合概念

感觉统合(Sensory Integration)这一观点是由美国南加利福尼亚大学临床心理学专家爱尔丝(Jean Ayres)博士于 1969 年提出的。感觉统合是指个体对进入大脑的各种感觉刺激信息(视觉、听觉、嗅觉、触觉等),在中枢神经系统中进行加工处理并形成有效组合的过程,即个体在特定的环境内有效地利用自己身体各部分的感觉器官,从环境中获得不同感觉通路的信息并输入大脑,大脑对输入信息进行加工处理(包括解释、比较、增强、抑制、联系、统一),并做出适应性反应的能力。

感觉统合是一个信息加工过程,大脑必须以灵活的、不断变换的方式比较、选择、联系、增强和控制感觉信息,即大脑必须统合信息才能产生有效的注意、记忆、思维和推理等心理活动。如我们对"苹果"的认识,就来自苹果作用于我们的眼睛、鼻子、嘴巴、皮肤和手部肌肉等感觉器官形成的各种感觉信息。也就是通过眼睛我们可以观察到苹果的颜色、大小和形状,通过鼻子可以闻到它的香味,通过舌头可以品尝它的味道,通过手可以感触它的软、硬程度等,在这些感觉信息的基础上,经过大脑的比较、联系、控制等统合过程,形成一个比较完整的有别于其他水果的苹果概念。

因此,单一的感觉不能反映事物的全貌和特性。只有各种感觉进行有效的联系、整合,才能形成对事物整体的认识。所以感觉统合功能实际上是从许多部分感觉形成整体的认知。只有经过感觉的统合,人类才能完成高级而复杂的认识活动,包括注意力、记忆力、语言能力、组织能力、自我控制、概括和推理能力等。

二、感觉统合能力对儿童发展的影响

个体通过综合各种感觉信息来认识世界,又借助感觉系统、中枢神经系统以及运动系统之间的协调来适应环境和改造环境。感觉统合对个体生存和发展有着广泛的影响,是儿童健康成长的重要方面。感觉统合是幼儿各种能力发展的基础。幼儿对各种感觉刺激的接收、处理、组合、运用的结果,直接影响幼儿在姿势动作能力、认知学习能力、沟通表达与情绪调节能力、注意力与冲动行为的控制。

(一)影响儿童日常生活和学习

在人们的生活和学习活动中,各种感觉系统多不是独立的,即使是进行一项简单的活动往往也离不开多感觉系统的参与,是内外感知系统、运动系统互相配合的结果。人的每一个动作都有着十分复杂的感觉统合要求,就以"握杯喝水"这一看似简单的动作为例:对杯子的质地,对水的冷、温、烫,对拿杯时的速度、力度、位置,平移杯子时的稳定程度,伸手握杯的路线和送入口内的准确性以及自我保护(例如避免烫伤等)的判断,都需要大脑神经中枢统合来自视觉、触觉、味觉等多种信息,一旦神经传导阻滞就可能发生握杯困难、颤抖、打翻或口舌烫伤等情况。

(二)影响儿童的社会交往

人际交往是儿童实现社会化、再社会化的基本途径,人际交往的实现是儿童内外多系统参与的复杂活动,需要其有很好的感统能力。儿童交往双方如果都具有良好的感统能力,举止得当,与对方及环境无阻隔或冲突,那么交往行为便可流畅、高效进行,问题得以成功解决,心情舒畅,后续交往得以延续。如果交往一方存在感统失调,就会导致交往行为不流畅或失败,给双方建立稳定的人际关系制造不同程度的困难。临床咨询发现,不少感统失调儿童由于交往行为失当,不遵循交往规则,成为同伴中不受欢迎的人,难以融入群体,日常生活难免出现烦恼。

(三)影响语言的发展

人类的语言能力包括构音、词汇认知、组句及语言逻辑、交谈、认字、阅读、书写等。这些能力和人类的皮肤触觉、前庭觉和运动企划能力有密切关系。

从出生的那一刹那,人类触觉的敏感度便和大脑有密切的关系。接着而来的各种触觉信息更使大脑接受感觉信号的辨识能力更为细致,各种层次的信息都能在大脑有不同反应。人类独特的感觉层次辨识也影响了大脑皮层的运动区、视觉区、听觉区及彼此间的协调统合,让人类能够运用说话来模仿、发出听到的声音。

不过词汇学习的过程比发声更困难。这几乎要靠视、听、嗅、味、触综合的感觉信息,逐渐统合成知觉的作用。人类的词汇大多从名词和动词开始,所以视觉空间所产生的辨识东西的能力及身体运动对动词的认知,也发挥了其学习上的统合功用。在认字及阅读方面,视觉的统合能力非常重要。前庭及固有感觉不佳,也会影响语句组合及语言逻辑。

(四)注意力的发展

前庭觉不佳的孩子,常易受来自地心引力的干扰,难以维持内在平衡,大脑保持清晰的警觉状态的能力出现障碍,从而表现出多动、注意力不集中。前庭系统不健全,肌肉张力会不足,使人很容易疲倦,孩子常常坐姿不正,注意力涣散。

触觉防御过当的孩子常常像惊弓之鸟,任何细微的刺激都会引起反应,忙于应付各种触觉刺激,而无法集中注意力。听知觉过滤能力差的孩子无法适当过滤环境中不重要的听觉刺激,所以常被不重要的或不相干的听觉刺激所干扰,导致注意力分散。

(五)情绪发展

前庭功能不良会产生视觉空间判断的障碍。缺乏重力感的孩子无法判断距离和方向,因而常常有恐惧感和不安全感,易伤心、生气、过度兴奋。触觉防御过当的孩子常易受各种触觉的刺激的干扰,故情绪不稳定。触觉依赖的孩子在得不到满足时,有不安全感,并感到沮丧。

第二节　研究对象与方法

一、研究对象

浙江省平湖市医佰康康复教育中心 13 名 3～6 岁自闭症儿童(均得到医疗机构确诊,但自闭程度有差异),15 名同年龄段在园普通儿童,具体情况如表 5-1 所示。

表 5-1　研究对象基本情况

类别	3 岁/人	4 岁/人	5 岁/人	6 岁/人	平均年龄/岁	组间差异(p 值)
自闭症儿童	2	3	5	3	4.96±0.80	0.987
普通儿童	2	3	7	3	4.95±0.82	

二、研究方法

(一)问卷调查法

采用儿童感觉统合发展评定量表对受试儿童进行调查,由儿童的父母或知情人根据儿童最近1个月的情况如实填写。填写过程中如遇到不清楚的方面,可联系课题组人员进行解答,填写时间大约15分钟。

此量表由58个问题组成。分为前庭觉功能、触觉、本体觉以及学习能力四部分。量表的评分按"从不这样""很少这样""有时这样""常常如此""总是如此"1~5五级评分(见表5-2),在选项处打"√"。3~6岁儿童只需要填写1~53项即可。

表 5-2 儿童感觉统合能力发展评定量表分值

分 值	具体表现形式
从不这样(5分)	儿童从来或差不多从来没有出现过所描述的行为
很少这样(4分)	儿童很少出现所描述的行为,出现此行为的频率少于25%
有时这样(3分)	儿童有时会出现所描述的行为,出现此行为的频率大约为50%
常常如此(2分)	儿童多数会出现所描述的行为,出现此行为的频率至少75%
总是如此(1分)	儿童经常会出现所描述的行为,出现此行为的频率差不多100%

(二)数据分析法

采用SPSS 26数据包对结果进行数据分析,数据描述使用平均数±标准差($\overline{X} \pm S$)表示;组与组之间比较采用独立样本t检验,$p < 0.05$具有统计学意义。

(三)访谈法

通过对自闭症家长及其个训老师的访谈,收集反映自闭症儿童日常生活中感觉统合能力的相关信息资料。

三、研究步骤

(一)量表发放与回收

不同群体量表发放方式不同,普通儿童的量表由幼儿园教师进行统一发放和回收,儿童将量表带给父母,填写完毕后再交还给幼儿教师;自闭症儿童量表由儿童个训教师发给父母填写并对其回收。课题组人员将填写注意事项分别在微信群告知家长。自闭症儿童发放量表 13 份,回收 13 份;普通儿童发放量表 15 份,回收 15 份,回收问卷均为有效问卷。

(二)数据整理与分析

整理所有量表数据,将其输入 SPSS 软件,进行统计分析。感觉统合评定量表分数分为 5 大项:标准分、前庭失调、触觉防御、本体觉失调、学习能力不足。家长将各项分数相加后的得分即为原始分,然后对应表 5-3 找到相应的 T 分数,一般来说,标准分 T:T≥40(正常)、30<T<40(轻度)、20<T≤30(中度)、T≤20(重度)。通过对孩子的评定,可计算出原始分(即各条目得分之和),再换算成标准分进行评定。例如,某 6 岁儿童触觉原始分为 65,则标准分 20<T<30,说明存在中度触觉防御现象。

表 5-3　儿童感觉统合能力发展评定量表原始分与标准分的换算方式

标准分	原始分			
	前庭失衡	触觉防御	本体感失调	学习能力不足
10	31	50	26	13
20	38	60	33	18
30	44	70	39	23
40	51	80	46	29
50	58	90	52	33

第三节　研究结果与分析

一、基本情况

从表 5-4 可以看出,自闭症儿童与普通儿童的前庭觉、触觉和本体觉均有显著性差异($p=0.020$;$p=0.000$;$p=0.000$)。普通儿童前庭觉、触觉、本体觉平均成绩为 57.12 ± 5.19、92.41 ± 6.67、54.65 ± 4.80,而自闭症儿童仅有 48.9±9.03、79.45±9.34、40.00±10.12,两者之间具有显著性差异。

表 5-4　儿童感统统合能力基本情况

测试指标	自闭症儿童		普通儿童		组间差异
	M	SD	M	SD	p 值
前庭觉	48.90	9.03	57.12	5.19	0.020 *
触觉	79.45	9.34	92.41	6.67	0.000 * *
本体觉	40.00	10.12	54.65	4.80	0.000 * *

注:* 表示 $p < 0.05$;* * 表示 $p < 0.01$。

感觉统合失调是由于中枢神经系统对感觉刺激的信息无法进行有效的整合,导致儿童姿势反应不良、肌肉张力过大或过小,影响动作结构、情绪行为、认知语言发育等,从而引起多种交流和社交问题(梁瑞华,2017)。国内研究显示自闭症儿童感觉统合失调发生率高达 95%,Ornitz 等(1968)提出的自闭症儿童的五大类障碍中,也包括了知觉障碍,患儿经常会出现各种感知觉以及统合功能的异常状况。本研究测验结果显示,自闭症儿童的感觉统合能力显著低于同龄健康儿童,差异具有显著意义($p < 0.05$),说明自闭症儿童感觉统合失调发生率较高,与其他研究相符。

从表 5-5 可以看出,被测自闭症女童感觉统合能力强于自闭症男童,这与黎芹冰等(2017)对广东省佛山市儿童感觉统合能力的研究中指出的男性患儿感统能力低于女性患儿的结论一致,原因可能与传统对待性别差异、教养方式等有关,由于重男轻女观念的影响,男性幼儿被溺爱,导致其受感统刺激机会不足,感统能力较差。自闭症儿童触觉、本体觉和学习能力均存在较大性别差异($p = 0.007$;$p = 0.011$;$p = 0.020$),但自闭症儿童前庭觉性别差异不显著($p = 0.337$)。从表 5-6 可以看出,普通儿童男女之间感觉统合能力各方面均没有显著差异($p > 0.05$),与相关学者研究结果一致(叶蕾、刘晓畅,2016),但也有学者研究表明男童失调率明显高于女童(唐建荣,2012),这可能受样本量影响,男女在性别方面表现的感统差异是否显著仍需进一步研究。

表 5-5　自闭症儿童感觉统合能力性别差异分析

测试指标	男童($n=8$)		女童($n=5$)		组间差异
	M	SD	M	SD	p 值
前庭觉	48.11	8.996	53.67	9.452	0.337
触觉	77.24	8.235	92.00	3.000	0.007＊＊
本体觉	37.71	8.745	53.00	7.937	0.011＊

注：＊表示 $p<0.05$；＊＊表示 $p<0.01$。

表 5-6　普通儿童感觉统合能力性别差异分析

测试指标	男童($n=8$)		女童($n=7$)		组间差异
	M	SD	M	SD	p 值
前庭觉	56.91	5.009	57.50	5.992	0.831
触觉	92.91	6.426	91.50	7.635	0.691
本体觉	54.18	3.488	55.50	4.506	0.511

注：＊表示 $p<0.05$；＊＊ $p<0.01$。

目前,国内针对自闭症儿童感觉统合各方面能力的性别差异研究比较匮乏,王娜(2019)对听障儿童的感觉统合失调状况进行调查研究显示:听障儿童感觉统合失调率性别差异不明显($p>0.05$),这与自闭症儿童有不同之处。本研究是探讨自闭症儿童感觉统合性别差异的初次尝试,进一步研究需要更大量的样本。

二、前庭觉功能

前庭系统在人体感觉系统中具有举足轻重的地位,它可以帮助人们获得运动、重力和头部位置变化等方面的信息,并对肌肉张力、运动平衡与协调、视觉、听觉、运动、情绪、社交等功能产生影响。自闭症儿童前庭觉统合失调主要表现在常常不能准确判断距离和方向,做事协调能力差,喜欢转圈、自我刺激等。从表 5-7 可以看出,在被测自闭症儿童中,前庭觉轻度和中度失调的儿童占比最大,各占总人数的 38.5%,前庭觉正常的自闭症儿童较少,只占15.4%。在被测普通儿童中,前庭觉基本正常,只有少部分儿童为轻度和中度失调,没有重度失调的儿童;自闭症儿童前庭觉失调的人数明显多于普通儿童。这也证实了课题组前期有关平衡能力的测试结果,自闭症儿童动态和静态平衡能力均有缺陷。

表 5-7　前庭觉调查结果对比分析

测试指标	自闭症儿童($n=13$)		普通儿童($n=15$)	
	人数	占比/%	人数	占比/%
轻度	4	30.8	1	6.7
中度	4	30.8	1	6.7
重度	3	23	0	0
正常	2	15.4	13	86.6

三、触觉功能

触觉统合失调的孩子往往对别人的触摸十分敏感,挑食偏食,易担惊受怕,好动,不安,或感觉迟钝等。从表 5-8 可以看出,在被测自闭症儿童中,触觉轻度失调的儿童占 38.5%,总失调比例占 61.5%。在被测普通儿童中,绝大多数儿童触觉正常,占 93.1%,只有少部分儿童为轻度失调,没有中、重度失调的儿童;自闭症儿童触觉失调的人数明显多于普通儿童。相关学者(翟巾赫、王晓敏,2021)在对黑龙江省自闭症定点康复机构接受康复训练的 265 例自闭症儿童的研究指出,自闭症儿童较健康儿童存在更为明显的触觉异常表现,且在男童中更为显著,这与笔者的研究结果一致。

表 5-8　触觉调查结果对比分析

失调程度	自闭症儿童($n=13$)		普通儿童($n=15$)	
	人数	占比/%	人数	占比/%
轻度	5	38.5	1	6.7
中度	1	7.6	0	0
重度	2	15.4	0	0
正常	5	38.5	14	93.3

四、本体觉功能

本体感也称为深度感觉,本体觉失调的儿童表现为动作不协调,肢体控制和动作调整能力差,学习困难儿童较正常儿童更为多见。从表 5-9 可以看出,被测自闭症儿童本体觉失调比例高达 85.6%。本体觉是个体对自己身体的一种整体感觉,可以帮助个体自觉或不自觉地感受肢体的空间位置,然后通过这些感觉完成对身体的操控。然而,本体觉失调的儿童往往身体概念不良、动作企划能力以及身体姿势调整差,这与本书中另一项关于自闭症儿童动作发展的研究结果一致。自闭症儿童本体觉严重失调,因此可以通过对本体觉实施运动干预以提高动作技能。

表 5-9　本体觉调查结果对比分析

失调程度	自闭症儿童($n=13$)		普通儿童($n=15$)	
	人数	占比/%	人数	占比/%
轻度	4	30.8	2	15.4
中度	3	23.0	1	6.6
重度	4	30.8	1	6.6
正常	2	15.4	11	71.4

比较表 5-10 中两组儿童数据,可以看出自闭症儿童感觉统合失调比例较高,且前庭觉和本体觉失调比例高于触觉失调,这一规律与普通儿童感统失调相一致。普通儿童中也存在感觉统合失调的情况,但是占比不大,黄悦勤(2001)对北京市城区的 1526 名 3~6 岁普通儿童进行感觉统合失调现状进行调查发现,轻度感觉统合失调的人占总人数的 28.5%,重度感觉统合失调的人占总人数的 8.9%,与本研究的结果略有不同,本研究可能受样本量小因素的影响。

表 5-10　儿童感觉统合失调情况

测试指标	自闭症儿童/%	普通儿童/%	p 值
前庭觉失调	84.6	13.4	0.020＊＊
本体觉失调	84.6	28.6	0.000＊＊
触觉失调	61.5	6.9	0.000＊＊

注:＊表示 $p<0.05$;＊＊表示 $p<0.01$。

　　本研究将自闭症儿童与普通儿童的前庭觉、触觉、本体觉失调程度进行对比,发现普通儿童本体觉失调的患病率较前庭觉、触觉高。目前,国内针对自闭症儿童与普通儿童的前庭觉、触觉、本体觉失调程度差异的研究比较匮乏,本研究是探讨自闭症儿童与普通儿童的感觉统合失调程度差异的初次尝试,研究样本数量较少,仍然需要进一步的大量样本研究。

第四节　结论与建议

一、结论

(一)自闭症儿童感觉统合失调发生率较普通儿童高

　　本研究发现,自闭症儿童的感觉统合能力(前庭觉、触觉、本体觉)低于同龄健康儿童,并且差异显著,这说明相比于普通儿童,自闭症儿童更容易出现感觉统合失调的状况。

(二)自闭症女童感觉统合能力强于自闭症男童

　　自闭症儿童触觉、本体觉和学习能力均存在较大性别差异,但前庭觉性别差异不显著,这与普通儿童不同,普通儿童男女之间感觉统合能力各方面均没有显著差异。

(三)普通儿童也有感觉统合失调的情况

　　被测的普通儿童中也存在感觉统合失调的情况,但是占比不大,研究发现普通儿童本体觉失调的患病率较前庭觉、触觉高。

二、建议

(一)因材施教:制定儿童个别化感觉统合训练方案

　　由于自闭症儿童的个性化十分明显,其感觉统合训练的效果与科学、合理、适宜的训练方法休戚相关,因此,制定具有较强针对性的训练方案至关重要。自闭症儿童感觉统合训练包括测试、训练、评价、反馈,在制定训练方案之前,必须对每一位自闭症儿童进行科学量化的感觉统合前测,包括患儿前庭觉、本体觉、触觉以及学习能力等方面的测试,在此基础上有针对性地制定训练方案,实施训练,并对一段时间内的训练效果进行评估和反馈,根据训练效果进一步调整后一阶段的训练方案,质效并行地进行个别化感觉统合训练。

(二)家校合作:家庭训练与学校指导同等重要

在自闭症儿童感觉统合训练的过程中,教师注重对儿童的动作、体能、行为等的训练,但往往忽视了指导家长,让家长在家中对患儿进行训练指导的方式方法,同时,很多家长也并不重视在家中开展随机训练。《特殊需要行动纲领》中提出:特殊需要儿童的教育是家长和专业人士的共同责任。学校、教师、家长之间应建立合作性的积极伙伴关系(胡晓毅,2005)。家庭是儿童主要的生活环境,因此,家庭训练也是自闭症儿童感觉统合能力提高的重要抓手。家长应树立给孩子进行随机训练的意识,可主动请教教师如何开展。同时,教师在进行训练指导时也应指导家长如何在家中对孩子进行训练和巩固。例如,在前庭平衡训练中,教师可指导家长在家中较大较软的床上进行蹦床游戏,根据自闭症儿童现有水平进行跳跃高度和次数的指导,蹦床游戏也能促进儿童大动作的发展,是可操作性较强的家庭训练游戏。

(三)融合教育:以心理特征为基点建立融合教育支持构架

融合教育必须考虑自闭症儿童的心理特点和需求,自闭症患儿与普通儿童一样需要得到心理认同,同时,他们又有着很强的自尊心,渴望被认可、被关爱,因此,融合教育的开展必须以自闭症儿童的心理特征和心理需求为基点。在此基础上,幼儿教师或资源教师为自闭症儿童合理安排幼儿园教室内环境,例如,座位安排、玩伴选择、区域活动过程中的引导与帮助、五大领域中的融合活动设计等。另外,教师应定期参加特殊儿童融合教育交流与培训,通过"实践—认识—再实践"不断推进自闭症患儿融合教育策略与方案,为自闭症儿童更好地融入集体生活做出掷地有声的行动。

第六章　自闭症谱系障碍儿童体力活动水平与生存质量相关性研究

目前国内越来越多的学者更加关注学龄前儿童体力活动水平研究,致力于强健国民体质。但目前的研究多集中于普通儿童的体力活动水平。儿童自闭症谱系障碍(autism spectrum disorder,自闭症)是一种复杂的神经发育障碍,其特征在社会交往、语言沟通和行为重复刻板 3 个领域中存在不同程度缺陷。已有研究显示,自闭症儿童在运动技能方面存在障碍或者缺陷。本书课题组为了解自闭症儿童体力活动水平,探究其与儿童生存质量之间的关系,在 2018 年对自闭症儿童进行了调查研究。

第一节　研究背景

体力活动(physical activity,PA)指任何由骨骼肌收缩引起的使身体能量消耗增加的身体活动。研究表明,体力活动对于学龄儿童和青少年的身体、心理、社会认知至关重要,而健康则是影响生存质量的重要因素之一(Berkes et al.,2010;Colley et al.,2017;Poitras et al.,2016)。世界卫生组织 建议儿童青少年平均每天进行多于 60 分钟的中高强度体力活动(WHO,2010)。体力活动对于促进儿童青少年体质健康发展具有重要作用,《中国儿童青少年身体活动指南》指出,身体活动可改善身体成分,提高心肺耐力,促进心血管健康和代谢健康,改善骨骼、肌肉和关节的健康(张云婷等,2017)。

世界卫生组织提出:"生存质量(quality of life,QOL)包括其身体健康、心理状态、独立程度、社会关系、个人信仰及其与环境显著特征的关系。"有关残疾儿童医疗条件和福利保障的文献表明 QOL 已经成为特殊人群卫生服务的重要成果之一(Kampbecker et al.,2011)。Berkes 等(2010)研究认为与健康相关的生存质量已经成为评估健康的重要组成部分。目前,PedsQL 测量表是国际公认和广泛使用的评估儿童生存质量的一种工具,它包括儿童普适性生存质量量表和儿童疾病特异性量表,量表从儿童的身体、心理、社会和学校等多维领域进行功能评分(Herskind et al.,2010;Berkes et al.,2010;Kuhlthau et al.,2017)。卢奕云等(2014)对自评式 PedsQL 4.0 中文版进行了信效度的验证,结果显示其量表可用于中国儿童生存质量的评估。

目前,研究者针对成年人体力活动水平对生存质量的影响已有涉猎,但是针对自闭症儿童体力活动和生存质量关系的研究鲜有报道。关于自闭症儿童早中期干预方法的研究正在逐年增加,但缺乏将生活质量作为结果指标的关注,本研究采用 PedsQL 4.0 量表和三轴加速度传感器分别对自闭症儿童的生存质量和体力活动水平进行测评,分析两者之间的相关性,为后续自闭症儿童生存质量研究提供可借鉴的依据。

第二节　研究对象与方法

一、研究对象

选择浙江省平湖市受益人才培训中心 16 名 3～7 岁自闭症儿童(男 8 名,女 8 名)作为研究对象,该 16 名儿童均已得到医院确诊,但自闭症程度不一。在确定研究对象后,选择在园同年龄段的正常儿童 21 人作为对照组。

二、方法

(一)生存质量评定

2017 年 12 月收集受试儿童的基本信息资料。2018 年 1 月采用中文版 PedsQL 4.0 中文版量表对自闭症儿童的父母进行生存质量问卷调查。该量表包括生理功能、心理功能、社会功能和角色功能(学校表现)4 个方面,共 23 道题目。按照题目顺序,第 1～8 题为评价生理功能题目,第 9～13 题为评价心理功能题目,第 14～18 题为评价社会功能题目,第 19～23 为评价角色功能题目。家长根据儿童最近 1 个月内的表现情况回答每个问题。问题答案均分为 0～2 共 3 个等级,不同的等级对应不同的分值,得分按照等级 0＝100 分、1＝50 分、2＝0 分进行计算。生存质量总分则为 23 道题目总分除以 23,各功能维度分值为该区域的总分除以该区域的题目数量。生存质量总分和各功能维度分数分布在 0～100 之间,所得分值越高,表明个体生存质量或功能维度质量越好。

质量控制:调查员均为高校在职教师,调查前统一研究和学习中文版 PedsQL 4.0 量表中的每道问题,统一确定解释问题答案的措辞。调查阶段,调查人员进入培训中心根据问卷内容对受试者家长进行调查并填写,保证问卷质量。对照组的问卷由学校老师统一发给家长,并建立微信群,调查人员进群告知家长问卷填写注意事项,并对提出的疑问进行解答。调查完成后由学校老师统一回收问卷。对不合格问卷进行剔除(如 23 个问题答案都选择了 2,得分为 0 分)。

(二)体力活动水平测量

体力活动水平的测量采用三轴加速度传感器 ActiGraph GT3X＋ (Actigraph LLC,Pensacola,FL)。受试儿童需连续佩戴 1 周,其中包括 5 个上学日和 2 个周末日。由于受试者年龄较小,调查员在发放仪器时向家长讲解、演示佩戴和摘除方法,测试期间由家长协助受试儿童完成佩戴和摘除仪器。除此之外,告知家长:仪器应该佩戴在受试儿童右髋处,除洗浴、游泳、睡觉外其他时候都应佩戴。测试结束的第二天,测试工作人员将仪器收回。对缺漏数据的受试儿童在征得家长同意后进行补测。

体力活动水平结果受加速器参数设置的影响,参数设置不同体力活动水平会出现相应的变化(全明辉等,2017)。在儿童体力活动研究相关文献中并未发现特殊儿童体力活动划分标准,因此采用国际通用儿童体力活动水平划分标准。对国内外采用 ActiGraph GT3X＋测量体力活动水平的相关文献进行研究和辨别,选择目前研究领域内较为常用的参数设置标准,最终确立影响体力活动水平的加速计参数值(Dolinsky et al. ,2011;Petrie et al. ,2014),

如表 6-1 所示。

表 6-1　ActiGraph GT3X＋体力活动测量参数设置

序号	参数内容	参数设置
1	采样频率	80Hz
2	采样间隔	1s
3	未佩戴时间	Choi(2011)算法
4	不同强度界值	Pate Preschool(2006)
	SB	$0<$ Counts $<799/60$ s
	LPA	$800/60s<$ Counts $<1679/60$ s
	MPA	$1680/60s<$ Counts $<3367/60$ s
	VPA	Counts $\geqslant 3367/60$ s
	MVPA	Counts $\geqslant 1680/60$ s

注:SB 表示静坐时间;LPA 表示轻体力活动;MPA 表示中等强度体力活动;VPA 表示大强度体力活动;MVPA 表示中大强度体力活动总合。

(三)统计方法

所得数据均通过软件 Actlife(Version 6.13.3)下载原始数据,所有实验数据均采用 SPSS 21.0 软件数据包进行处理,数据描述使用平均数±标准差$(X\pm S)$表示;组与组之间比较采用独立样本 t 检验;采用多元线性回归模型分析自闭症儿童生存质量与体力活动水平的相关性,显著性水平为 $\alpha=0.05$。

第三节　研究结果与分析

一、调查对象基本情况

本次调查共发放问卷 37 份,其中自闭症儿童 16 份,实际回收 16 份,无效问卷 0 份;对照组发放 21 份,回收有效问卷 19 份,有效率 90.47%。两组儿童在性别比例、年龄、BMI 上均无显著性差异($p=0.856$, $p=0.458$, $p=0.928$),如表 6-2 所示。

表 6-2　调查对象基本情况

项目	自闭症儿童	正常儿童	t	p
男生占比/%	50	52.63	0.171	0.856
年龄/岁	5.75±1.90	6.28±0.66	−0.783	0.458
BMI	15.77±4.03	15.63±1.30	0.094	0.928

二、调查对象生存质量

由表 6-3 看出,自闭症儿童与正常儿童在生存质量总分、生理功能、社会功能、角色功能上都存在显著性差异($p=0.005$,$p=0.018$,$p=0.003$,$p=0.000$),且总分及 3 个功能模块得分均低于正常儿童。

表 6-3　调查对象生存质量得分比较

特征	自闭症儿童	正常儿童	t	p
总分	64.40±20.73	92.29±5.07	−3.965	0.005*
生理功能	71.09±22.80	92.60±8.02	−3.032	0.018*
情感功能	79.38±25.68	93.95±7.46	−2.835	0.201
社会功能	43.12±28.21	96.89±4.66	−4.479	0.003*
角色功能	57.50±19.49	84.11±12.62	−5.735	0.000*

注:*表示 $p<0.05$。

三、调查对象体力活动水平

自闭症儿童与正常儿童在静坐时间、轻体力活动、中等强度体力活动、大强度体力活动、中大体力活动总合均存在显著性差异($p<0.05$)。自闭症儿童静坐时间少于正常儿童,而从事轻、中、大强度体力活动的时间多于正常儿童,如表 6-4 所示。

表 6-4　调查对象体力活动水平比较

项目	自闭症儿童	正常儿童	t	p
SB/%	88.38±4.61	93.15±2.48	−2.640	0.024*
LPA/%	3.78±1.08	2.48±0.85	2.825	0.012*

续表

项目	自闭症儿童	正常儿童	t	p
MPA /%	3.87±1.49	2.47±0.93	2.435	0.027 *
VPA /%	4.00±2.45	1.92±0.86	2.302	0.049 *
MVPA/%	7.86±3.85	4.40±1.76	2.354	0.042 *

注：* 表示 $p<0.05$。

四、自闭症儿童生存质量和体力活动相关性的多元线性回归分析

控制受试者年龄、性别，将自闭症儿童的生存质量各维度作为因变量，不同水平体力活动水平作为自变量，进行线性回归发现：两者各维度之间均无统计学意义（$p>0.05$），如表 6-5 所示。

表 6-5　生存质量和体力活动线性回归分析

项目	参数	静坐时间	轻体力活动	中等强度	大强度	MVPA
生存质量总分	t	−1.862	1.428	1.880	1.746	1.850
	p	0.136	0.226	0.133	0.156	0.138
	R^2	0.545	0.438	0.550	0.519	0.543
	β	−0.710	0.569	0.683	0.784	0.749
	CI	−8.334 −1.644	−10.776 −33.615	−4.733 −24.585	−4.120 −18.088	−2.112 −10.553
生理功能	t	−1.335	0.771	1.454	1.409	1.460
	p	0.253	0.484	0.220	0.232	0.218
	R^2	0.452	0.310	0.481	0.470	0.483
	β	−0.560	0.340	0.567	0.663	0.629
	CI	−8.340 −2.923	−18.262 −32.305	−7.704 −24.633	−5.898 −18.048	−3.281 −10.563
情感功能	t	−1.825	1.287	1.692	1.916	1.867
	p	0.142	0.268	0.166	0.128	0.135
	R^2	0.556	0.425	0.526	0.576	0.566

续表

项目	参数	静坐时间	轻体力活动	中等强度	大强度	MVPA
情感功能	β	-0.688	0.518	0.630	0.807	0.737
	CI	-11.896 -2.461	-17.542 -47.856	-8.552 -35.240	-4.701 -25.646	-2.945 -15.073
	t	-2.659	2.787	2.622	1.948	2.262
	p	0.056	0.060	0.059	0.123	0.086
社会功能	R^2	0.762	0.696	0.758	0.662	0.711
	β	-0.734	0.716	0.698	0.737	0.728
	CI	-11.673 -0.253	1.671 -35.843	-0.990 -34.526	-4.588 -26.149	-1.540 -15.092
	t	-0.445	0.089	0.397	0.633	0.540
	p	0.679	0.933	0.712	0.561	0.618
角色功能	R^2	0.346	0.315	0.339	0.376	0.360
	β	-0.204	0.039	0.175	0.323	0.259
	CI	-4.836 -3.500	-16.522 -17.621	-10.595 -12.521	-6.799 -10.812	-4.203 -6.234

注：β 为标准回归系数。

五、讨论与分析

国外大量研究文献表明体力活动能够降低患肥胖概率、预防心血管疾病发生以及增强心理健康(Kiani et al.,2011；Feldman et al.,2014)，体力活动对不同群体生存质量影响的研究也有涉及。Spengler 等(2013)对德国 11～17 岁青少年体力活动对生活质量的预测能力进行研究，结果显示高水平的体力活动显著预测更高的生活质量，特别是在体育俱乐部的体育活动与青少年高生活质量呈正相关。Anguda 等(2016)对印度尼西亚老年采用国际体力活动问卷(IPAQ)和 MOS 36 项短式健康调查进行横断面分析，发现身体活动水平与生理健康和心理健康之间没有相关性。Cieslak(2007)对大学生的生存质量与体力活动相关性展开横断面研究，发现只在男性学生中两者存在相关性。然而，对于自闭症儿童身体活动与健康相关的生活质量之间的关系有待进一步深入研究。

Saulnier 等(2011)研究发现,自闭症个体的幸福感会减弱。随着年龄的增长,对社会关系和独立生活的需求逐渐增大,缺陷妨碍日常生活功能日渐突出。Saulnier 等(2007)对自闭症患者认知能力和适应能力进行研究发现:他们的社会适应能力显著落后,认知水平对日常生活造成相当大的阻碍。另一项有关自闭症患者适应能力的研究也证实了这一结果。Bearss 等(2013)研究发现自闭症儿童在适应技能方面存在重大障碍,特别是适应性社交技能。以往研究表明,与典型发育中的儿童及其家人相比,患有自闭症和注意缺陷障碍(attention deficit disorder,ADD)或注意力缺陷多动障碍(attention deficit/hyperactivity disorder,ADHD)的儿童及其家人在若干领域中的生活质量不同程度下降(Lee et al. ,2008;Tavernor et al. ,2012)。Lee 等(2008)研究发现患有自闭症的儿童及其家人生存质量显著低于普通健康人群标准。这一结果得到了英国的一项研究的支持,该研究发现自闭症患儿生存质量低于健康儿童(Tavernor et al. ,2012)。然而,国内有关自闭症儿童生存质量的研究较为鲜见,查阅文献发现有少量关于其他特殊儿童的生存质量研究。莫文辉等(2014)采用 PedsQL 4.0 量表对 ADHD 儿童生存质量进行研究发现,ADHD 儿童及其父母生存质量均低于对照组。朱小烽等(2017)对浙江省留守儿童生存质量进行调查研究,发现留守儿童的生存质量低于非留守儿童。本研究中的自闭症儿童除生存质量总分外,生理功能得分、社会功能得分、角色功能领域也均低于正常儿童,这一结果与彭丽等(2013)关于自闭症儿童生存质量的研究结果一致。该结果可能受自闭症儿童的社会交往和言语发育障碍、兴趣爱好单一和行为举止刻板症等症状表现特点影响。然而,研究资料报道 HFA 患儿生存质量低于同龄正常儿童,但自我评分与家长对其评分之间存在显著差异,家长对儿童的生存质量评分低于孩子的自我评分(Shipman et al. ,2011)。对于这种差异 Potvin 等(2015)认为可能是由父母承受的社会外界压力和父母与子女关系的质量造成的。因此,在自闭症儿童康复过程中,需要临床医生与家庭合作来确定儿童生活中促进或阻碍他们幸福感的区域,从而提高其生活质量。

本研究控制年龄、性别因素,通过线性模型发现自闭症儿童的体力活动水平与生存质量之间不存在显著性相关。国外的较多研究资料表明,自闭症与 ADHD 具有较高的共同发生率(Rommelse et al. ,2010;Ray et al. ,2014)。Leyfer 等(2006)发现 ADHD 是自闭症儿童中第三种最常见的合并症,他们的样本中有 31% 符合 ADHD 的 DSM-4-TR 诊断标准,53% 证实有临床症状(但没有达到诊断标准)。本次调查结果显示,自闭症儿童的体力活动水平高于普通儿童($p < 0.05$),这可能与自闭症常伴有 ADHD 的症状有关。在临床实践中,通常观察到患有 ADHD 儿童表现出自闭症症状,反之亦然(Vanet al. ,2012)。国外研究文献报道,20%～50% 的 ADHD 儿童符合自闭症诊断标准,30%～80% 的自闭症儿童符合 ADHD 诊断标准(Rowlandson et al. ,2009;Murray et al. ,2010)。Murray(2010)的研究报道称 41%～78% 的自闭症儿童符合 ADHD 的诊断标准。本次调查结果中自闭症儿童的静坐时间少于普通儿童,而中高强度的体力活动时间高于普通儿童,不排除有自闭症和 ADHD 共同导致的可能性。因此,在临床实践中,建议对自闭症患者进行 ADHD 症状诊断,以便日后更有针对性地治疗。

第四节　结论与建议

一、结论

(1)自闭症儿童与普通儿童在生存质量总得分、生理功能得分、社会功能得分、角色功能得分 4 个方面均存在显著性差异,生存质量水平低于普通儿童。

(2)体力活动水平方面,两者在静坐时间、轻体力活动、中等强度活动、大强度活动和中大体力活动总和(MVPA)上都存在显著性差异,自闭症儿童静坐时间少于正常儿童,而在从事轻、中、大强度体力活动的时间上多于正常儿童。

二、建议

(一)加快融合教育步伐

自闭症是一个社会问题,需要社会各界的关注与支持,目前对自闭症儿童的认识仅仅停留在初级阶段,学校的接纳度不够,即使有的普通学校接纳了自闭症儿童,为其配备了专门的教师,但真正的融合教育还是存在很大困难。自闭症家庭更需要社会的理解与参与。自闭症儿童生存质量低于普通儿童,社会、学校、家庭应该给予该群体更多的服务、支持与关爱,帮助他们与外界沟通,提升社会融入感,进一步提高其生活质量。

(二)探究自闭症儿童及家庭的特殊支持

为了提供能够满足自闭症儿童及其教师和家长所需要的特殊支持,在实践中需要探究包括情感、观念、课程与技术等在内的具体支持内容。伴随自闭症儿童成长的过程中,家长几乎都倍感压力,大多数家长会选择自己默默承受,心理疏导对家长来说非常必要。家长对孩子的不恰当行为和社会交往障碍等缺乏正确的教育方法,因此应该开辟更多家长获得干预方法支持的有效渠道。

第七章　运动干预课程教学设计

第一节　自闭症谱系障碍儿童身心发展特征

任何课程与教学设计都离不开对教学对象的深刻认识。为此,本书课题组查阅国内外文献资料,结合前期研究成果,分析自闭症儿童的身心发展特点,为运动干预课程设计提供充分的理论依据。

一、认知能力

认知能力是指人脑加工、储存和提取信息的能力,即我们一般所讲的智力,包括记忆、注意、思维和想象都被认为是认知能力。儿童认识客观世界,获得各种各样的知识,主要依赖于自身的认知能力。自闭症儿童除核心症状外,有些儿童从婴幼儿时期起,认知能力发展就严重不足,存在认知功能障碍。这种认知功能障碍多源于心理方面的异常和脑组织损伤,导致存在感知、言语、理解、认知行为和人际关系等方面表现异常,这严重影响儿童的日常行为。

在思维方面,自闭症儿童普遍缺乏意图理解、概括能力、想象力以及预测能力,无法通过别人行为之前的尝试态度理解别人。一般学龄前儿童能够通过父母的言语表情、形态动作了解父母的想法和意图,然而许多重度自闭症患者成年后才能通过有关测试任务。自闭症儿童的思维是图像式的思维,对看得见摸得着的东西容易理解,对色彩和图像敏感,但是对看不见摸不着的东西很难理解,逻辑思维的能力较差,比如情感的表达、人际关系的处理等等。思维缺乏变通、连贯和计划性也是其较为明显的特征之一。自闭症儿童喜欢做重复机械的工作,遇到特殊的情况无法变通,很难适应环境的改变;无法根据周围的环境调整自己的思维和状态,不懂得人和事物之间的关联。

自闭症儿童在情绪和注意力方面都不稳定,共同注意力缺失。自闭症儿童情绪和情绪调节都不同寻常,他们容易出现恐惧、害怕等负向情绪,很少能正确表达自身的想法。Pouw 等(2013)对 63 名 8～12 岁高功能自闭症儿童的情绪功能进行分析,发现自闭症儿童面对预感不良的刺激情境往往无策略、不躲避,尖叫、击打重复动作和语言增多。在情绪稳定、主动参与的状态下,自闭症儿童的言语加工识别能力有所恢复(姚雨佳,2013)。在注意力方面自闭症儿童普遍缺失,尤其是共同注意力。自闭症儿童互相沟通时双方无法用眼神、手势等手段引导对方的注意。

二、运动能力

本书第二章就自闭症运动功能障碍专门进行了阐述,本部分不再做深入探讨。已有研究表明,自闭症儿童整体运动能力较低,结合本书中研究成果,简单概括为以下几个方面。

(1)肌肉力量差,表现为动作的协调、稳定性不足。例如跳跃、投掷以及跑步等动作过程中,会出现动作不协调、跌倒、姿势控制、肌肉张力不足等问题;抛接球时动作无力,手眼不协调或怕球碰着,不敢接球,拍球时腰弯得很低;对爬、跑的活动很惧怕或是逃避。

(2)运动技能低下,表现为不会拍球、踢球、自抛自接球、跳绳、做操等。

(3)平衡能力低。例如不会走平衡木,不会单脚站立,不会单、双脚蹦跳等,特别是没有语言的自闭症孩子,大多数双脚落地的能力很差。

(4)精细动作发育不良。手部肌肉力量弱,手指灵活性差,手眼协调能力差。例如书写时字体歪歪扭扭,笔迹不流畅,与正常同龄儿童相比无法独立完成穿衣、扣扣子以及系鞋带等自理动作技能。

三、感觉统合能力

人类所有的认知能力都是以感知觉为基础的。没有感知觉过程的发生,人类将失去一切信息加工的资源。感觉是人脑对直接作用于感觉器官的客观事物的个别属性的反映,分为外部感觉(视觉、听觉、嗅觉、味觉和皮肤觉)和内部感觉两大类(机体觉、平衡觉和运动觉)。知觉是人脑对直接作用于感觉器官的客观事物的各个部分和属性的整体反映。知觉不仅能反映个别属性,而且通过各种感觉器官的协同活动,按事物的相互关系或联系整合成事物的整体,从而形成该事物的完整映像。感觉是对物体个别属性的反映,知觉则是对物体整体属性的反映,没有对个别属性反映的感觉,就不可能有反映整体属性的知觉。自闭症儿童显现出许多感觉处理不良的情况,在某种程度上并不是某一种落后或者不均衡,笔者主要从视觉、听觉、前庭觉、本体觉、触觉等几个方面介绍自闭症儿童感知觉发展特点。

(一)视觉

视觉加工是个体与外界产生并建立联系最直接的方式之一。个体对外部世界的大多数感知信息都是由视觉提供的,与肌肉组织、前庭器官提供的感知觉信息不同,视觉感受器提供的信息可引发个体对自我动作的感知,并提供了姿势控制的重要信息(Bertenthal & Bai,1989)。

已有研究表明,自闭症儿童视知觉加工和视觉注意都异于一般儿童,几乎没有视错觉,对外界视觉刺激物的局部加工能力较强,空间复合刺激加工能力较弱,特异的视觉加工方式可能是自闭症儿童较早表现出的症状之一(马玉等,2011)。自闭症患者存在视觉感知障碍,其视觉信息处理模式异常,不仅表现出对静止的物体有加工异常,对动态信息也表现出一定程度的注意缺损,他们对连贯持续的视觉运动不太敏感,甚至会出现追踪困难。除此之外,在自闭症儿童对社会性信息的视觉加工研究中发现,自闭症儿童对面孔的注意加工上,存在准确感知面部特征和面部表情的困难,注视面孔的时间也少于正常个体(Schultz et al.,2005)。但在呈现线索特征明显的非语义的图片信息时,自闭症儿童则表现出较高水平,在识别单个图形的镶嵌图形测验中比正常者表现得更好而且能更快完成任务(翟孟,2008)。在临床上,具体表现为儿童喜欢看手发呆,喜欢斜眼看东西,喜欢躲在较阴暗的角落不愿意与人接触,喜欢看色彩鲜艳的画面等等。

综上所述，和正常儿童相比，自闭症儿童在视觉信息觉观察、加工或者追踪方面有一定的差异，但目前对这个差异也存在一定的争议。实验研究时，受研究方法、被试、实验材料选择等因素影响，可能会出现不同的结果。今后，随着技术的进步，借助更多先进实验设备，进一步实证研究、分析其背后原因，可促进自闭症儿童康复多一个支撑。

（二）听觉

自闭症儿童与正常儿童听性脑干反应、畸变声反射和声反射检测结果并无差异，但在听觉加工的自觉性、注意力方面存在效能和强度上的异常。有的自闭症儿童会表现出听觉敏感，大约一半儿童纯音听阈的平均值超出正常范围，他们对特定音域的声音或某些噪声的耐受性极低。听觉敏感最主要的表现就是儿童听到一些特定的声音会出现情绪上的失控，比如哭闹、尖叫、捂耳朵或者干脆跑掉；还有一些自闭症儿童表现出听觉不敏感，例如叫其名字的时候，他们像没有听见一样不抬头、不转头，没有任何回应。Talay 等（2000）选取了 30 名年龄范围为 4～14 岁的自闭症儿童作为研究对象，结果发现，他们在视觉、听觉、触觉和前庭觉等多个通道中的感觉过敏问题要比正常儿童严重。Tharpe 等（2006）研究发现自闭症儿童虽然有正确的听觉反应和一定的正确率，但在听觉加工的自动性、前注意方面存在效能和强度上的异常。

（三）前庭觉

前庭觉亦称平衡觉，是影响婴幼儿成长和学习发展最重要的一种能力。前庭觉主要感知有关头部的角速度和线性加速度，以判知头部位置和运动方向，对维持机体的立体定向有重要作用。其与平衡感、方向感的形成以及肌张力的调节、注意力维持等都有密切关系。前庭觉失调的儿童主要表现为不安、注意力不集中，注视追视能力较弱，平衡能力差，走路常常碰撞东西；前庭觉十分敏感的儿童，迈大步、小步跨越跳时都害怕，动作幅度很小，情绪比较退缩；前庭觉十分迟钝的儿童旋转、荡高秋千、坐"过山车"和"转椅"等，常伴有躁动不安的情绪。

自闭症儿童比一般儿童更容易给家长添麻烦，挑三拣四，很难与他人分享快乐；也不会和他人分享玩具和食物，不能考虑别人的需要和感受，不会理解别人，不会交朋友。患儿常常伴有语言发育迟缓，说话晚，语言表达和发声困难。自闭症儿童常无语言交往能力，不懂指令，也不会与人交往等。

（四）本体觉

又称深感觉，是指肌、腱、关节等运动器官本身在不同状态（运动或静止）时产生的一种特殊感觉形式，包含位置觉和运动觉。主要功能为肌肉在收缩或伸张时，关节在弯曲或伸直时，个体都能感觉到肢体的位置与动态状况。这是一种高度复杂化的神经应变能力，也是大脑可充分掌握自己身体的能力。良好的本体觉是获得准确高效的功能性运动的基础，例如膝关节本体觉由位于膝关节周围的肌肉、肌腱、关节囊、韧带、半月板、关节软骨和皮肤的感受器发生的传入信号整合而成，信号在不同中枢处理以后，通过反射回应和肌张力调节回路传出。本体觉减退将导致关节稳定性下降、关节运动失去控制及步态异常，自闭症儿童动作姿势异常可能与本体觉功能异常有关。

本体觉对于自闭症儿童整体运动能力的提升、动作稳定性、计划性、肌张力和运动表象的发展都至关重要。在日常生活和体育锻炼中，从简单的走路、吃饭、写字、穿脱衣服到各种运动技能（骑自行车、打篮球、踢足球）等都需要本体觉的功能。前期研究结果表明：自闭症儿童动作多漫无目的，动作模仿能力弱，无法借助于过去的经验来组织、计划动作。例如生活中精细动作差，不能很好系鞋带、扣扣子、穿衣服；运动时双手抛接球时无法准确接住球，踢球时脚踢空；一般运动中从一个姿势变到另一个姿势困难。除此之外，如果本体觉失调会导致方向感很差，容易迷路，不能控制力量大小，嘴舌不灵活，动作笨拙，容易碰撞，站无站相、坐无坐相等等。

总之，本体觉是最重要的神经调节器，可以帮助抑制前庭觉和触觉的过度反应，本体觉活动可以减轻触觉过度反应，并使神经系统维持在理想的警醒状态中。

（五）触觉

触觉是指全身皮肤对于外来的温度、疼痛、干湿、压力以及震动的感觉，是儿童感知外界、学习认知、发展运动的基础,也是建立感情的重要渠道。自闭症儿童中有一部分人触觉敏感,不许别人碰,不穿新衣服,不爱刷牙漱口。Tomcheck 等(2007)调查了同样年龄段的 281 名自闭症谱系障碍儿童和 281 名正常儿童的家长,结果显示自闭症谱系障碍儿童在反应不足、感觉寻求和触觉过敏 3 个部分的问题最为严重。另一部分自闭症儿童触觉异常迟钝,触觉迟钝及触觉刺激接受能力降低会影响觉醒水平、注意力、学习能力、动作计划以及身体构象能力的发育,出现动作迟缓、笨手笨脚、学习困难、表情冷漠等问题。

自闭症儿童是一个特殊群体,在社会认知、动作发展等方面都存在一定的障碍。在对动作发展的运动干预过程中,要尊重他们的身心发展特点,正视其弱势,在其情绪稳定、感知运动和身体感受正常的前提下培养、促进动作发展水平,从而改善核心症状,最终促使他们实现平稳生活、基本自立、自我接纳等目标。

第二节　自闭症谱系障碍儿童康复常用教育方法

直到 20 世纪六七十年代自闭症儿童的干预方逐渐盛行,主要源于行为主义学派,强调用行为训练的方式,有系统地逐步训练自闭症儿童的各项技能。如今,有关自闭症儿童的教育方法主要以传统教育方法和自然教育方法为主。对于教育方法的阐述主要是引导教师和父母对自闭症儿童的教育方法有较为客观的认识,在借助运动康复的过程中,能够根据实际的教学需要以及自闭症儿童的能力,选择适宜的教育方法,以更好地推动教学的发展。对于自闭症儿童的动作发展教育,还需要结合自闭症儿童的需要,以自闭症儿童为核心,尊重自闭症儿童的能力表现。至今,国际方面有关自闭症儿童的教育方法还在不断的摸索中。

一、应用行为分析法

应用行为分析法(Applied Behavior Analysis,ABA)是行为训练的方法之一,也是目前在国内比较流行的方法。这一方法是 20 世纪 60 年代由美国加州大学洛杉矶分校的心理学教授洛瓦斯(Lovaas)系统研究并引入自闭症及其他发育性障碍的治疗教育中的,曾产生过一定的影响。ABA 采用行为主义原理,以正强化、负强化、区分强化、消退、泛化训练、分化训练、惩罚等技术为主,以一对一的训练作为干预的主要形式矫正自闭症儿童的各类异常行为,并促进患儿各项能力的发展。

基于 ABA 的干预方法有:离散式回合教学法、自然环境教学、言语行为、关键反应训练等等。ABA 训练法就是将这些方法应用于行为干预之中,以帮助增加有用的或者期望的行为,也可以用来减少干扰学习或者行为的消极方面,还能够用来增加语言和沟通技能,改善注意力、集中力、社交技能、记忆力和学业能力,用在自闭症儿童身上的主要方法是离散式回合教学法。

经典 ABA 的核心是离散式回合教学法,其特点是具体和实用,主要步骤包括家长和老师发出指令、患儿反应、家长和老师对反应做出应答和停顿。现代 ABA 在经典 ABA 的基础上融合其他技术,更强调情感与人际发展,根据不同的目标采取不同的步骤和方法,具体如表 7-1 所示。

表 7-1 应用行为分析训练法具体实施内容

训练步骤	训练原则	实施具体内容
一	确定干预目标	评估自闭症行为和能力,分析目标行为。
二	分解任务	分解目标任务并逐步强化训练,在一定的时间内只进行某项分解任务的训练。
三	强化	自闭症儿童每完成一个分解任务,都必须给予奖励(正强化),奖励物主要是食品、玩具和口头、身体姿势的表扬,奖励随着儿童的进步逐渐隐退。
四	予以辅助	运用提示和渐隐技术,根据自闭症儿童的能力给予不同程度的提示或帮助,随着患儿对所学内容的熟练再逐渐减少提示和帮助。

分解目标、强化和辅助是 ABA 的基本训练原则,离散式回合教学法,自然环境教学、言语行为、关键反应训练法则体现了 ABA 的具体训练方法。具体训练方法实施应遵循训练原则,而训练原则正是在方法的实施过程中得以具体体现。目前,自闭症儿童康复教育中还一直在使用这种干预形式。例如:离散式回合教学法教学中,儿童在教师给予一个"看着我"提示后完成一项任务,教师可能要不断重复提示或引导儿童来完成任务。之后,不管儿童

是完成了任务还是大致完成了任务都会受到奖励。通过重复不同任务的试验,儿童就能够更多参与到环境中去。

二、结构化教学

20世纪60年代末期,结构化教学(Treatment and Education of Autistic and Communication Handicapped Children,TEACCH)是由国际知名心理学家Eric Schopler及其同事共同创建的自闭症人群综合干预方案中的教学策略。TEACCH项目是基于"教学必须尊重自闭症文化"的理念发展而来,即教学必须基于自闭症谱系障碍个体的需要、兴趣和学习风格,将自闭症儿童不同于常人的理解能力、想法和学习方式融入教育训练中,针对儿童不同的神经功能设计介入(见表7-2)。自闭症儿童虽然存在广泛的发育障碍,但在视觉方面存在一定优势。因此,该项目中信息以高度结构化和组织化的形式用视觉方式呈现。应当充分利用患儿的视觉优势安排教育环境和训练程序,增进孩子对环境、教育和训练内容的理解、服从,以全面改善孩子在语言、交流、感知觉及运动等方面存在的缺陷。结构化教学包含4项要素,分别为物理环境结构化、作息时间结构化、工作组织结构化以及视觉线索(Mesibov & Howley,2003)。例如通过视觉化原理,为孩子设计学习及作息时间表,可让孩子明确知道自己每天活动的安排情况,或每天流程的改动。这样能够使孩子预知任何的转变,或下一项活动的内容。体育活动时,可将活动场地、活动流程、运动项目等以图片的形式呈现,教师借助图片进行引导教学。

自闭症核心特征是交流障碍、行为兴趣刻板狭窄,这些特点使自闭症患者难以改变活动,喜欢按照既定顺序做事,如果在自闭症环境构建时能充分考虑这些特点并用到环境策略中,自闭症孩子的情绪行为问题会大大减少,其学习能力和做事效率也会大大提高。因此,TEACCH的标志就是强调以自闭症儿童的认知、需求、兴趣为考量,调整或改变环境来提升自闭症儿童的独立能力与行为管理。TEACCH教学项目是建立在学习者的学习优势上,而不是强迫学习者遵从社会所能接受的规则或行为。结构化训练适合在医院、康复训练机构开展,也可以在家庭中进行。

表 7-2　结构化教学法具体实施内容

训练步骤	具体实施内容
一	根据训练内容安排场地,注重视觉提示。
二	建立训练程序表,注重训练的程序化。
三	确定训练内容,包括自闭症儿童模仿、粗细运动、知觉、认知、手眼协调、语言理解和表达、生活自理、社交和情绪情感等。
四	在教学方法上要求充分运用语言、身体姿势、标签、提示、图表、文字等各种方法,增进自闭症儿童对训练内容的理解和掌握。

三、地板时光教育方法

1998 年,美国临床心理学家 Stanley Greenspan 博士提出了地板时光教育方法。地板时光教育方法是基于 Greenspan 关于儿童的 6 个功能性里程碑理论而建立的,他认为这 6 个功能性里程碑是儿童将来成功学习和发展的前提条件(见表 7-3)。由 Greenspan 建立的地板时光训练体系是以人际关系以及社会交往作为训练的主体。该方法着眼于自闭症儿童人际交往和适应能力的发展,在评估儿童当前发展水平的基础上,采取一对一的活动形式。在地板时光教育中,教师或家长根据患儿的活动和兴趣决定训练的内容。在训练中,父母或老师一方面配合孩子的活动,另一方面在训练中不断制造变化、惊喜、困难,引导孩子在自由愉快的时光中建立解决问题的能力,进而发展社会交往能力。

表 7-3　地板时光教育方法实施里程碑目标

训练步骤	具体实施内容
一	儿童具有双重能力对外界的视觉、听觉和感觉感兴趣,具备情绪体验和自我调节能力。
二	与他人建立关系的能力。
三	与他人接触、相互影响的双向沟通的能力。
四	丰富的复杂的表情表达(动作或语言)能力。
五	通过游戏或活动产生一定的想象力。
六	将两个观点建立联系的能力以使得二者具有客观性和逻辑性。

Greenspan 博士提倡该项目要尽早开展,他认为儿童停留在无法沟通阶段的时间越长,越多的家长将丧失体验与他们孩子的依恋关系,孩子行为退化也更加严重并可能发展为广泛性的自我刺激。地板时光尤其适合能力较弱、缺乏目光接触和专注力的自闭症儿童,并能有效地为他们建立重要的学习基础。训练的原则就是参与和尊重孩子,通过手势、语言和假想游戏来干预,训练所需时间可以为每天 2~5 个小时。

总之,每一种教育方法都有深厚的理论基础,也有各自的优点和缺点,为让教师更加有选择性地使用适宜的理论和方法并获取更好的教育成效,本书特对相关理论和方法进行总结,更好地呈现不同理论及方法的优点和不足,如表 7-4 所示。

表 7-4　教育方法差异比较情况

理　论	教育方法	特　点
行为主义	行为分析疗法	关注行为结果; 重视行为之后的刺激; 强调行为的塑造以及可行性
神经心理学	结构化教学	重视视觉感官通道的参与; 强调辅助教学的作用; 利用物理元素进行学习刺激(图案、颜色、形状),以期获得最佳学习效果
人本主义	地板时光	关注人的内在需求; 尊重人、关心人的权利和尊严; 学生是学习活动的核心

引自:连翔. 自闭症儿童心理发育与教育[M]. 上海:复旦大学出版社,2018.

自闭症儿童动作发展的运动干预课程主要是最大限度地改善和提高动作发展水平,最大限度地降低障碍和损伤程度。为更好地促进自闭症儿童的学习和生活,许多教育方法被运用到自闭症儿童身上来帮助他们发展。在运动干预课程中,也要遵循一些教育方法,它的有效性与否直接关系到教学实施效果的成败。专业人员和家长都在不断寻求最佳的方法来帮助自闭症儿童最大限度地参与到自己的生活中,尽可能恢复普通人的生活。

第三节　自闭症谱系障碍运动干预课程设计

　　自闭症患者是一类特殊的群体,他们除社会交流障碍和刻板重复行为外,身体机能发展也都存在着一定的障碍。运动作为一种主动的干预方法,借助于自身喜爱的运动项目,并结合这些项目特点有针对性地运用于康复治疗过程中,对于纠正自闭症儿童问题行为、发展社交能力等方面有重要意义。在进行运动训练干预课程设置时,应根据每个儿童的特点和特殊教育需要为儿童制订个别化教育课程。

一、评估

　　评估是运动康复课程实施中的重要一环,是开展康复训练的基础。评估包括对自闭症儿童能力的前期评估、中期评估以及末期评估,以期构成一个整体的评估体系。不仅要评估运动功能情况,还要考虑自闭症儿童整体发育、智能、语言等方面的表现。在对自闭症儿童进行运动干预时,应坚持以评估为开始、以评估为结束的原则。开展前期评估,要对自闭症儿童身心发展进行综合评估,这样有利于全面了解儿童在训练方面的学习需要,有针对性地制订运动计划;在训练过程中进行中期评估,有助于教师了解儿童的学习过程,及时修改和调整训练计划;末期评估能够提供教学反馈,检验训练效果,为下一阶段训练教学找准目标,具体如图 7-1 所示。

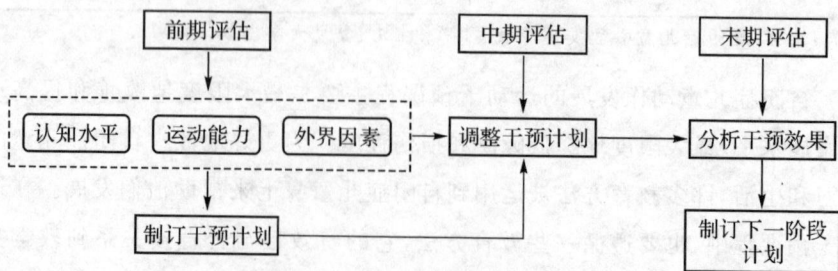

图 7-1　评估体系

　　Reid(2003)提出自闭症儿童的运动能力评估有 3 个重要影响因素需要特别关注:受试对象、评估的环境和评估任务。

首先,受试对象。评估者要从不同的信息源收集信息,包括父母、任课教师及个训教师等,对儿童所喜爱的强化物和沟通模式要有一个全面的了解。在评估前,评估者要花费一定的时间与儿童建立融洽的关系,了解阻碍或促进儿童进行任务时的身心特征。评估时,以儿童所能理解和完成的活动开始,然后才过渡到更难的任务上,这种让儿童在评估开始阶段获得成功的方法将有助于儿童配合整个评估过程。

其次,评估环境。自闭症儿童可能对环境刺激过于敏感,评估时尽量在儿童熟悉的环境中进行,同时所创设的环境要尽量减少分心物,并且一次只进行一个任务。

最后,评估任务。为了确定任务是否合适,需要考虑以下问题:任务符合儿童的年龄吗? 任务是功能性的吗? 所获得的信息有助于制订个别教育计划目标吗? 所获得的信息将会用在项目设计和教学上吗? 如果对所有这些问题的回答都是肯定的,那评估的任务就是恰当的。为了评估任务,评估者可能要使用任务分析方法,这种方法是将所要完成任务的必要技能进行厘定,然后将这些技能进一步分解进行评估,也可以将这些技能作为一个整体进行评估。

二、自闭症儿童运动干预课程设计

2020 年,《医学·教育康复行业课程标准与实施指南之儿童运动康复课程标准》出版,该课程标准就特殊儿童运动康复目标、课程设置、课程内容等作了全面阐述。本书中自闭症儿童运动干预课程遵循《医学·教育康复行业课程标准与实施指南》,结合自闭症群体身心发展特征课程目标、课程内容设计和课程评价等方面进行运动干预课程探究分析。

(一)课程定位

除了社会沟通交往和重复刻板行为这两大核心症状,动作发展障碍也是自闭症患儿普遍存在的表现,尤其出现在儿童早期,甚至在婴儿期就显现出不同程度的动作障碍。在实践中,自闭症儿童常出现动作笨拙、自主运动困难、粗大运动协调障碍、感觉统合失调等问题,致使儿童在学习和生活中遇到很多困难,为自闭症儿童社会化带来巨大负面影响。

运动干预课程主要针对自闭症儿童在粗大运动、精细运动、感觉统合等方面存在的问题与障碍,遵循普通儿童运动发育规律和自闭症儿童身心发展特征,设置运动干预训练内容和目标,以达到强化自闭症儿童身体功能、改善异常的运动模式、增强动作的协调性与准确性、优化感官知觉处理系统功能的目的,从而促进儿童身心健康发展。

(二)课程目标

课程目标是课程的灵魂,也是课程设计的重点。目标的确定不仅有助于明确课程与教育目的的衔接关系,而且有助于课程内容的选择和组织,并可作为课程实施的依据和课程评价的准则。

1. 确立总目标

在符合国家和地方有关培养目标的前提下,干预课程设计要围绕课程总目标进行,依据 3～6 岁儿童实际发展情况、家长需求和教师的认识水平而制订,提出儿童学龄前阶段运动技能各领域应达到的要求。

干预课程总目标:以"医教结合"为指导思想,以满足自闭症儿童学习与发展需要为出发点,以融入社会生活为导向,以运动训练为手段,以激发快乐体验,提高儿童的运动能力、生活技能以及社会功能为目的,最终使儿童能够参与社交活动,融入社会生活,实现个人社会价值。

2. 确立领域目标

领域目标是指各项运动技能在不同年龄段所达成的阶段性目标,表 7-5 是《3～6 岁儿童学习与发展指南》健康领域学习与发展目标,从身心健康、动作发展以及生活习惯与能力 3 个方面提出了具体要求。这里我们结合自闭症儿童发展特征、《3～6 岁儿童学习与发展指南》及《儿童运动康复课程标准》,从激发快乐体验,提高儿童的运动能力、生活技能以及社会功能为目的角度设置目标,具体包括粗大动作、精细动作以及感觉统合能力 3 个领域,如表 7-6 所示。

表 7-5 健康领域学习与发展目标

子领域	目 标
身心健康	1.具有健康的体态; 2.情绪安定愉快; 3.具有一定的适应能力
动作发展	1.具有一定的平衡能力,动作协调、灵敏; 2.具有一定的力量和耐力; 3.手的动作灵活协调
生活习惯与能力	1.具有良好的生活与卫生习惯; 2.具有基本的生活自理能力; 3.具备基本的安全知识和自我保护能力

注:引自《3～6 岁儿童学习与发展指南》。

表 7-6 3～6 岁自闭症儿童动作技能领域发展目标

年龄	领域	具体目标内容
3～4 岁	粗大动作	在保持情绪稳定的基础上,发展儿童基本动作技能,提高身体姿势控制、平衡与协调能力 1.能够灵活地翻滚及爬行; 2.能双脚交替上下楼梯; 3.能身体平稳地双脚离地跳起; 4.能够在走和跑的过程中保持身体平衡与协调; 5.能行走 1 公里左右(途中可适当停歇)
	精细动作	该阶段主要提高儿童手部动作能力:能够独立完成抓握、放物、摇动、敲打、按压、推拉、打开、叠放等基础手部动作
	感觉统合能力	在教师带领下能够情绪稳定地参与感觉统合训练,如大笼球、滑板车、荡秋千等活动
4～5 岁	粗大动作	1.完成定向(直线与曲线)走、跑活动; 2.能够双脚连续跳跃,双脚能够从较低高度跳到地面; 3.能双手搬、提、抬、推、举较轻的物体; 4.能双手向上抛球; 5.能行走 1.5 公里左右(途中可适当停歇)
	精细动作	1.能用蜡笔涂涂画画; 2.能用勺子吃饭 3.能够独立穿脱衣服
	感觉统合能力	能够独立操作小蹦床、秋千、平衡木、羊角球等

续表

年龄	领域	具体目标内容
5～6 岁	粗大动作	1.能跨跳过一定距离,或跨跳过一定高度的物体; 2.能够单、双手将沙包、小球投向指定方向,能连续自抛自接球; 3.能够参与拍球、踢球等集体性体育活动; 4.能行走 1.5 公里左右(途中可适当停歇); 5.能够骑儿童车
	精细动作	1.能够自己穿脱鞋袜、扣扣子; 2.能用剪刀沿直线剪,边线基本吻合; 3.能够握笔画线条
	感觉统合能力	1.能初步统合各种感觉信息,保持平衡,提高身体的协调性和探测身体与空间位置关系的能力,例如分散跑时能躲避他人的碰撞; 2.能在活动中辨别身体运动应有的力度、速度和方向,与视觉和前庭觉结合完成动作计划过程,例如丢接沙包

3. 制定目标体系

在总目标、领域目标指引下,通过评估拟定个人学年目标(长期目标)、学期目标(中期目标)、月度目标(短期目标)以及个别化课程目标,如图 7-2 所示。

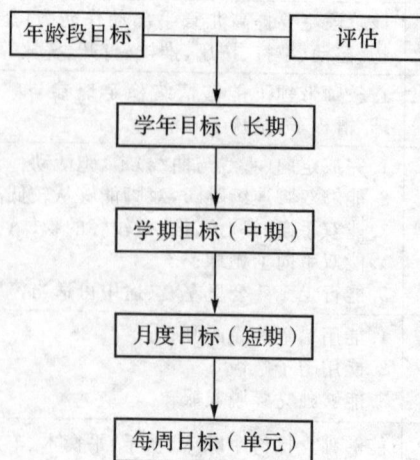

图 7-2 目标体系

学年目标:对自闭症儿童进行全面评估,经过能力评估后应得出儿童总体发展的现状——情绪是否稳定,运动和情绪调节能力是否正常,感知运动发展得如何,目前已掌握了哪些旧经验,以此作为学年目标的现实依据。学年目标的设置非常关键,需要在评估的基础上,依据年龄段目标进行设计,即将儿童动作技能发展实际与儿童年龄段成长目标结合在一起,学年目标拟定决定了年龄段目标的达成程度。

学期目标:中期目标既是对学年目标的拆分,又是对学年目标的详细描述,学期目标制定进一步细化年度目标,能够及时了解每个目标的具体达标表现。另外,学期目标一定要明确、可考核、可评价。

月度目标:自闭症儿童课程设计不同于正常儿童,他们个体差异大,变化不稳定,因此目标设置不能死板,可根据儿童干预过程中的具体表现和效果实时调整。

每周目标:一般情况下,周目标不提前制定而是在康复训练过程中根据学生的具体经验生成每周或每单元教学目标,周计划的目标大多为可变的、自然生成的。

案例:瑞瑞是一名4周岁女孩,重度自闭症儿童,伴随语言障碍,无语言,注意力较差,听从指令执行能力弱,日常生活中能够正常走路、上下楼梯,但上下肢力量差,双脚无法连续跳跃,精细动作差,另外感觉统合能力失调,具体动作发展评价如表7-7所示。

表 7-7　瑞瑞动作发展评价情况

项目类型	投硬币/秒	穿珠子/秒	画轨迹/次	单手投袋/次	双手接袋/次	单脚站立/秒	脚尖走路/次	双脚连续跳/次	网球掷远/米
瑞瑞	15.10	90	5	0	2	2.12	1	0	2
正常儿童	8.74	45	2	7	6	12.8	13	5	5.5

教学目标分类研究代表人物布鲁姆的目标分类理论提出教学目标分为认知、情感和动作技能3个方面,我们这里采用该种教学目标分类法,从技能、认知、情感3个方面对瑞瑞的运动干预目标进行描述。认知类目标是与

知识学习紧密相关的,沟通、认知学习都可以包含其中;技能目标包括粗大动作、精细动作和感觉统合方面的技能等;情感目标包含态度、动机、注意、情绪调控等,如表7-8所示。

表 7-8　瑞瑞运动干预目标

目标类型	动作技能	认知	情感
年度目标	能够基本学会攀爬、跑、跳、投等基本动作技能; 模仿教师动作,动作协调连贯	在活动中能够认识各种活动器材; 能够掌握不同活动器材的使用方法; 关注其他人的动作技能,并能参与模仿动作	情绪稳定参与各项活动; 体验一项活动成功后的乐趣; 喜欢参与各项体育活动
学期目标	能够在直线或变线跑中保持身体平衡协调; 能在较窄的低矮物体上平稳地走一段距离; 单手或双手扔、搬、举、抬一些物体; 掌握抓、捏、穿、按、剥、插、折、剪等动作技能	根据动作指令完成相应动作,如跑跳、爬、传球、踢球等; 认识常见活动器材,并知道如何操作; 在互动游戏中,了解游戏简单规则,能够跟随完成	完成连续后,用肢体动作或语言或表情表达情绪; 体验来自他人的动作感受,如拥抱、挤压等,在感受和动作中建立起联系,如练习结束后揉捏放松腿部感觉舒服; 游戏中,需要等待时,学会短暂地等待

在学年目标和学期目标的基础上进行分解和细化,生成月度目标,月度目标制定时在延续上月干预内容上新增干预内容,做到由易到难,循序渐进。总之,复杂的目标系统需要根据儿童实际确定和调整,很难有可以直接照搬的、结构层次有序且适合的课程。无论如何,只要做到年度、学期、月度目标方向正确、层次清楚、有的放矢,在实施过程中细微之处都可以根据需要适时调整。

(三)干预课程设计流程

实施运动干预前,要对自闭症儿童身心发展进行综合评估,分析儿童运动功能障碍具体表现特征,了解儿童在训练方面的学习需要后结合干预目标,从粗大运动、精细运动以及感觉统合3个领域设计整体干预课程,注重3~6岁儿童的个性化运动干预课程设计,如图7-3所示。根据自闭症障碍程度、认知能力等评估结果选择适合的干预训练方式,例如重度自闭症儿童以个性化训练为主;轻度患儿在个训基础上,适当增加集体课训练。

（四）课程设计原则

教学设计的原则是自闭症儿童运动干预训练应遵循的基本要求与普通儿童干预有一定的共性,又有自己的特殊性,从自闭症儿童体育活动的参与程度、参与效果、身体素质的提升和心理健康发展 4 个方面制订合理的运动计划,促进体育活动的顺利开展。如图 7-3 所示。

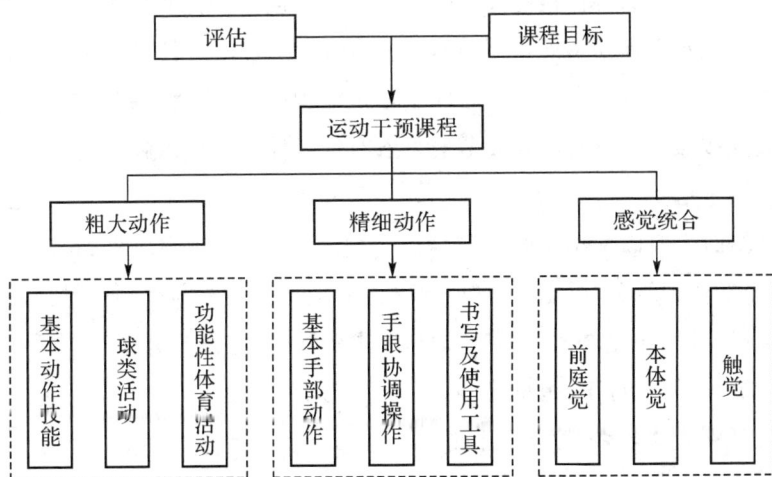

图 7-3　运动干预课程设计思路

1. 安全性与趣味原则

安全性原则是所有训练项目的首要原则。在做任何项目的训练时,训练者都要把儿童的安全放在第一位。安全性原则一方面是指要正确评估儿童的能力水平,训练项目的强度要与儿童能力水平相适应,同时要求教师在训练过程中要时刻注意保障儿童的安全。另一方面在考虑运动功能训练效果的基础上,加强活动的趣味性,安排多种形式且操作方便的体育运动项目,让患儿在活动中感受到乐趣,并通过某些训练目标和任务的完成,提高他们对自我的认同感和自信心,有利于在思想上对孩子产生积极的影响。

2. 情感情绪性原则

训练过程中训练者要注意观察儿童的情绪,同时经常对儿童给予鼓励,采取游戏的方法来提高自闭症儿童的训练兴趣。同时,家长也要积极配合训练者,注意在日常生活中让儿童对训练内容进行巩固,将训练内容与儿童的生活结合起来。在制订计划时从运动技能提升和身心健康发展的角度入手,要加入具有一定社会性的体育项目,把运动技能训练与社会功能提升相结合,最终实现儿童身心全面发展。

3.个体差异性原则

自闭症儿童的身体机能和身体素质各不相同,障碍的程度、形成的原因、需求以及感知觉运动发展水平也存在一定的差异,在对其进行干预时,每一个动作达到熟练程度所需要的时间也不可能相同,应当尊重每一个儿童的动作发展并按照儿童自身的发展节奏采取有针对性的干预措施。

4.全面性

训练时大肌肉和小肌肉动作、躯干动作和四肢动作都应得到平衡、协调的发展;动作训练和"感觉学习"应兼顾。应把动作训练与视、听、触摸等感觉活动加以协调;除此之外,在完成动作要求的同时,应发展儿童与生活相关的运动技能,如骑自行车、跑步等。

5.循序渐进和持之以恒原则

对自闭症儿童每个动作的训练考虑到动作的难易程度、训练量的大小和时间的长短,要做到循序渐进、不急不躁。如训练上楼梯,要先从阶梯少的台阶开始锻炼,逐渐增加台阶的高度。同时,在锻炼过程中还应注意时间的长短。开始训练的时间要短,当儿童适应后再延长时间,以避免儿童过于疲劳而影响训练效果。儿童每个动作的发展都要经历从不会到会再到熟练的过程,因此动作训练更需要反复和坚持,做动作训练要持之以恒。

6.增强原则

增强原则要求教学过程要使用增强策略,可以是鼓励的话,也可以用实物作为奖励;干预初期,教师要善于运用强化物调动儿童参与活动的兴趣,但后期如何使儿童不依赖于外在强化依然能够保持,这就要求教师善于运用真正有助于自我潜能增强的策略。强化物的使用和去除,一定要注意使用时机,时机不当往往会使强化物成为"注意力分散物",反而严重影响教学活动的顺利进行。例如在足球射门训练中,让儿童感到自己"可以完成很多自认为完不成的动作"(必要时加语言鼓励或帮助),动作完成后自己感到高兴,愉悦的情绪本身就是最自然的自我强化,这样以后儿童还愿意主动做练习。

(五)课程活动内容

为自闭症谱系障碍儿童选择活动时,需要考虑的因素有学习者及其家庭的需要和兴趣、活动项目的功能性价值、儿童年龄及身心发展特征等。根据评估结果,选择对儿童而言有兴趣且成功率较高的活动项目,如跑步、蹦床、骑自行车等,如表 7-9 所示。除个人项目之外,自闭症儿童也可以参加和一些团体运动项目,团体运动可能需要做调整才能够保证自闭症儿童成功参与,但每位儿童有机会去探索各种不同的体育活动,每周可以进行至少 5~6 节的个性化运动康复。

表 7-9　自闭症儿童运动干预内容

干预内容	分类	具体内容
基本动作技能	粗大动作	提高身体肌肉张力;增强大动作的速度及灵活性;提高全身运动的协调性;增强蹦跳、踢球等能力的训练。走、跑、跳、投、滚翻、攀爬、支撑、悬垂、平衡等体育活动项目
	精细动作	增强力度控制的训练;增强模仿能力的训练;强调动作计划能力训练;进行操作物品等精细程度较高的训练,如抓放、手指对捏、模仿、搭积木、画画、剪贴、折叠、书写;以日常生活活动能力为主的训练,如扣扣子、系鞋带、用勺子和筷子等等
球类活动	篮球、足球、乒乓球等球类活动	篮球项目的运球、传接球、投篮;足球射门、传接球、运球;乒乓球点球、击固定球等
感觉统合能力	本体觉、前庭觉、触觉	借助各项器材,本体觉训练:大滚筒、平衡台、滑板、各种球;前庭觉训练:钻筒、滑梯、滑板、平衡木、独脚凳、蹦蹦床等;触觉训练:儿童体肤接受丰富的刺激,背滚或腹滚大笼球、海洋球池玩耍、随意地毯或草地上翻滚、搓澡等
水中运动		戏水、水中行走、打水球、水中捡物等
韵律活动		幼儿徒手操、轻器械操、幼儿瑜伽、幼儿舞蹈等

　　在运动项目的引入和参与阶段,要根据儿童的年龄阶段和身体发育水平,选择适合的运动项目,促进孩子主动参与活动并在活动结束后努力引导孩子表达出参与活动的感受和想法,在把握孩子运动参与效果的同时对孩子的交流障碍实施干预治疗。当选择活动时,活动项目功能性价值也必须考虑。针对自闭症儿童的干预训练,不能只关注训练一些单项技能。否则其结果往往是在训练单项技能上有提高,在促进孩子社会功能的效果上却非常有限。例如一个原来不会拍球的孩子,通过训练可以将拍球技能掌握得炉火纯青,却不能与同伴合作,不能按照规则把球传递给伙伴;因此在进行运动训练时要将活动项目本身的"社会功能"融入项目中,避免出现本末倒置的现象。

　　当选择活动时,项目内容的适当性和受试对象年龄的适当性都应当考虑。比如:婴幼儿、学龄前儿童以及青少年儿童,不同群体进行运动干预训练时所选择的活动项目也有所不同。学龄前和小学阶段儿童花费更多的时间学习和提升基本运动技能,但是在初中或是高中阶段还强调这些技能就不合适了。

(六)课程训练方法与策略

　　在传统常规的教学活动中,自闭症儿童很难集中精力静坐、听讲,按照指令做动作,常常会出现适应障碍和各种问题行为,为引导这些儿童更好地参与活动,Houston-Wilson(2003)提出了一些有助于自闭症儿童的教学方法与策略,主要有:使用图片和沟通板来发展有效的沟通;通过程序表和结构化来组织环境;使用自然的环境提示和任务分析、纠正程序的规则、平行谈话等。

1.借助图片和沟通板

Cohen 和 Sloan(2007)提出使用图片和沟通板是自闭症儿童教学中最常用且最有效的方法之一。图片的类型包括照片、逼真的图画、简笔画。一些儿童可能无法理解图片,这就需要用动作的视频来替代。因为自闭症儿童可能无法筛选相关的信息,因此在图片或者沟通板上最好只有一个项目内容,同时教师要帮助儿童将注意力集中于最相关的信息上。

2.动作示范

示范同样被证明在新技能的学习时有很大的帮助。如果儿童能够正确完成任务,课程就可以继续进行,如果儿童不能模仿进行动作练习,教师就应该使用身体协助儿童更好地理解任务的要求,并允许儿童重复这项任务直至不再需要身体协助。比如在进行手眼协调练习时,教师示范扣扣子动作后,孩子仍无法完成练习任务,这时教师可以握住儿童的手指帮助儿童完成动作。

3.使用程序表和结构化教学

当新的信息或不一致的信息以随机或混乱的形式呈现时,自闭症儿童常常出现不恰当的行为反应,而日常程序表设置了开始和结束的节点使得活动具有可预测性,有助于减少自闭症谱系障碍儿童感觉的过度负荷;计划表有助于教授新的行为或技能,制定程序表时通过保持某些内容的相似性并逐步教授新的内容,儿童能够做出恰当的反应。

日常工作程序表在自闭症儿童运动干预训练中能起到较好作用。例如在干预训练课之前,教师给然然一张上课内容的图片并说:"然然,该去上课了。"图片有利于然然理解接下来将发生的事情。课堂上教师就使用图片沟通板来上课。不同的图片代表不同的课程内容,按照时间依次排序,伸展图片代表热身运动,"老鹰捉小鸡"图片代表游戏,"球放进筐"图片代表课程结束。通过这种方式然然就理解了每一部分活动的内容、活动开始和结束的时间。

自闭症儿童运动干预训练中,结构化教学无处不在。自闭症儿童进入一个陌生环境可能会有过度的感觉负荷压力,这时教师可以通过空间结构化减轻这种压力。一方面,教师必须为学生规定好活动的具体场所;另一方面,教师需要建立直观的界限。比如如果儿童需要一直待在这一半场地,就要在场地的中间点放置圆锥物来表示,界定活动场地范围。

4.动作技能分解练习

在教自闭症谱系障碍儿童一项新技能时,教学目标是让儿童能够将球踢进球门。为了达成所要求的目标,教师就需要将任务分解成细小的步骤,或者对这项任务进行任务分析。比如,"将足球踢进球门"这项技能,可以分解为以下步骤:儿童将球置于罚球点;儿童站在射门线上;儿童射门。最后一项技能还可以进一步分解,在儿童面前放置橡胶标志物,儿童靠近标志物站立,并用口语提示或身体帮助儿童用脚踢足球。技能被分解的程度取决于任务本身和学习者的能力。

5.及时纠正错误动作,反复练习

及时纠正错误是一种提高自闭症儿童动作技能的有效教学方法,儿童进行动作练习时,如果出现错误,教师需将儿童带回他所能够正确完成的最后一个技能处。例如:灵敏性项目绕杆跑练习时,要求"S"形绕杆,豆豆绕过第3个杆后开始直线跑了。在这种情况下,教师就要求这名儿童回到第2个杆处,协助他按要求完成整个练习,该种方法有助于及时改正自闭症儿童的错误动作,从而帮助他们更快掌握正确的动作技能。

6.平行谈话

动作技能发展不能单纯为了某一技能提高,更要考虑儿童社会性功能发展。为了促进学生语言和技能的获得,鼓励教师将语言嵌入整个课程中,完成这个任务的一种途径就是采用平行谈话,即教师将学习者的动作用语言表达出来。平行谈话同样有助于儿童将特定的技能和与之对应的有意义的语言建立联系,比如空间概念(如里面、外面、下面、上面)和运动技能(如滑、射、击打)。另一种培养儿童掌握语言的方法是创设一个书面语言丰富的体育课环境。图片、画报和动作词都可以贴在训练场地醒目的位置。将正在完成的动作进行命名有助于学生获得接受性和表达性语言技能。

运动干预的主要目的是促进自闭症儿童的身体健康、纠正其问题行为、创设其与同伴互动的宽松和谐的运动情境、促进其良好的情绪与合作、竖立其自我意识与信心、培养其兴趣爱好。体育干预的实施必须依赖于"家—学校—社区"的合作与情感支持,缺一不可。

三、自闭症儿童实施运动干预意义

(一)促进身体健康成长

健康的身体是智力发展的物质基础,是适应环境的必要条件。大运动促进血液循环、能量消耗,提高身体各器官的机能,促进生长发育。

（二）促进语言和交往能力的发展

自闭症儿童往往伴随语言障碍，语言交往能力差，甚至是无语言，或只会发一些简单的声音。对这样的孩子进行单一的语言训练（就语言而语言训练）效果不佳。语言的形成和发展本身就是一个比较复杂的过程，其中包括大脑中语言神经的发展和语言器官的发育、呼吸及气息的运用、认知能力的发展以及语言环境的影响等等。因此，自闭症儿童语言发展障碍的原因也是多方面的，大量做蹦跳运动会增进气息的顺畅性，增强发音力量，因此运动训练对他们的语言发展可以起到促进作用。

（三）促进注意力发展

注意力的问题是自闭症儿童发展中的常见问题，运动训练可以帮助他们改善注意力。运动过程本身就需要注意，如拍球、抛接球、踢球、滑滑梯、走平衡木等等，特别是走平衡木对训练注意力集中很有帮助。另外，孩子对活动的物体感兴趣、有兴趣，便容易引起注意。这样经过一段时间的训练，便会发现孩子的注意力有了一定提高。

（四）稳定情绪，改变行为

人的行为往往受情绪影响，特别是自闭症儿童对行为的控制能力较差，他们的情绪波动大，又不会表达，常常发泄，由哭、闹等行为发展到攻击、破坏、自伤等。对不良行为采取惩罚的方法效果有限，即使当时有效，过不了多久还会犯，不能从根本上解决问题。做运动效果会非常明显，这是因为运动能使人的身体内产生化学变化，使人获得快感。

（五）促进平衡及空间知觉能力的发展

平衡能力是儿童发展中必须具备的基本能力。空间知觉能力对思维发展有明显的促进作用。因此，平衡能力提高使儿童对各种感官信息的接受、传导及统合都有明显作用。大多数自闭症儿童平衡感差，那么，做翻跟头、滚动、滑板、攀登、走平衡木、旋转及左右手和左右脚的协调活动（踢球、跑步、上下楼梯等）都能有效提高身体平衡能力和空间感知能力。

第八章　运动干预训练方法

由于自闭症的致病原因无法确定，也就导致无法对症下药，目前对其进行治疗的化学药物并没有显著疗效，更倾向于物理的干预治疗手段，安全有效。运动干预在自闭症的治疗中起着至关重要的作用，运动手段的不同对于自闭症儿童的治疗效果也会发生相应改变。运动是以身体练习为基础的手段，长期的体育锻炼会让人们的身心健康。自闭症患者存在社会交往障碍以及人际交往障碍等方面的问题，而体育活动有利于促进人与人之间的交流与接触，改善人际关系。针对学龄前自闭症儿童治疗的运动干预手段主要有以下几大类。

第一节　基本动作技能干预

幼儿动作发展阶段作为个体整个动作发展顺序的起始阶段，起着决定性的作用。研究表明，儿童在幼儿时期发展良好的动作技能可以为日后动作技能的发展奠定牢固的基础。3～6岁是幼儿动作发展的关键期，由于年龄的不同，幼儿在每个阶段发展的侧重点也不同，其中，4～5岁是幼儿动作技能发展最快的时期，主要以发展跑、接投和平衡能力为主。此阶段对幼儿进行有针对性的干预，会起到事半功倍的效果。动作技能是指通过练习巩固下来的自动化的完善的动作活动方式，如日常生活中的行走、骑车，体育运动中的游泳、体操、打球等动作组合，以及生产劳动方面的锯、刨等固定下来的活动方式等。基本动作技能为所有身体活动和体育运动的提高奠定基础，是发展运动技能的基石。儿童不会完全自然地获得所有的基本动作技能，他们需要教师或教练员的教授和指导才能够学会和完全掌握。

国内学者将基本动作技能分为移动性动作技能、物体操控性动作技能和平衡稳定性动作技能,在各自类别下又包括了若干动作,如表 8-1 所示。

表 8-1　基本动作技能分类

分类	具体内容
移动性动作技能	行走、跑步、跨越、蹦跳、爬动、翻滚
操控性动作技能	抓握、拿捏、拍击、传接、抛投、蹬踢
平衡稳定性动作技能	转动、伸展、弯曲、直立

一、移动性动作技能干预内容与方法

移动性动作技能指人的身体从空间的一点到另一点,相对于地面的一个固定点产生空间位移的基本动作技能,这类基本动作技能是人体保持健康水平的保障,是获取高水平运动技能的基础。对于学龄前儿童来说,主要移动性动作技能包括跑、双脚跳、单脚跳、滑步、跑跳步等。

(一)小狗先生走路

训练准备:垫子若干或安全地面。

训练目标:增强手臂、肩部、腹部等肌肉力量;提高身体灵活性。

训练方法:初次练习时,儿童腹部朝下,用双手双脚(四肢)支撑身体,臀部向上翘起,以此姿势往前爬一步再倒退一步。习惯这个动作后,可尝试蛇形爬、沿着圆圈爬与避开障碍物爬等。此外,可将垫子调整成上下坡来爬。

注意事项:如果在地面进行,须保证地面干净,防止儿童手掌扎伤;教师做好示范,引导儿童练习,爬行距离不宜过长。

(二)青蛙过河

训练准备:圆圈若干或安全地面。

训练目标:增强手臂、腿部等肌肉力量;增强上下肢的协调。

训练方法:初次练习时,儿童下蹲,双手撑在脚前,用双手双脚(四肢)支撑身体,以此姿势往前跳进圆圈(荷叶)。此外,可将圆圈调整成 S 形。

注意事项:教师做好示范,引导儿童练习,跳跃距离不宜过长;圆圈间隔距离不宜过远。

（三）小狗跨栏

训练准备：呼啦圈若干或安全地面。

训练目标：增强双脚的协调能力及身体平衡性；提高身体灵活性。

训练方法：初次练习时，儿童站在呼啦圈前，左右脚交替向后移入呼啦圈内。习惯这个动作后，可逐渐提高呼啦圈的间距。此外，可将呼啦圈放在幼儿的身侧进行训练。

注意事项：在必要时给予幼儿身体协助，呼啦圈的高度不宜过高。

二、操控性动作技能干预内容与方法

操控性动作技能，指身体的某部分施力于外界物体（球），或接受外界物体（球）的力而达到控制物体（球）状态的动作技能，如抓握、抛投、接抛投、踢和脚控球的动作。

（一）听话的小篮球

训练准备：空旷平坦的场地、若干小篮球、进行适当热身准备。

训练目标：基本掌握单手拍球的技巧；加强手臂、肩、下肢的力量；提升手指手腕拍球时控制球高度的能力；发展动作的协调性。

训练方法：初步练习时，幼儿根据教师讲解示范的拍球动作进行模仿学习，五指分开，掌心微贴合在球表面，手腕、前臂适当用力拍球，等熟练后，可尝试拍球走路、转圈运球、绕桩运球等。

注意事项：初步练习时，要注意幼儿动作的正确性，避免错误动作对幼儿造成损害；在重复练习时，幼儿可能会产生厌倦、抵触情绪，可以通过"请你接着拍""看谁拍得多"等游戏活动增加训练趣味性，激发幼儿兴趣。

（二）我是神投手

训练准备：沙包若干、圆形投掷靶（沙包可以粘在靶上）。

训练目标：发展幼儿上肢爆发力、核心稳定性，提升全身协调能力及视觉追踪能力。

训练方法：先进行无沙包的手臂准备动作练习。

要求:身体面向墙站立,手臂持沙包准备,投掷时,持沙包手高举过头顶。开始用沙包进行投掷时,可以站得近一些,之后可以尝试扩大距离、移动靶的位置等。

注意事项:投球过程中老师对每位幼儿的不规范动作进行当场指导。

(三)袋鼠跳

训练准备:袋鼠跳袋子,标志桶 2 个,2 米×15 米的运动场。

训练目标:锻炼儿童下肢的爆发力。

训练方法:将标志桶的距离设置为 15 米。儿童跨进袋鼠跳袋子,双手持袋子旁边的拉手,双腿连续向前跳跃。跳跃时,用前脚掌着地,尽量缩短着地时间。

注意事项:练习过程中,教师注意在一旁保护,防止儿童摔伤。

三、平衡稳定性动作技能干预内容与方法

平衡稳定性动作技能是人克服自身重力,稳定身体各关节,使身体维持某种姿势的能力,一种是静态的,如单足站立;另一种是动态的,如走平衡木。躯干核心稳定性和平衡能力对人整体的平衡稳定性至关重要,也是其他基本动作技能达到更高水平之前应该具备的能力,所有动作的完成均以身体整体或部分的平衡稳定为前提。

(一)小公鸡站立

训练准备:瑜伽垫或安全地面。

训练目标:增强单足站立时身体核心的稳定性。

训练方法:初次练习时,一只脚紧贴地面,另一脚尖可以点地,双手合十放在胸前,保持动作。多次训练后,可以尝试将另一只脚尖离地,用单足支撑身体站立,站立时保证身体的稳定性。

注意事项:注意周围环境安全,地面整洁,防止儿童摔倒剐蹭;教师带领儿童做动作时,注意时间掌控以及两只脚轮换进行。

(二)我是小柱子

训练准备:长垫子(软)。

训练目标:增强身体空间定向能力以及单轴旋转技能,增强上肢、躯干侧

部肌肉力量。

训练方法:仰躺在垫子上,双手交叉抱放在胸前,身体带动向左侧或者右侧连续滚动。

注意事项:注意垫子周围无尖锐物品,避免伤到幼儿。引导幼儿翻滚时注意幼儿的动作,避免因动作不正确导致的伤害。

(三)过独木桥

训练准备:平衡木 1 条,垫子若干,小布球若干,平坦空地。

训练目的:训练幼儿的身体平衡能力。

训练方法:将软垫置于平衡木两侧,教师在儿童侧前方进行保护,在情景训练模式下,让幼儿保持平衡走过独木桥,走的时候要注意挺胸收腹,不要从独木桥上掉下。难度升级可在平衡木上放置 1～2 个小布球,让儿童跨过小布球完成练习,教师注意保护。

注意事项:练习要循序渐进,对于最初不敢行走在平衡木上的儿童,教师可以与儿童手牵手,协助其完成练习。

第二节　感觉统合训练

在现代早期干预体系中,感知觉运动方面的训练一直是推动自闭症孩子发展的重要手段之一。其中,感觉统合训练是目前被广泛运用于自闭症孩子治疗的一种干预方式。自闭症儿童感统训练的主目标是改善儿童的触觉、温度觉和痛觉过度敏感或迟钝的异常状况,提高其前庭觉敏感性和本体觉能力,发展感觉与动作的统整能力,提升运动企划能力,为改善儿童异常行为及其他障碍奠定基础。间接目标是通过各项训练,提高儿童对周围事物的关注度,改善其身体概念和空间概念,促进其社会交往能力的发展。

采用感觉统合训练可以分为 3 个阶段。

第一阶段:基础能力的调整训练。

通过触觉、前庭觉、本体觉、视觉空间、听觉感知等基础训练,调整八大运动功能:平衡、肌力、方向、韵律、协调、松懈、速度、变化,进而达到身体机能的提升。

第二阶段：加强基本能力的改善训练。

通过第一阶段的积累训练,在八大运动功能调整的基础上,增加球类运动、手眼协调、双侧协调、大脑整合、运动企划,提升视知觉视觉辨识、视觉记忆、视觉顺序、视觉广度)及手部肌力训练等项目,来达到学习能力及专注力的提升。

第三阶段：全面提升内在成就动机的提高训练。

把前两个阶段空间训练所建立的能力转化成平面能力,通过结构化教学,提升注意力、记忆力、学习能力、人际交往、互动合作、个人目标、社会自理、语言发展(听觉辨识、听觉记忆广度、语言广度、听觉顺序)、家庭配合实施状况检视等,全面提升儿童竞争力。

目前感觉统合训练常常分为徒手类训练和器械类训练。每类训练方式中又可以分为被动训练、助动训练和主动训练。可根据儿童的能力水平选择相应的训练方式,往往一堂训练课中结合几种训练方法进行干预。

徒手类训练,即徒手触觉刺激训练,是通过儿童自身或他人(训练人员及训练同伴)的躯体间相互作用进行的训练,因训练不需要特别的器材,故称为徒手训练。它不仅适合于感统失调儿童的康复训练,也是促进普通儿童身心发展的基本途径。徒手训练在感统训练的其他领域,如前庭平衡、本体觉等领域也是基本的训练形式。

器材类训练主要是借助活动器材实施一系列的干预活动,主要包括球类器材训练、滚筒类器械训练、浪桥类器材训练、滑梯类器材训练、蹦床类器材训练、平衡类器材训练等,具体如表 8-2 所示。

表 8-2　感觉统合训练常用器材

类别	具体器材名称
球类器材	大笼球、羊角球、花生球、海洋球、反弹球、圆柱球、触觉球
滚筒类器械	钻滚筒、滚筒、阳光隧道
浪桥类器材	吊缆、吊马、吊筒、吊台、秋千
滑梯类器材	滑梯、滑板、滑车
蹦床类器材	蹦蹦床、充气床
平衡类器材	平衡木、平衡台、单人跷跷板、晃动平衡杠

感统训练通过机构训练、家庭训练、学校训练以及日常活动训练等途径来实施,主要包括触觉、前庭觉和本体觉训练方法。

一、触觉功能干预方法

触觉功能训练的基本思路是儿童体肤接受丰富刺激,确切理解各种刺激属性。触觉功能训练可借助器械来实施,如在海洋球池中的翻滚训练、粗面大笼球上的荡滚活动,也可以不借助专门的器械来训练。

(一)玩耍触觉刷

训练准备:一个触觉刷、软垫若干。

训练目标:改善全身触觉敏感度,舒缓环境给儿童带来的压力。

训练方法:儿童腹部朝下躺在软垫上,手臂交叉放置于头部下方,训练师和家长使用触觉刷对儿童进行按摩,背面刷足 10 分钟后让儿童翻身正面平躺继续使用触觉刷按摩。如儿童触觉敏感,可以顺着体毛生长方向轻刷身体表面,如儿童触觉迟钝,可以逆着体毛生长方向从脚部开始向上稍微用力刷身体。使用触觉刷按摩后,可以让儿童自己使用触觉刷,玩耍或给训练师、家长按摩。

注意事项:游戏过程当中训练师或家长需根据儿童的具体情况使用触觉刷有意触碰头部、背部、腹部和足部并进行一定力度的按摩,做触觉抚触。

(二)卷寿司

训练准备:厚被子或软垫若干。

训练目标:改善触觉敏感度、身体协调能力。

训练方法:让儿童平躺在被子上,训练师或家长用厚棉被或软垫模仿卷寿司的动作将儿童的身体裹起来,只露出头部,对全身进行深度触压。根据儿童具体情况,搭配活泼的音乐,训练师和家长可以引导儿童尝试着从软垫内爬出来。

注意事项:提供深度触压时,让孩子呈俯趴的姿势,避免做正面深压。如孩子产生反抗情绪,应进行引导,帮助其适应游戏。

（三）球池游戏

训练准备：球池，各种大小、颜色的塑料小球。

训练目标：改善触觉敏感度，增加触觉刺激经验。

训练方法：游戏前训练师或家长对儿童进行语言说明，儿童接受后教师或家长可以将儿童轻抛入球池中，重复此动作；教师或家长让儿童在球池中拨弄球，或者将球轻轻丢向儿童，甚至可以将球塞到儿童的衣物中，增加体验各种不同感觉的刺激经验。

注意事项：游戏时，需时刻观察儿童的表情，重复进行轻抛动作时如儿童出现反抗情绪需立即暂停此动作。适当增加玩球动作的难度，增加触觉刺激经验。

（四）日常生活训练

利用日常生活环境及相关资源对儿童进行的训练称为日常生活训练。触觉功能训练在日常生活中也非常容易实施，比机构训练更便捷、灵活，如表 8-3 所示。

表 8-3　触觉功能日常生活训练方式

环境	干预项目	具体操作方法
家庭	翻滚	随意在床上、沙发、地毯甚至木质地板上翻滚。
	搓澡	家长用不同质地干湿毛巾等搓擦儿童全身，适当增加敏感部位的刺激。
	赤脚走路	儿童可以在地毯或地板上赤脚走路，也可以在海洋球或沙池中赤脚玩耍。
	亲子游戏	家长有意识地利用空余时间与儿童进行躯体接触的互动训练。
户外	沙池	户外活动时遇有沙丘或沙滩，可让儿童赤脚随意玩沙。
	草地	儿童在公园草坪、牧场、草地上翻滚滑行等。
	滑梯	儿童在小区滑梯上被动/助动/主动完成各种形式的滑行。

触觉刺激对神经系统产生影响大约发生在刺激后 30 秒内，具有一定的滞后性。在儿童可承受的范围内，触觉刺激的效果与刺激时长及强度成正比。所以，儿童触觉功能的训练需要有一定的刺激强度且维持足够的时长。

当然,个体差异问题也是儿童触觉训练不可回避的因素,不同儿童以及同一儿童的不同训练阶段,其触觉刺激的耐受力有较大的差异,需在实践中区别对待,分阶段推进,逐步提高训练水平。对于触觉过敏者,训练中的刺激强度应该由弱到强,逐步提高体肤的抗敏感性;对于触觉迟钝者,训练中的刺激强度需由强到弱,逐步提高体肤的敏感性。

二、前庭功能干预方法

前庭器官的适宜刺激是躯体运动产生的加速度,包括旋转加速度(角加速度)和直线加速度(躯体水平加速运动或上下加速运动),典型的事例如日常活动中的身体失衡、身体旋转、骤起急停等。所以,前庭功能训练内容有 3 个维度,即参训个体完成角加速度运动、直线加速度运动以及角加速度和直线加速度组合的运动,训练项目的设计和组织实施围绕这 3 个维度进行。角加速度运动可刺激 3 对半规管,训练设计需全面考虑。

(一)蹦蹦床游戏

训练目标:增加儿童前庭觉能力、手眼协调能力。

训练方法:训练师或家长握住孩子的双手,让孩子在蹦蹦床上跳跃起来,跳的同时配合着口令、音乐,增加孩子跳跃的兴趣。根据孩子的具体情况,可以在跳跃的基础上变换花样,比如跳跃+接球、跳跃+投球入网。训练师或家长应当配合表情或形体奖励,以激发孩子的信心和兴趣。

注意事项:练习时注意儿童情绪,如孩子有明显的抵触情绪不宜强行练习,待孩子情绪稳定后再尝试;教师做好帮助与保护。

(二)吊床

训练准备:吊床。

训练目标:通过刺激前庭,建立对方向感、空间感的感知。

训练方法:让儿童俯卧在吊床上(仰卧方向与吊床垂直),教师在一旁将吊床前后摆动起来,速度由慢逐渐到快;也可在儿童的前方地上放置一些毛绒玩具,前后摇晃时让幼儿拾取地上的玩具。

注意事项:保护儿童安全,防止滚出吊床。练习时注意儿童的感受,如果感到强烈的眩晕或不适,需要停止训练。

(三)滑板快快跑

训练准备:"小汽车"滑板一个、沙包若干。

训练目标:促进孩子的身体协调能力,促进前庭觉发展。

训练方法:儿童腹部伏趴在滑板上,引导其抬起头,双手或双脚用力让滑板滑动起来,一开始练习时,如儿童无法自己滑动,教师或家长可以用绳子拴住滑板帮其滑行;如儿童滑行较好,可以运送沙包或者儿童感兴趣的物品。

注意事项:要光滑、干净,避免有尖锐的物品,教师做好帮助与保护。

(四)日常生活训练

前庭训练刺激强度取决于加速度刺激的大小和时长。加速度越大、持续时间越长,训练强度就越大。训练中须从这两个方面调控训练的强度。一般而言,可以先采取刺激强度较小的方式,如荡摆、震动等,然后采取旋转、翻滚等刺激强度较大的方式,且逐步延长刺激时间。训练中,如果发现儿童出现眩晕、胃部不适等症状,可让儿童静息 2～3 分钟,休息后进行其他项目的训练,避免儿童对该项目产生恐惧或厌烦,如表 8-4 所示。

表 8-4　前庭功能日常生活训练方式

环境	干预项目	具体操作方法
家庭	前后翻滚	儿童在家长的陪同与帮助下在床上或软垫子上做前滚翻和后滚翻。
	坐滚	儿童坐床或地板上,双手扳双腿后仰,背滚至头颈部后自然返回,如此往复多次。
	转圈圈	家长和儿童面对面手牵手转圈圈。
	蹦床游戏	家庭可购置蹦蹦床,在家长的陪同下进行蹦床游戏。
户外	走直线	户外活动时遇有明显线条与马路埂、地砖缝线等,引导儿童在上面行走,锻炼儿童的平衡能力。
	儿童滑板车	滑板车有多种形式,可以从三轮到两轮滑板车。
	荡秋千	很多小区或公园内都配有秋千,家长可引导儿童荡秋千,并在一边辅助,可以逐渐增加高度。
	滑梯	儿童在小区滑梯上被动/助动/主动完成各种形式的滑行。

三、本体觉功能干预方法

本体觉训练对发展儿童的运动企划、提高动作的精细程度及不同肢体动作间的协调性有直接作用,它与前庭觉、视觉等感觉系统共同调控躯体平衡,并对儿童脑功能的发育、日常活动、学习活动以及成年后的工作产生广泛影响。训练分两个维度:位置觉训练和动觉训练、意识性本体觉训练和非意识性本体觉训练。

本体觉训练一般采取多种途径并行,最终以家庭训练为主。家长学习能力较强且问题并不严重的儿童,先以学校或机构的专业训练为主,家长参与专业训练、熟悉训练内容并掌握基本的技术后主要由家长承担训练。

(一)仰卧大笼球

训练准备:大笼球。

训练目标:促进儿童本体觉、触觉发展。

训练方法:教师将大笼球放在地上,辅助儿童仰躺在大笼球上,让儿童的背部、臀部、腿部都贴在大笼球上,然后教师握住孩子的腰部或大腿部,前后拉动,让其在大笼球上伴随大笼球的运动,前后或左右晃动。每次练习时间可根据儿童情况选择 5～10 分钟,每周练习 3～5 次。可配合其他动作同时开展。

注意事项:(1)要先让幼儿熟悉大笼球的重力感后再做此训练;(2)注意开始时动作不要太快,让孩子在大笼球上自己努力掌握平衡,以免孩子从大笼球上跌落下来;(3)儿童适应了大笼球的前后晃动后,可以进行前后、左右、快慢不断变换的晃动。

(二)接反弹球

训练准备:网球若干。

训练目标:提高儿童动作企划能力以及肢体协调能力。

训练方法:训练时,幼儿与教师相向站立,幼儿采用屈膝半蹲准备,教师根据幼儿接球的距离和空间,随意地扔球,教师控制球的力量和角度,最初练习时可以用稍微大一点的球,如网球。10 个球一组,组间给予充分的休息,每次 3~4 组,每周练习 3~5 次。可配合其他动作同时开展。

注意事项:(1)训练前请做一定的热身运动;(2)掷球的速度和力量根据幼儿对动作的熟练掌握情况和身体机能来灵活应用;(3)训练中请给孩子播放适当的音乐。

(三)日常生活训练

儿童本体觉功能的发展主要依赖日常生活的各种身体活动。对于自闭症儿童来说,加强室内外各种日常身体活动仍然是非常有效的训练途径,如表 8-5 所示。

表 8-5　本体觉功能日常生活训练方式

环境	干预项目	具体操作方法
家庭	跨越障碍物	可在家中摆放一些适合儿童高度的安全感障碍物,家长带领儿童做跨越障碍物练习,最初练习时注意保护儿童,防止摔伤。
	跳房子	在家中地板上画各种图形的房子,家长陪同儿童一起跳房子。
	抛接球	家长与儿童面对面,相互抛接球,也可以用儿童喜欢的毛绒玩具替代。
户外	倒走	户外活动时,家长与儿童一起倒走,由慢到快,防止摔倒。
	两人三足	户外活动时,家长与儿童靠近的两条腿绑在一起,进行两人三足行走或跑。
	骑自行车	家长教会儿童骑两轮自行车,熟练掌握后可以绕障碍"S"骑行。

本体觉基本原则是将训练强度逐步提高到一定水平,忌长时间低强度训练。所以,训练初期最好以低强度训练为宜,不出现生理疲劳,随儿童体能的提升而逐步提高或波浪式提高强度。儿童体质、体能恢复等身体素质存在差异,强度增加的幅度也应该因人而异,需在训练实践中摸索。

第三节　幼儿瑜伽

一、基本定义

幼儿瑜伽是一种符合儿童年龄特征的、有趣的、有价值的游戏活动,包括瑜伽体式、瑜伽游戏和瑜伽冥想。幼儿趣味瑜伽可以帮助增加身体弹性、改善个人姿势,能够有效地帮助孩子激活心肺功能,动静结合的体式能锻炼孩子前庭的平衡性,有效地提高他们的专注力,增强他们学习的能力。

在国内瑜伽治疗虽然还没有被广泛运用到自闭症患者治疗中,但国外的实践研究表明瑜伽对自闭症患者具有很好的影响力,包括认知能力、情绪控制、社会交流、行为协调、语言诱发等,被用作自闭症运动干预的手段之一。通过一段时间的瑜伽练习,自闭症儿童可以慢慢地学会集中精力,均匀呼吸,放松身心并提高协调性和平衡能力。同时,亲子瑜伽练习可以让孩子在运动中互动,在游戏中学会有耐心、互助、关爱、分享。

二、幼儿瑜伽活动课结构

幼儿瑜伽活动课的内容可以丰富有趣些,结构安排如表 8-6 所示。

表 8-6　幼儿趣味瑜伽活动课结构

课程结构	课程具体内容	时长/分钟
准备部分	采用不同方式进行热身	5
基本部分	体式练习	25
	瑜伽游戏	5
结束部分	放松身体	5

三、活动授课原则

幼儿趣味瑜伽活动秉承"安全、尊重、快乐"的原则,从体式上来说幼儿趣味瑜伽开放的动作更多,趣味性更强。并且随着年龄段的不同、体式时间长短的不同,瑜伽老师的语言要简单、直接易懂。

从教授方法上来说,幼儿趣味瑜伽更需要孩子们参与进来,形成互动,促进孩子与家长、看护者、教育者之间的健康关系,达到孩子身心健康发展。

四、活动方式

(一)基本体式

1. 山式

动作要领:站立,双脚并拢,大脚趾相触。双脚深深踩实地面;收紧大腿肌肉,使它们稳定和竖直;腹部内收,延展脊柱,让腹部皮肤延展舒适;胸腔上提,双肩向后向下沉,肋骨内收,手指指尖向地面;颈部和头部向后向下,头顶指向天花板;眼睛向前看,正常呼吸。

注意事项:双脚都应当均匀地放在地面上。

练习益处:延展脊柱,纠正不良体态。

2.太阳式

动作要领:山式站立,整个躯干垂直地面;吸气抬起双手臂向上,手掌心相对。眼睛目视指尖。再次保持自然呼吸;呼气,双臂还原体侧。

注意事项:向上伸展手臂时,双腿不受打扰。身体不向前或向后倾斜。

练习益处:伸展身体,可以刺激脊柱,活化神经,增强幼儿自信和愉悦感。

3.月亮式

动作要领:山式站立,整个上半身垂直地面;抬起右手臂向上。左臂不动;最大程度侧弯上半身向左侧,向远处延展右手指尖,保持3次自然呼吸;慢慢回到正中,左边同理。左右两侧各练习3次。

注意事项:上身与下肢保持同一垂直面,防止脊椎向前弯曲。

练习益处:纠正脊柱侧弯,加强消化系统功能。

4.星星式

动作要领:山式站立,整个躯干垂直地面;两臂侧平举,手掌心正对地面;双脚跳成与肩同宽距离,脚趾指向正前方。眼睛正视前方,胸前上提;跳回且手臂还原身体两侧。

注意事项:肩膀向下沉。向上延展脊柱。

练习益处:扩张胸部,改善呼吸功能。

5.树式

动作要领:山式站立,将重心转移至右脚,弯曲左腿同时脚底来到大腿内侧;抬高手臂向上,双手头顶合十,沉肩;落回手臂和腿,反方向练习。

注意事项:头后侧、身体后侧、臀部、大腿后侧向后用力,身体垂直于地面,脊柱向上延展。

练习益处:提高平衡能力及专注力。

6. 猫式

动作要领:四角板凳状跪立于垫子,打开双腿大约骨盆宽,骨盆和膝盖垂直,双手置放于双肩正下方;吸气推臀部向后,塌腰,打开胸腔且眼睛看向前方;呼气,从尾骨到腰椎到胸椎到颈椎一节节圆背;吸气呼气配合进行 5 轮练习。

注意事项:手掌尽量张开,手指压实垫子,身体内收时,要尽量向内收起肩膀,弓起腰背。

练习益处:柔软背脊,修正驼背的情况。

7. 狗式

动作要领:四角板凳状跪立于垫子。打开双腿大约骨盆宽,骨盆和膝盖垂直,双手置放于双肩正下方;吸气,臀部抬起,伸直双腿膝盖,手掌和脚掌紧贴地面。手臂和后背成一条线,尾骨指向天花板;呼气,看向肚脐眼;保持 3~5 个呼吸,每次吸气时,腰背往下压,臀部向上提拉;吸气,呼气弯曲膝盖,还原跪坐在垫子上。

注意事项:双手双脚压实垫子。注意腿部、腰背部、手臂都处在一个平直的状态。

练习益处:训练腹肌、背肌、肩膀和手臂力量。

8. 老鼠式

动作要领:背部立直,臀部坐于脚跟;吸气,随着呼气上半身缓慢向前,将整个上半身贴靠在大腿上。双手掌心向下压实垫子,前额触地,双臂逐渐向前伸直;在此保持 5 个呼吸;吸气,呼气回正。

注意事项:臀部不要抬离脚后跟。

练习益处:帮助放松身体,舒缓情绪。

9. 桌子式

动作要领:坐立双腿在前,同时保持脊柱直立,双手掌心在大腿两侧且掌心向下压实于垫子;弯曲双腿,脚跟靠近臀部,将双手置于臀部后侧且手指尖指向正前方吸气抬高臀部向上,然后抬离上半身,眼睛看向膝盖。收紧核心肌肉且在此保持自然呼吸;呼气落回臀部然后上半身落,最后头回正。

注意事项:打开胸腔和锁骨。收紧臀部和腹部,手指指向正前方。

练习益处:增强手臂力量,扩张胸腔,提高核心力量。

10.毛毛虫式

动作要领:俯卧,双臂在身体两侧掌心向下,下巴点地;勾脚趾提臀部向上,尾骨指向天花板;将身扭动向前移动。

注意事项:腹部内收保护腰椎。

练习益处:增强全身的力量和协调性。

(二)瑜伽游戏

1.游戏名称:小猫过山洞

游戏目的:训练腹肌、背肌,提高肩膀和手臂力量,塑造优美体态。

游戏方法:分成 A、B 两组,A 组的儿童做成小狗式,变成山洞;B 组做成小猫式,穿过山洞。

游戏规则:A 组的小朋友整齐做好小狗式(踮起脚后跟),B 组的小朋友采用猫式爬行,穿过 A 组小朋友的山洞,绕一圈,回到自己的瑜伽垫。

注意事项:保持安全距离,做狗式儿童的背保持直立。

2.游戏名称:神奇的小桌子

游戏目的:增加身体的协调性、灵活性、本体感。

游戏方法:在桌子式基础上进行,按照教师口令提示,手脚协调向前移动,向后移动,向左向后横向移动。

游戏规则:听老师引导,向左右前后爬。

注意事项:爬行过程中方向要保持一致,爬行时间不宜过长。

3.游戏名称:快乐变变变

游戏目的:锻炼孩子的反应能力、专注力、身体协调能力。

游戏方法:老师念出一个体式名称,儿童做出动作(老师示范动作)。

游戏规则:儿童站在自己的垫子上,认真听老师讲。

注意事项:注意观察儿童游戏过程中的情况,体式间隔时间比普通儿童稍长,老师可以提示动作要领。

教学益处:锻炼孩子的反应能力、专注力、身体协调能力。

第四节　教学设计案例

案例 1

活动名称	小猫运粮
动作训练领域	移动性动作技能
训练目的	幼儿手指抓握能力、四肢协调能力及爬的动作技能得到提高； 在活动中了解游戏规则； 体验活动中的乐趣。
场地器材	3 米×15 米的平坦空地,垫子若干,小沙包 3 个,音响
练习方法	1.在空地铺上垫子,其中一端为起点,另一端为终点,并放置 3 个沙包。 2.教师播放舒缓音乐,儿童在垫子上滚来滚去,舒展身体,老师可以一起参与,和儿童互相碰撞身体,放松情绪。 3.老师示范整个练习过程。 动作方法:幼儿双手支撑于垫上,双膝下跪,大腿、手臂与地面垂直,躯干与地面平行,呈跪撑姿势,手和膝着地爬过约 10 米长的垫子,将终点放置的小沙包拿在手中再爬回来并放到起点,将全部沙包拿到起点算一组,共完成 3~5 组。最初练习时,老师可以与儿童一起进行练习,并协助其完成整个练习。儿童完成练习后教师要给予适当的鼓励或奖励。
注意事项	1.沙包的选择要柔软,大小要适宜; 2.练习过程中可以用儿童感兴趣的物品引导爬行。
活动延伸	难度升级:在爬行过程中,可通过翻越障碍、钻栏架、调整垫子的宽度等方法调整爬行的难度;在此基础上可进行手脚着地爬练习
亲子活动	家长可以与儿童在床上、地板上进行爬行比赛。
动作发展目标	短期目标:能够明白规则,独立完成爬行练习。 中期目标:能够掌握手脚着地爬,并能爬越一定高度和坡度的障碍物。 长期目标:生活中遇到障碍物时,自己会运用不同姿势的攀爬动作。

案例 2

活动名称	小小建筑师
动作训练领域	移动性动作技能
训练目的	1. 发展儿童的快速奔跑能力及耐力； 2. 激发儿童参与跑动兴趣，培养儿童意志品质； 3. 经过一段时间训练，能够遵守游戏规则。
场地器材	平坦空地，白板一块，磁性积木若干，音响一只
练习方法	1. 在音乐伴奏下，教师带领儿童做原地抬腿，配合摆臂动作。如果儿童出现同手同脚，教师握住儿童手臂纠正错误动作，进行语言和肢体鼓励。 2. 空旷场地上设置 2～3 条跑道并设置起点、终点，起点处放一面白板，起点与终点相距 10 米。 3. 教师向儿童介绍积木（3～5 块），并引导儿童在白板上搭建积木。2 分钟后，教师将所有积木放到终点。最初练习时，教师带领儿童快速跑到终点拿一块积木贴在白板上，然后再依次跑到终点取剩余积木。 4. 最初练习时，儿童每完成一次练习后教师要给予适当的鼓励或奖励。
注意事项	1. 儿童穿着舒适运动鞋； 2. 根据儿童体能情况设置距离和积木个数； 3. 跑动中，儿童要抓住积木，不让积木中途落下； 3. 练习中及时给予帮助与鼓励。
活动延伸	难度升级：可以在跑道上放置一些障碍物，增加游戏难度，如绕障碍"S"形跑、钻越障碍物等。
亲子活动	1. 引导父母利用周末或者空闲的时间带领儿童进行走、跑、跳等基本动作的练习； 2. 鼓励家长带领儿童步行上下学，利用碎片化时间进行体育锻炼。
动作发展目标	短期目标：能够动作较协调地完成直线快速跑。 中期目标：能够完成不同运动形式的跑，如变速跑、倒退跑、绕杆跑。跑动时动作协调，手臂摆动自然。 长期目标：跑步中控制身体稳定，提高快速奔跑能力。

案例 3

活动名称	跳跃风火轮
动作训练领域	移动性动作技能
训练目的	训练幼儿的协调能力及双脚连续跳的动作技能; 培养儿童良好的意志品质; 经过一段时间训练,能够遵守游戏规则。
场地器材	平坦空地,体能环若干,音响一只
练习方法	1. 音乐伴奏下,教师当车头,儿童紧抓住教师衣物跟在身后进行绕圈慢跑,也可以让儿童当车头。 2. 儿童跟随老师原地蹲起和开合跳练习。开合跳分为左右和前后开合。如果儿童不能独立完成,教师握住双手帮助完成动作。通过一段时间练习后,教师逐渐放手让儿童独立完成。 3. 体能环呈"双—单—双—单"地向前排列成 5 米左右长度,"双"为分腿跳、"单"为并腿跳,体能环的一端为起点,另一端为终点。幼儿跳跃时双手可叉腰,也可协调摆动。跳跃时需注意连贯,前脚掌着地,着地时间要尽可能缩短。幼儿从起点开始跳到终点,途中不得离开或踩到体能环。 4. 最初练习时,腿部力量较弱的儿童无法双脚跳时,可以先在教师帮助下完成原地跳跃,再到开合跳,最后借助体能环进行练习。儿童完成练习后教师要给予适当的鼓励或奖励。
注意事项	1. 儿童穿着舒适运动鞋。 2. 根据儿童跳跃能力,采用难度适中的训练方法。 3. 练习中及时给予帮助与鼓励。
活动延伸	难度升级:可以连续跳跃一定高度的软垫,跳到软垫上后再跳到地面,再跳到软垫上,依次进行;采用灵敏梯,儿童站在灵敏梯一端,双脚向右横向跳跃每一格。 难度降级:当幼儿难以完成向前开合跳时,教师可带领幼儿完成原地开合跳。
亲子活动	家长可以和儿童一起模仿小兔跳和青蛙跳,增强下肢力量及协调性。
动作发展目标	短期目标:独立双脚连续跳、开合跳等。 中期目标:双脚能够跳上一定高度的物体并能安全落地。 长期目标:双脚跳跃时手臂能够协调用力,自己会运用不同的跳跃姿势跳跃障碍物。

案例 4

活动名称	快乐搬运工
动作训练领域	操控性动作技能
训练目的	发展儿童的肢体力量与平衡能力； 体验合作搬物体的方法并积累经验； 经过一段时间训练，能够遵守游戏规则。
场地器材	平坦空地，轮胎若干，音响一台
练习方法	1.在平坦场地上设置起点和终点，起点处将轮胎紧密排成一排，轮胎个数根据儿童动作能力设定。 2.在音乐伴奏下，教师带领儿童绕轮胎进行慢跑热身和徒手操。 3.儿童站在第一个轮胎上，沿着边缘慢慢往前走，平衡力较好的儿童可以采用跨越方式；无法独自行走的儿童，教师牵着儿童帮助通过独木桥。 4.教师引导儿童双手翻滚轮胎，将轮胎翻滚到终点，也可以将轮胎竖立滚动。 5.最初练习时，儿童每完成一次练习后教师要给予适当的鼓励或奖励。
注意事项	1.儿童穿着舒适运动鞋。 2.根据儿童体能情况设置轮胎个数和距离。 3.对于上肢力量较弱的儿童，教师要给予适当的帮助，但不可替代儿童完成翻滚轮胎的动作。 4.练习中及时给予帮助与鼓励。
活动延伸	难度升级：可以用绳子系住轮胎，儿童用双手拉住绳子拖运轮胎。 难度降级：教师将轮胎竖立，儿童慢慢滚动轮胎。
亲子活动	1.父母利用空闲时间带儿童做一些悬垂练习，尤其是让爸爸与孩子一起参与。 2.鼓励家长日常生活中让儿童多动手，如拎包、搬运物品。
动作发展目标	短期目标：能够独自完成慢慢滚动轮胎。 中期目标：能够完成滚动及翻滚轮胎，动作有力协调。 长期目标：上肢力量得到明显提高，能基本达到该年龄段上肢力量标准。

案例 5

活动名称	玩转瑞士球
动作训练领域	操控性动作技能
训练目的	发展儿童的全身协调用力及双手抛能力； 激发儿童参与体育活动的兴趣,促进社会交往能力； 儿童逐渐理解动作指令,遵守练习规则。
场地器材	空旷的平坦场地,瑞士球若干,障碍标志物若干,音响一只
练习方法	1.在音乐伴奏下,教师带领儿童绕障碍标志物慢跑、根据儿童动作能力可以结合倒退跑、"S"形绕障碍跑等热身活动,结束后教师带领儿童做活动热身操。 2.在空旷场地上,教师带儿童熟悉瑞士球,可让儿童拍一拍或抱一抱,减少陌生感。教师与儿童面对面相距 5 米,教师示范动作,采用双手将球推滚到儿童面前,然后要求儿童尝试将球再推给老师,如儿童无法按指令操作,教师握住双手将球推滚出去。 3.推滚球练习后,进行双手上抛瑞士球。 动作要领:双手捧着球,半蹲,双手伸直把瑞士球向下引,随后双腿快速进行蹬起,双手用力向前抛球,距离越远越好。 4.最初练习时,儿童每完成一次练习后教师要给予适当的鼓励或奖励。
注意事项	1.儿童穿着舒适运动服及运动鞋。 2.瑞士球大小要适合该年龄段儿童。 3.向上抛,教师要做好保护,防止儿童垂直上抛后掉下砸到儿童。 4.练习中及时给予帮助与鼓励。
活动延伸	难度升级:(1)儿童面向足球门,采用双手或单手推滚方式将球推滚至球门内;(2)儿童双手持球,半蹲,双手向下引球,随后双腿快速蹬地,双手用力向上抛球,高度越高越好。 难度降级:用排球或沙包代替瑞士球进行前抛和上抛练习。
亲子活动	1.父母利用周末或空闲时间带领儿童进行拍球、抛球、踢球、丢沙包等游戏活动。 2.父母带领儿童进行家务劳动,如扫地、擦桌子,利用家务劳动时间训练儿童操作技能。
动作发展目标	短期目标:能够跟着教师完成各种路线的推滚球练习。 中期目标:推球、抛球动作协调,手臂摆动自然。 长期目标:抛、投物体时,动作流畅,基于任务要求能够做出调整动作。

案例 6

活动名称	穿越烽火线
动作训练领域	稳定性动作技能
训练目的	训练幼儿的本体控制力、协调性及翻滚的动作技能； 发展儿童身体的平衡、稳定能力； 激发儿童参与体育活动的兴趣,促进社会交往能力。
场地器材	平坦空地,体操垫若干,梅花桩若干,音响一只
练习方法	1.在音乐伴奏下,教师带领儿童绕场地慢跑,逐渐放慢速度,直至走路。 2.教师提起脚后跟,打开双臂上下摆动,带领儿童慢慢绕场地行走。此时,如果儿童无法模仿动作,教师帮助儿童纠正动作,让其体验踮脚动作后继续练习。 3.场地上放置若干梅花桩摆成一条直线,两者之间相距30~50厘米,儿童依次走过所有梅花桩。教师示范练习过程,能力较好的儿童可以采用"一步一桩"通行,能力较弱者可"两步一桩",教师在旁边给予鼓励、帮助与保护。 4.教师和儿童共同横向平躺在垫子一端,双手向头顶合掌伸直,手臂紧贴于耳,双腿并拢,沿着垫子向另一侧滚动。在滚动过程中尽量成一条直线,不要超出垫子范围。两侧不同方向翻滚轮换进行,以免头晕。如果儿童独自滚动,教师帮其进行翻滚,开始可以进行短距离翻滚,以免引起不适。坐在垫子上进行拉伸练习。 5.儿童每完成一次练习教师要给予适当的鼓励或奖励。
注意事项	1.儿童穿着舒适运动服及运动鞋。 2.走梅花桩时,教师时刻在旁边给予保护,防止摔伤。 3.垫上翻滚练习时,根据儿童实际情况设置翻滚距离。 4.练习中及时给予帮助与鼓励。
活动延伸	难度升级:(1)踮脚走路可设置沿直线行走;(2)梅花桩练习可将梅花桩摆放成"Z"字形路线。 难度降级:梅花桩练习可以用走平衡木替代。
亲子活动	家长带领儿童进行户外活动时,多与孩子做一些可以发展儿童平衡性的亲子活动,如"金鸡独立"、"大雁飞"、踮脚走路比赛及倒退行走等。
动作发展目标	短期目标:能够跟着教师完成各种基础动作。 中期目标:能够独立完成各项动态平衡练习,如走平衡木、梅花桩、荡桥等练习。 长期目标:练习时能够利用手臂保持平衡,根据练习要求,身体做出调整动作。

案例 7

活动名称	小小神射手
动作训练领域	操控性动作技能
训练目的	训练幼儿的空间判断能力及踢的动作技能； 激发儿童参与体育活动的兴趣,促进社会交往能力的发展;
场地器材	平坦空地,球门一只,足球若干,跳跳球一个;音响一只
练习方法	1.在音乐伴奏下,教师带领儿童绕障碍标志物慢跑,根据儿童动作能力可以结合倒退跑、"S"形绕障碍跑等热身活动,结束后教师带领儿童做球操。 2.将球用绳子拴住,教师将球放在脚背前方,示范踢球动作。然后在儿童前方约一臂距离处举起跳跳球,球体略高于儿童脚踝。引导儿童,踢球时摆动腿由后向前摆动,用脚背踢球。 3.将跳跳球换成足球,教师把球放在距离球门5米的标志线上,原地将球踢向小足球门,引导儿童踢球腿向后摆再踢,如儿童无法理解动作,教师协助儿童完成摆腿踢球动作,并及时给予奖励。 4.教师与儿童相距5米面对面站立,进行面对面传接球。最初练习时,教师传球时球速慢一些,儿童可用脚的任何部分将球拦截停下,这主要锻炼儿童的空间判断能力。 5.儿童每完成一次练习后教师要给予适当的鼓励或奖励。
注意事项	1.儿童穿着舒适运动服及运动鞋。 2.踢跳跳球时,教师调整好球的位置,让儿童能够踢到球。 3.射门时,儿童踢进球门,教师与儿童共同庆祝,用教师的兴奋情绪感染儿童。 4.练习中及时给予帮助或鼓励。
活动延伸	难度升级:(1)左右脚交替踢悬吊球;(2)足球射门时,可采用助跑。
亲子活动	家长利用周末或者空闲时间带领儿童进行拍球、抛球、踢足球、打篮球等游戏活动。
动作发展目标	短期目标:能够跟着教师完成各种基础动作练习,如原地踢球或者拍球。 中期目标:能够独立完成跑动中踢球射门或者双手投篮等基本技能。 长期目标:经过训练,儿童能够较熟练掌握踢球及拦截球的动作和方法,动作协调,空间判断力有明显提高。

案例 8

活动名称	儿童瑜伽
动作训练领域	基本动作技能
训练目的	提高儿童平衡协调能力、柔韧性及增强四肢及躯干力量； 提高儿童专注力； 培养儿童参与体育活动的愉悦情感体验。
场地器材	瑜伽垫两块,音响一台
练习方法	1.在轻音乐伴奏下,教师带领儿童教室内踮脚慢走,打开双臂像小鸟翅膀一样上下摆动。 2.教师与儿童面对面站立在瑜伽垫上,教师用幼儿能接受的语言讲解动作、方法。 3.月亮式动作要领:站立,身体垂直于地面,抬高一只手臂向上,最大程度向另一侧侧弯,保持自然呼吸。 4.星星式动作要求:两腿分开与肩膀同宽,两臂侧平举,保持 10 秒左右,练习 2～3 次。教师可用五角星来讲动作要领,手脚和头部分别代表五个角。 5.桌子式动作要领:坐立,弯曲双腿,脚跟靠向臀部,双手支撑身体后两侧,吸气抬高臀部,然后抬离上身,使大腿和身体成一水平面,眼睛看膝盖。教师可借助桌子图片讲解动作,桌子本身有 4 条腿,儿童的手脚代表 4 条腿,躯干代表桌面。 6.椅子式:坐立,双腿在前,脊柱直立,双臂向上举直保持 10 秒左右,该动作教师可与儿童背对背进行练习。 7.以上练习完成时老师与儿童面对面站立,握住儿童双手,轻轻抖动两臂帮其放松,如果儿童配合度较好可以躺在垫子上冥想。 8.儿童每完成一次练习后教师要给予适当的鼓励或奖励。
注意事项	1.儿童穿着舒适运动服,赤脚练习,温度较低时注意保暖。 2.最初开始练习时切不可对儿童动作要求苛刻,以培养儿童专注力为主。 3.体式尽量简单,教师体式讲解易懂,富有童趣。
活动延伸	瑜伽体式动作根据儿童身体能力,训练前期主要引导儿童参与活动,后期可对动作准确性提出要求。
亲子活动	家长可以带领儿童进行一些基本体操、幼儿韵律操以及"照镜子"等游戏活动,提高儿童动作模仿能力和专注力。
动作发展目标	短期目标:训练时常出现不跟教师进行体式练习现象。 中期目标:训练时能够跟着教师完成基础体式练习,偶尔出现不跟教师进行体式练习现象。 长期目标:儿童能够跟着教师较好完成练习,动作协调,与教师有一些简单的互动,关注练习动作时间增加。

案例 9

活动名称	大球小球对对碰
动作训练领域	感觉统合能力
训练目的	提高儿童控制肢体或动作的前后顺序、力道大小、速度快慢能力； 促进儿童注意力、肢体协调与人际互动提升； 培养儿童参与体育活动的愉悦情感体验。
场地器材	大笼球一只，羊角球一只，气排球一只，音响一只
练习方法	1.在音乐伴奏下，教师带领儿童做韵律操，动作简单，每个动作做两个八拍。 2.在教室软垫上，教师手持大笼球，儿童手持羊角球，儿童用羊角球撞碰大笼球，教师躲避，练习一段时间后，两人可以进行角色互换。 3.教师与儿童面对面站立，教师手持气排球，将球抛给儿童，儿童用双手将球接住，如果儿童能轻松接住对面抛过来的球，可以进行接反弹球练习。对于反弹球的速度和力量，教师可以根据儿童的能力进行调整。 4.教师将大笼球放在地上，辅助幼儿仰躺在大笼球上，让幼儿的背部、臀部、腿部都贴在大笼球上，然后教师握住孩子的腰部或大腿部，前后拉动，让幼儿在大笼球上伴随大笼球的运动前后或左右晃动。此时，若儿童有抵抗情绪不可强求，待他们情绪调整后再尝试。 5.儿童每完成一次练习教师要给予适当的鼓励或奖励。
注意事项	1.儿童穿着舒适运动服及运动鞋。 2.大球小球对碰时，教师力度把控好，防止儿童摔倒。 3.仰卧大笼球要在软垫上进行，教师握紧儿童避免其从上面掉下去。
活动延伸	难度升级：接反弹球练习时，可将气排球换成较小体积的球，如幼儿篮球、网球等。 难度降级：如果儿童无法接对面抛过来的球，可以先进行自抛自接练习。
亲子活动	家长可以利用周末或者空闲时间与孩子一起进行拍球，互相丢接气球、手球、篮球以及摇晃运动；生活中与儿童之间进行抛接物品，比如将枕头、衣服等采用扔接方式传给儿童。
动作发展目标	短期目标：儿童能够伸出双臂接对面抛过来的物体。 中期目标：儿童可以根据物体的远近调整两脚和手臂的位置。 长期目标：控制肢体或动作的前后顺序、力道大小、速度快慢，能够与教师有一些简单的互动。

案例 10

活动名称	快乐蹦蹦蹦
动作训练领域	感觉统合能力
训练目的	提高儿童前庭觉功能; 培养儿童参与体育活动的愉悦情感体验; 激发儿童参与体育活动的兴趣,促进社会交往能力。
场地器材	蹦蹦床一台,音响一只
练习方法	1.在音乐伴奏下,感统训练室内教师带领儿童绕障碍标志物慢跑,做热身操。 2.如此反复弹跳,逐步减少对儿童的助举及身体平衡扶持。 3.起初,教师与儿童面对面站立在蹦床上,双手放在儿童腋下,在儿童从半蹲位跳起时给予助举,儿童在教师扶持下完成从下蹲、弹跳到回落的完整过程,重新计划好后再进行下一次完整的练习。如此反复多次后进行连续蹦跳:儿童连续蹦跳 3~4 次后稍休息,交流总结,然后再进行同样次数的操练,若干循环后,逐步增加每一循环连续蹦跳的次数。该训练中教师的扶持力度需较大,以确保儿童动作规范、过程流畅。 4.儿童独立完成蹦跳后,可以进行多种形式的蹦跳。如左右前后跳、双脚交替跳、转体跳等。 5.儿童每完成一次练习教师要给予适当的鼓励或奖励。
注意事项	1.儿童穿着舒适运动服,赤脚。 2.教师协助儿童蹦跳时,便儿童离床面有足够的高度,同时协助儿童保持身体平衡。 3.上下蹦床时,教师给予保护,防止身体失衡摔倒。 4.训练初期一些儿童需要特别的心理支持,以减少失衡的恐惧感,增加参与训练的自信心。
活动延伸	难度升级:儿童在闭眼情况下进行上述各种方式的蹦跳,可以在多个蹦床之间来回蹦跳。 难度降级:如果儿童无法完成协助蹦跳练习,可以握住儿童双手,教师在蹦床上弹跳,带动儿童被动弹跳。
亲子活动	在日常生活中也可以广泛开展,如在地毯或床上进行卧滚、坐滚、原地转圈等活动;可以借助小区道路两边的埂、社区常用健身器材以及游乐园里的滑梯等设备进行练习。
动作发展目标	短期目标:儿童能够独自完成在蹦蹦床上的原地蹦跳练习。 中期目标:儿童能够完成各种形式的蹦床练习,如双脚交替跳、转体跳等。 长期目标:日常生活中,儿童身体平衡能力和姿势控制能力有明显改善,与教师能够有眼神上简单的交流互视。

附　录

附录 1　自闭症行为量表（ABC量表）

项　目	评　分				
	感觉	交往	运动	语言	自理
1.喜欢长时间自身旋转。			4		
2.学会做一件简单的事，但很快就忘记。					2
3.经常不能注意到社交范围或外界环境的讯息。		4			
4.不能执行只说一遍的简单指令（如坐下、过来、起来等）。				1	
5.不适当地玩玩具（如转动车轮等）。			2		
6.学习时视觉辨别能力差（专注于物体的部分特征，如大小、颜色、位置）。	2				
7.缺少交往性微笑（可能有与外界无关的自笑）。		2			
8.代词运用颠倒或混乱（"你""我"分不清）。				3	
9.坚持随身携带某种物品。			3		
10.似乎听不见（尽管听力检查正常）。	3				
11.说话不合音调、无节奏。				4	
12.长时间摇摆身体。			4		
13.当别人伸手时，他伸不出手来（或幼儿时曾经有此表现）。		2	2		
14.对常规或外界环境的微小变化有强烈反应。					3
15.当与其他人一起被叫到名字时，对自己的名字没有反应。				2	

续表

项　目	评　分				
	感觉	交往	运动	语言	自理
16. 经常做出前冲、旋转、脚尖行走、手指轻掐轻弹等动作。			4		
17. 对其他人的面部表情没有反应。		3			
18. 说话时很少用"是"或"我"等词。				2	
19. 有某一方面的特殊能力,似乎与智力低下不相符合。					4
20. 不能执行含有简单介词的指令(如"把球放在盒子里")。			4		
21. 有时对巨大的响声没有"惊跳反应"。		3			
22. 经常拍手(或有其他自我刺激的行为)。			4		
23. 大发脾气或经常发点小脾气。					3
24. 主动回避与别人的眼光接触。		4			
25. 拒绝别人的接触或拥抱。		4			
26. 有时对疼痛刺激(如割伤、注射、擦伤)没有反应。	3				
27. 身体僵硬、很难抱住(或幼儿时曾经有此表现)。		3			
28. 当抱着他时,感到他的肌肉松弛(即他不紧贴抱他的人)。		2			
29. 想要什么东西时,以手势表示。				2	
30. 用脚尖走路。			2		
31. 用咬人、撞人、踢人等行为伤害他人。					2
32. 一遍一遍地重复短句。				3	
33. 游戏时不模仿其他儿童。		3			
34. 当明亮的光线直接照射眼睛时,常常不眨眼。	1				
35. 以咬手、撞头等行为自伤。			2		
36. 不能延迟满足需求(想要什么东西就马上要得到)。					2

续表

项　目	评　分				
	感觉	交往	运动	语言	自理
37.不能指出 5 个以上被叫到名称的物体。				1	
38.不能发展任何友谊。		4			
39.有许多声音的时候,常常捂着耳朵。	4				
40.经常旋转、碰撞物体。			4		
41.在如厕训练方面有困难。					1
42.一天只能用 5 个以内的自发的词语来表达需求。				2	
43.经常受到惊吓或非常焦虑不安。		3			
44.在自然光线下眯眼、皱眉或遮住眼睛。	3				
45.没有别人频繁的帮助,就不会自己穿衣服。					1
46.一遍遍地重复一些声音或词。				3	
47.盯着人看,好像要看穿似的。		4		4	
48.重复别人的问话或说话。					2
49.经常察觉不到所处的环境,并且可能意识不到危险情况。					4
50.特别喜欢摆弄和专注于无生命的物体。	3		3		
51.对周围东西喜欢嗅、摸或尝。	3	3			
52.对生人常无视觉反应(对来人不看)。			4		
53.有复杂的仪式行为(如把东西排成一排等)。			4		
54.非常有破坏性(如玩具、家庭物品很快就被弄坏)。			2		
55.在两岁半以前就发现孩子发育落后。					1
56.在日常生活中使用 15 个以上、30 个以下的短句进行交流。				3	
57.长时间地凝视前方空间。	4				
总分:					

附录2 克氏自闭症行为量表(CABS量表)

项目	行为表现	从不	偶尔	经常
1	不易与别人混在一起玩			
2	听而不闻,像是聋子			
3	教他学什么,他强烈反对,如拒绝模仿说话或动作			
4	不顾危险			
5	不能接受日常习惯的变化			
6	以手势表达需要			
7	莫名其妙地笑			
8	不喜欢被人拥抱			
9	不停地动,坐不住,活动量过大			
10	不望对方的脸,避免视线接触			
11	过度偏爱某些物品			
12	喜欢旋转的东西			
13	反复怪异的动作或玩耍			
14	对周围漠不关心			

注:该量表为适合家长使用的简易行为评定量表,家长根据孩子最近1个月的情况进行填写。"从不"——指此行为从未有过;"偶尔"——此行为有时出现,但频率不高(每周几次);"经常"——此行为几乎每天出现,引人注目。

用表说明:

(1)用于自闭症儿童的筛查。

(2)由14项组成,行为出现频率分"从不""偶尔"和"经常"三级。分别评分为"0""1""2"。

(3)累分≥14分且"从不"≤3项,"经常"≥6项者,可能为自闭症,分数越高,可能性越大。

(4)该表灵敏度高,但特异度不高(即易发现,但又不准确)。

附录 3　儿童自闭症评定量表（CARS 量表）

测量项目	具体表现	程度	得分
人际关系	与年龄相符的害羞、自卫及表示不同意或家人诉说的或观察到的一些轻微的害羞、烦躁、困扰，但与同龄孩子相比程度并不严重。	与年龄相当	1
	缺乏一些眼光接触，不愿意、回避、过分害羞，对检查者反应有轻度缺陷，有时过度依赖父母。	轻度异常	2
	有时儿童表现出孤独冷漠，引起儿童注意要花费较长时间和较大的努力，极少主动接触他人，常回避人，要使劲打扰他才能得到反应。	中度异常	3
	强烈地回避，总是显得孤独冷漠，毫不理会成人所作所为，儿童对检查者很少反应，只有检查者强烈地干扰，才能产生反应。	严重异常	4
模仿（词和动作）	与年龄相符的模仿。	与年龄相当	1
	大多数时间内能模仿简单的行为，偶尔在督促下或延迟一会儿能模仿。	轻度异常	2
	部分时间能模仿，但常在检查者强烈的要求下才模仿。	中度异常	3
	很少用语言或运动模仿别人。	严重异常	4
情感反应	与年龄、情境相适应的情感反应（愉快、不愉快）和兴趣，通过面部表情姿势的变化来表达。	与年龄相当	1
	偶尔表现出某种不恰当的情绪类型和程度，有时反应与客观环境或事物毫无联系。	轻度异常	2
	不适当的情感的示意，反应相当受限或过分，或往往与刺激无关。	中度异常	3
	对环境极少有情绪反应，或反应极不恰当。	严重异常	4
躯体运用能力	与年龄相适应的利用和意识。	与年龄相当	1
	躯体运用方面有点特殊——进行某些刻板运动，笨拙，缺乏协调性。	轻度异常	2
	有中度特殊的手指或身体姿势功能失调的征象，摇动，旋转，手指摆动，脚尖走。	中度异常	3
	上述所描述的情况严重而广泛地发生。	严重异常	4

续表

测量项目	具体表现	程度	得分
与生命物体的关系	适合年龄的兴趣运用和探索。	与年龄相当	1
	轻度地对东西缺乏或不适当地使用物体,像婴儿一样咬东西、猛敲东西,或者迷恋于物体发出的吱吱声或不停地开灯、关灯。	轻度异常	2
	对多数物体缺乏兴趣或表现有些特别,如重复转动某件物体,反复用手指尖捏起东西,旋转轮子或对某部分着迷。	中度异常	3
	严重的对物体的不适当的兴趣、使用和探究,如上边发生的情况频繁地发生,很难使儿童分心。	严重异常	4
与环境变化的适应	对改变产生与年龄相适应的反应。	与年龄相当	1
	对环境改变产生某些反应,倾向维持某一物体活动或坚持相同的反应形式。	轻度异常	2
	对环境改变出现烦躁、沮丧的征象,当干扰他时很难被吸引过来。	中度异常	3
	对改变产生严重的反应,假如坚持把环境的变化强加给他,儿童可能逃跑。	严重异常	4
视觉反应	适合年龄的视觉反应,与其他感觉系统是整合方式。	与年龄相当	1
	有时必须提醒儿童去注意物体,有时全神贯注于"镜象",有的回避眼光接触,有的凝视空间,有的着迷于灯光。	轻度异常	2
	经常要提醒他们正在干什么,喜欢观看光亮的物体,即使强迫他,也只有很少的眼光接触,盯着看人,或凝视空间。	中度异常	3
	经常要提醒他们正在干什么,喜欢观看光亮的物体,即使强迫他,也只有很少的眼光接触,盯着看人,或凝视空间。	严重异常	4
听觉反应	适合年龄的听觉反应。	与年龄相当	1
	对听觉刺激或某些特殊声音缺乏一些反应,反应可能延迟,有时必须重复声音刺激,有时对大的声音敏感,或对此声音分心。	轻度异常	2
	对听觉不构成反应,或必须重复数次刺激才产生反应,或对某些声音敏感(如很容易受惊、捂上耳朵等)。	中度异常	3
	对声音全面回避,对声音类型不加注意或极度敏感。	严重异常	4

续表

测量项目	具体表现	程度	得分
近处感觉反应	对疼痛产生适当强度的反应,正常触觉和嗅觉。	与年龄相当	1
	对疼痛或轻度触碰、气味、味道等有点缺乏适当的反应,有时出现一些婴儿吸吮物体的表现。	轻度异常	2
	对疼痛或意外伤害缺乏反应,比较集中于触觉、嗅觉、味觉。	中度异常	3
	过度地集中于触觉的探究感觉而不是功能的作用(吸吮、舔或摩擦),完全忽视疼痛或过分地做出反应。	严重异常	4
焦虑反应	对情境产生与年龄相适应的反应,并且反应无延长。	与年龄相当	1
	轻度焦虑反应。	轻度异常	2
	中度焦虑反应。	中度异常	3
	严重的焦虑反应,可能儿童在会见的一段时间内不能坐下,或很害怕,或退缩等。	严重异常	4
语言交流	适合年龄的语言。	与年龄相当	1
	语言迟钝,多数语言有意义,但有一点模仿语言。	轻度异常	2
	缺乏语言或有意义的语言与不适当的语言相混淆(模仿言语或莫名其妙的话)。	中度异常	3
	严重的不正常言语,实质上缺乏可理解的语言或运用特殊的离奇的语言。	严重异常	4
非语言交流	与年龄相符的非语言性交流。	与年龄相当	1
	非语言交流迟钝,交往仅为简单的或含糊的反应,如指出或去取他想要的东西。	轻度异常	2
	缺乏非语言交往,儿童不会利用或对非语言的交往做出反应。	中度异常	3
	特别古怪的和不可理解的非语言的交往。	严重异常	4
活动很大	正常活动水平——不多动亦不少动。	与年龄相当	1
	轻度不安静或有轻度活动缓慢,但一般可控制。	轻度异常	2
	活动相当多,并且控制其活动量有困难,或者相当不活动或运动缓慢,检查者很频繁地控制或以极大努力才能得到反应。	中度异常	3
	极不正常的活动水平,要么是不停,要么是冷淡的,很难得到儿童对任何事件的反应,差不多不断地需要大人控制。	严重异常	4

续表

测量项目	具体表现	程度	得分
智力功能	正常智力功能:无迟钝的证据。	与年龄相当	1
	轻度智力低下:技能低下表现在各个领域。	轻度异常	2
	中度智力低下:某些技能明显迟钝,其他的接近年龄水平。	中度异常	3
	智力功能严重障碍:某些技能表现迟钝,另外一些在年龄水平以上或不寻常。	严重异常	4
总的印象	不是自闭症。	与年龄相当	1
	轻微的或轻度自闭症。	轻度异常	2
	自闭症的中度征象。	中度异常	3
	非常多的自闭症征象。	严重异常	4

附录 4　儿童感觉统合发展评定量表

此量表由 58 个问题组成。由儿童的父母或知情人根据儿童最近 1 个月的情况认真填写。量表的评分按"从不这样""很少这样""有时这样""常常如此""总是如此"1～5 五级评分，请在选项处打"√"。

	从不这样	很少这样	有时这样	常常如此	总是如此
（一）前庭功能	5	4	3	2	1
1.特别爱玩旋转的凳椅或游乐设施,而不会晕。					
2.喜欢旋转或绕圈子跑,而不晕不累。					
3.虽看到了仍然碰撞桌椅,旁人、柱子、门墙。					
4.行动、吃饭、敲鼓、画画时双手协调不良,常忘了另一边。					
5.手脚笨拙,容易跌倒,拉他时仍显得笨重。					
6.俯卧地板和床上,头、颈胸无法抬高。					
7.爬上爬下,跑进跑出,不听劝阻。					
8.不安地乱动,东拉西扯,不听劝阻,处罚无效。					
9.喜欢惹人,捣蛋,恶作剧。					
10.经常自言自语,重复别人的话,并且喜欢背诵广告语言。					
11.表现为左撇子,其实左右手都用,而且无固定使用哪只手。					
12.分不清左右方向,鞋子衣服常常穿反。					
13.对陌生地方的电梯或楼梯,不敢坐或动作缓慢。					
14.组织力不佳,经常弄乱东西,不喜欢整理自己的环境。					
（二）触觉					
15.对亲人特别暴躁,强词夺理,到陌生环境则害怕。					
16.害怕到新场合,常常不久便要求离开。					
17.偏食,挑食,不吃青菜或软皮。					
18.害羞,不安,喜欢孤独,不爱和别人玩。					

续表

	从不这样	很少这样	有时这样	常常如此	总是如此
19.喜欢黏妈妈或固定某个人,不喜欢陌生环境,喜欢被搂抱。					
20.看电视或听故事,容易受感动,大叫或大笑,害怕恐怖镜头。					
21.严重怕黑,不喜欢在空屋,到处要人陪。					
22.早上赖床,晚上睡不着。上学前常拒绝到学校,放学后又不想回家。					
23.容易生小病,生病后便不想上学,常常没有原因拒绝上学。					
24.常吸手指或咬指甲,不喜欢别人帮忙剪指甲。					
25.换床睡不着,不能换被或睡衣,出外常担心睡眠问题。					
26.独占性强,别人碰他的东西,常会无缘无故发脾气。					
27.不喜欢和别人谈天,不喜欢和别人玩碰撞游戏,视洗脸和洗澡为痛苦。					
28.过分保护自己的东西,尤其讨厌别人从背后接近他。					
29.怕玩沙土、水,有洁癖倾向。					
30.不喜欢直接视觉接触,常必须用手来表达需要。					
31.对危险和疼痛反应迟钝或反应过激。					
32.视而不见,过分安静,表情冷漠或无故嬉笑。					
33.过度安静或坚持奇怪想法。					
34.喜欢咬人,常咬固定的友伴,并无故碰坏东西。					
35.内向,软弱,爱哭又常会触摸生殖器官。					
(三)本体感					
36.穿脱衣裤系纽扣拉拉链、系鞋带动作缓慢、笨拙。					
37.顽固,偏执,不合群,孤僻。					
38.吃饭时常掉饭粒,口水控制不住。					
39.语言不清,发音不佳,语言能力发展迟缓。					

续表

	从不这样	很少这样	有时这样	常常如此	总是如此
40.懒惰,行动慢,做事没有效率。					
41.不喜欢翻跟头、打滚、爬高。					
42.上幼儿园,仍不会洗手、擦脸、剪纸及自己擦屁股。					
43.上幼儿园(大、中班)仍无法用筷子,不会拿笔、攀爬或荡秋千。					
44.对小伤特别敏感,依赖他人的过度照料。					
45.不善于玩积木、组合东西、排队、投球。					
46.怕爬高,拒走平衡木。					
47.到新的环境很容易迷失方向。					
(四)学习能力					
48.看来有正常智慧,但学习、阅读或做算术特别困难。					
49.阅读常跳字,抄写常漏字、漏行,写字笔画常颠倒。					
50.不专心,坐不住,上课常左顾右盼。					
51.用蜡笔着色或用笔写字也写不好,写字慢而且常超出格子。					
52.看书容易眼酸,特别害怕数学。					
53.认字能力虽好,但不知其意义,而且无法组成较长的语句。					
(五)10岁以上儿童的家长填写以下问题					
56.使用工具能力差,对劳作或家事均做不好。					
57.自己的桌子或周围无法保持干净,收拾很困难。					
58.对事情反应过强,无法控制情绪,容易消极。					

附录 5　画轨迹任务计分方式

　　此任务的目标是描画一条连续的线,线不能越过两条设定的边界线。儿童在描画过程中的错误个数为该测试任务得分,即错误越多,得分越高。儿童有可能犯两种类型的错误:第一种是越过边界线;第二种是描画中断。请遵循以下方式计算错误个数。

1a. 越线:任何小于 12 毫米的越线算 1 分。

1b. 越线:大于 12 毫米的越线每 12 毫米算 1 分,不足部分算 1 分。

2a. 描画中断:即使在练习的时候对任务要求很清楚,但是在正式测试时,在开始处没有从一开头就开始描画;或者在终止点提前结束。即使长于 12 毫米,算 1 分。

2b. 过桥:桥(隔断处)少于 12 毫米的中断不算分。

2c. 如果儿童在描画过程中抬起笔,但是重新开始时保持所描画的线完全没有中断,则不算分。但是如果所描画的线中断,每 12 毫米算 1 分,不足部分算 1 分。

2d. 如果在边界线内有重叠,每 12 毫米算一分。

3a. 越线＋中断:如果越线,有重叠,但是没有中断,因为越线算 1 分;如果有越线,有重叠,但是有中断,算 2 分。

3b. 越线然后画回边界线内:因越线得 1 分。

参考文献

[1] 毕小彬,范晓壮,米文丽,等.ICD-11 和 DSM-5 中孤独症谱系障碍诊断标准比较[J].国际精神病学杂志,2021,48(2):193—196.

[2] 卜凡帅,徐胜.DSM 孤独症谱系障碍诊断分类标准的演变、影响与展望[J].中国心理卫生杂志,2015,29(6):425—430.

[3] 陈爱国,熊轩,朱丽娜,等.运动干预对聋哑儿童执行功能及脑灰质体积的影响[J].体育科学,2018,38(1):42—48.

[4] 陈言,郝卫亚,温煦,等.简易力量测试法和等速肌力测试相关性研究[J].体育科学,2006,26(9):44—46.

[5] 戴昕,马廷惠,赵光辉.智障儿童下肢力量与平衡能力的关系[J].首都体育学院学报,2008,20(6):74—75.

[6] 董良山,卜瑾,沈波,等.10 周运动干预对自闭症儿童基本动作技能与社会交往能力的影响[J].中国运动医学杂志,2021(3):171—180.

[7] 付丽敏,崔景辉,冯巨涛.6～8 岁儿童静态平衡能力的比较研究与评价模型的建立[J].天津体育学院学报,2009,24(5):456—460.

[8] 郭兰婷,万云,单友荷.《中国精神障碍分类与诊断标准第 3 版》孤独症诊断标准的临床研究[J].中华精神科杂志,2002,35(3):162—165.

[9] 胡静,顾佳怡,王文渊,等.学龄前儿童动作技能与注意集中和注意转移的相关性[J].中国学校卫生,2022,43(2):274—279.

[10] 黄悦勤,刘宝花,王燕玲,等.北京市城区 3～6 岁幼儿感觉统合失调的现况调查[J].中国心理卫生杂志,2001,15(1):44—46.

[11] 贾玥.自闭症儿童姿势控制能力的比较研究[J].中国实验诊断学,2015,

　　　19(1):123—124.

[12]黎芹冰,王秀杏,郑丽纯.学龄前儿童感觉统合失调调查及感觉统合训练
　　　效果评价[J].黑龙江医药,2020,33(3):680—682.

[13]李建华,钟建民,蔡兰云.三种儿童孤独症行为评定量表临床应用比较
　　　[J].中国当代儿科杂志,2005,7(1):59—62.

[14]李荣源.感觉统合训练对3～6岁孤独症儿童体质影响的实验研究[J].
　　　北京体育大学学报,2005,10(28):1344—1346.

[15]连翔.自闭症儿童心理发育与教育[M].上海:复旦大学出版社,2018.

[16]梁瑞华.中西医结合治疗小儿手足口病皮肤疱疹的疗效观察及护理[J].
　　　当代护士(下旬刊),2017(2):82—83.

[17]刘慧然,王晓飞,陆大江.2017年上海市3～6岁幼儿体质水平及超重肥
　　　胖的调查研究[J].中国妇幼保健,2019,34(14):3296—3299.

[18]刘靖,杨晓玲,贾美香.CCMD-3与DSM-Ⅳ儿童孤独症两种诊断标准的
　　　比较[J].中国心理卫生杂志,2006,20(9):568—570.

[19]刘姿颖.团体体育游戏对4～6岁幼儿同伴交往能力影响的实验研究[D]
　　　曲阜:曲阜师范大学,2018.

[20]卢奕云,田琪,郝元涛,等.儿童生存质量测定量表PedsQL 4.0中文版的
　　　信度和效度分析[J].中山大学学报(医学科学版),2008,29(3):
　　　328—331.

[21]罗维武,林力,陈榕,等.福建省儿童孤独症流行病学调查[J].上海精神
　　　医学,2000,12(1):3—5.

[22]马瑞,蔺梦科,宋珛,等.动作技能发展对学前儿童行为自我调节能力的
　　　影响[J].体育科学,2019,39(11):8.

[23]马玉,王立新,魏柳青,等.自闭症者的视觉认知障碍及其神经机制[J].
　　　中国特殊教育,2011(4):60.

[24]莫文辉,李奕,周杰.注意缺陷多动障碍儿童的生存质量和相关影响因素
　　　分析[J].中国妇幼卫生杂志,2014,5(3):23—25.

[25]彭丽,谢辉,梅文秀.孤独症儿童的生存质量及其影响因素研究[J].中国

全科医学,2013,16(37):3723—3726.

[26]全明辉,张涵彬,张佳仪,等.体力活动与学龄前儿童认知能力关联关系的中介变量研究[J].体育科学,2017,37(2):47—56.

[27]孙玉虎,汪春燕.儿童柔韧性素质的影响因素研究——以上海某学校初中预备班学生为例[J].体育科学进展,2021,9(4):507—512.

[28]汤宜朗,郭延庆,Catherine E R,等.孤独症诊断的金标准之一《孤独症诊断观察量表》介绍[J].国际精神病学杂志,2010,37(1):38—40.

[29]唐建荣.学前儿童感觉统合失调与行为问题的调查研究[J].绥化学院学报,2012(1):165—167.

[30]汪卫华,翟灵伟.江苏省儿童孤独症的流行病学调查[J].中国行为医学科学,2003,12(2):58—59.

[31]王琳,王志丹,王畅.自闭症谱系障碍儿童早期脑结构发育异常及其神经机制[J].中国特殊教育,2020(3):55—61.

[32]王娜,杜巧新,尹梦雅,等.学龄前听障儿童感觉统合失调状况调查[J].中国听力语言康复科学杂志,2019,17(5):363—365.

[33]吴升扣,姜桂萍,龚睿,等.3～6岁幼儿本体感觉能力和粗大动作发展水平的特征及相关动作能力研究模型的综述分析[J].体育科学,2017,37(11):72—80.

[34]杨文婧,邵智,甘文玲,等.婴幼儿孤独症筛查量表的修订与临床应用研究[J].中国儿童保健杂志,2010,18(12):954—956.

[35]姚小雪,兰继军,朱海腾,等.孤独症谱系障碍儿童心理理论的影响因素研究进展[J].中国特殊教育,2014,21(10):34—39.

[36]姚雨佳.孤独症儿童神经心理研究综述[J].中国特殊教育,2013(5):48—51.

[37]叶蕾,刘晓畅.学前儿童感觉统合失调与行为问题关系的调查研究[J].中外企业家,2016(26):245—246.

[38]翟巾赫,王晓敏,范莉莉,等.孤独症谱系障碍儿童触觉异常特征与临床症状的关联[J].中国学校卫生,2021,42(6):898—901.

[39]翟孟.中高功能自闭症儿童认知方式的实验研究[D].上海:华东师范大学,2008.

[40]张长莉,张嘉江.PEP-3特点及基于个别化教育计划的应用举例[J].黑龙江教师发展学院学报,2020,39(11):68—71.

[41]张欣,季成叶,李金水,等.天津市2~6岁儿童孤独症调查[J].中国生育健康杂志,2004,15(4):206—208.

[42]张云婷,马生霞,陈畅,等.中国儿童青少年身体活动指南[J].中国循证儿科杂志,2017,12(6):401—409.

[43]周秉睿,徐琼,鲁萍,等.中文版《孤独症诊断观察量表》模块1信度和效度评价及临床应用研究[J].中国循证儿科杂志,2013,8(4):257—261.

[44]朱小烽,马云.浙江省留守儿童生存质量与影响因素调查研究[J].上海教育科研,2017(4):31—34.

[45]邹小兵,邓红珠.《美国精神疾病诊断分类手册第5版》"孤独症谱系障碍诊断标准"解读[J].中国实用儿科杂志,2013,28(8):561—563.

[46]Adamović M,Nikić R,Eminović F,et al. The ability to maintain balance in children with autism and children from typical population[J]. Acta Kinesiologica,2015,4(1):54—60.

[47] Ajzenman H F,Standeven J W,Shurtleff T L,et al. Effect of hippotherapy on motor control,adaptive behaviors,and participation in children with autism spectrum disorder:a pilot study[J]. American Journal of Occupational Therapy,2013,68(6):653—663.

[48]Alesi M,Bianco A,Luppina G,et al. Improving children's coordinative skills and executive functions:the effects of a football exercise program [J]. Percept Mot Skills,2016,122(1):27—46.

[49]American Psychiatric Associan(APA). The Diagnostic and Statistical Manual of Mental disorders[J]. Codas,2015,25(2):191—193.

[50]Anguda R,Setiawan,Defi I R. Correlation between physical activity level and health-related quality of life among elderly[J]. Althea Medical

Journal,2016,3(3):405—410.

[51]Anzulewicz A,Sobota K,Delafield-Butt J T. Toward the Autism Motor
Signature: Gesture patterns during smart tablet gameplay identify
children with autism[J]. Sci Rep,2016(6):1—13.

[52]Arabameri E,Sotoodeh M S. Early developmental delay in children with
autism:a study from a developing country[J]. Infant Behavior and
Development,2015(39):118—123.

[53]Baird G,Simonoff E,Pickles A,et al. Prevalence of disorders of the
autism spectrum in a population cohort of children in South Thames:
the special needs and autism project[J]. Lancet,2006,(368):210—215.

[54]Barnett L M,Lai S K,Veldman S L C,et al. Correlates of gross motor
competence in children and adolescents:a systematic review and meta-
analysis[J]. Sports Medicine,2016,46(11):1663.

[55]Barnett L,Beurden E V,Morgan P,et al. Longitudinal evidence for the
importance of motor skill proficiency to physical activity[J]. Journal of
Science & Medicine in Sport,2010,12(supp-S2):70—71.

[56]Bass M M,Duchowny C A,Llabre M M. The effect of therapeutic
horseback riding on social functioning in children with autism[J].
Journal of Autism and Developmental Disorders, 2009 (39):
1261—1267.

[57]Bearss K,Johnson C,Handen B,et al. A pilot study of parent training
in young children with autism spectrum disorders and disruptive
behavior[J]. J Autism Dev Disord,2013,43(4):829—840.

[58]Beauchamp M H, Anderson V. An integrative framework for the
development of social skills[J]. Psychological Bulletin,2010,136(1):
39—64.

[59]Becker D R,Miao A,Duncan R,et al. Behavioral selfregulation and
executive function both predict visuomotor skills and early academic

achievement[J]. Early Child Res Q,2014,29(4): 411—424.

[60] Becker R B, Megan M M, Paul L, et al. Physical activity, self-regulation,and early academic achievement in preschool children[J]. Early Education and Development,2013,25(1):56—70.

[61]Beery K E. The VMI developmental test of visual-motor integration: I Administration, scoring, and teaching manual (3' ed.) [D]. Modern Curriculum Press,1989.

[62] Beisman G L. Effect of rhythmic accompaniment upon learning of fundamental motor skills [J]. Research Quarterly, 1967, 8 (2): 172—176.

[63]Berkes A,Pataki I,Kiss M,et al. Measuring health-related quality of life in hungarian children with heart disease:psychometric properties of the hungarian version of the pediatric quality of life inventory 4. 0 generic core scales and the cardiac module[J]. Health and Quality of Life Outcomes, 2010,8(14):2—12.

[64]Bertenthal B I,Bai D. Infants' sensitivity to optical flow for controlling posture[J]. Developmental Psychology,1989,25(6):936—945.

[65]Bhat A N,Galloway J C,Landa R J. Relation between early motor delay and later communication delay in infants at risk for autism[J]. Infant Behavior and Development,2012,35(4):838—846.

[66] Bremer E,Balogh R, Loyd M. Effectiveness of a fundamental motor skill intervention for 4-year-old children with autism spectrum disorder:a pilot study[J]. Autism: International Journal of Research and Practice,2014(19):980—991.

[67]Bremer E,Lloyd M. School-based fundamental-motor-skill intervention for children with autism-like Characteristics:an exploratory study[J]. Adapt Phys Activ Q,2016,33(1):66—68.

[68]Calhoun M,Longworth M,Chester V L. Gait patterns in children with

autism[J]. Clinical Biomechanics,2011,26(2):200—206.

[69] Chawarska K, Paul R, Klin A, et al. Parental recognition of developmental problems in toddlers with autism spectrum disorders [J]. Autism Dev Disord,2007,37(1):62—72.

[70]Cieslak F. The relationship between quality of life and physical activity in college students attending a physical education course[J]. Fitness & Performance Journal,2007,6(6):357—361.

[71]Cirino P T,Miciak J,Ahmed Y,et al. Executive function: association with multiple reading skills[J]. Reading and Writing, 2019, 32 (7): 1819—1846.

[72]Clancy H,Dugdale A,Rendle-Short J. The diagnosis of infantile autism [J]. Develop med chile neurol,1969,11(4):432—442.

[73] Clark J E. From the beginning: a developmental perspective on movement and mobility[J]. Quest,2005,57(1):37—45.

[74]Cohen M J,Sloan D L. Visual supports for people with autism[M]. Bethesda:Woodbine House,2007.

[75] Colley R C, Carson V, Garriguet D. Physical activity of Canadian children and youth,2007 to 2015[J]. Health Reports,2017,28(10): 8—16.

[76]Couteur A L. Autism diagnostic interview:A semi-structured interview for parents and caregivers of autistic persons[J]. Journal of autism & developmental disorders,1989(19):363—387.

[77]Dadgar H,Alaghband R J,Soleymani Z,et al. The rela-tionship between motor,imitation,and early social communication skills in children with autism[J]. Iran J Psychiatry,2017,12(4): 236—240.

[78]Davidovitch M,Levit-Binnun N,Golan D,et al. Late diagnosis of autism spectrum disorder after initial negative assessment by a multidisciplinary team [J]. Journal of Developmental & Behavioral

Pediatrics,2015,36(4):227—234.

[79]DHondt E,Deforche B,Gentier I,et al. A longitudinal analysis of gross motor coordination in overweight and obese children versus normal-weight peers[J]. International Journal of Obesity,2013,37(1):61—67.

[80]Di Lavore P C,Lord C,Rutter M. Thepre-linguisticautism diagnostic observation chedule[J]. Joural of Autism & Developmental Disorders,1995(25):355—379.

[81]Dolinsky D H,Brouwer R J,Evenson K R,et al. Correlates of sedentary time and physical activity among preschool-aged children [J]. Preventing Chronic Disease,2011,8(6):1—14.

[82] Eggleston J D, Harry J R, Hickman R A, et al. Analysis of gait symmetry during over-ground walking in children with autism spectrum disorder[J]. Gait & Posture,2017(55):162—166.

[83]Eisenberg N,Spinrad T L,Fabes R A,et al. The relations of effortful control and impulsivity to children's resiliency and adjustment[J]. Child Devt,2004,75(1):25—46.

[84] Eversole M, Collins D M, Karmarkar A, et al. Leisure activity enjoyment of children with autism spectrum disorders[J]. Autism Dev Disord,2016,46(1):10—20.

[85]Ewen J B,Lakshmanan B M,Pillai A S,et al. Decreased modulation of EEG oscillations in high-functioning autism during a motor control task [J]. Frontiers in Human Neuroscience,2016(10):1—11.

[86]Feldman D E,Ducharme A,Giannetti N,et al. Severity at entry to specialized heart failure clinics:discrepancies between health-related quality of life and function in men and women[J]. Canadian Journal of Cardiology,2011,27(3):382—387.

[87] Fitzpatrick P, Romero V, Amaral J L, et al. Social motor synchronization:insights for understanding social behavior in autism

[J]. Journal of Autism and Developmental Disorders, 2017, 47 (7):
2092—2107.

[88]Flanagan J, Landa R, Bhat A, et al. Head lag in infants at risk for
autism: a prelminary study [J]. The American Journal of Occupational
Therapy,2012,66(5):557—585.

[89]Forti S,Valli A, Perego P,et al. Motor planning and control in autism.
A kinematic analysis of preschool children[J]. Res Autism Spectr
Disord,2011,5(2):834—842.

[90]Fournier K A, Amano S, Radonovich K J, et al. Decreased dynamical
complexity during quiet stance in children with autism spectrum
disorders[J]. Gait & Posture,2014(39):420—423.

[91]Fournier K A, Hass C J, Naik S K, et al. Motor coordination in autism
spectrum disorders: a synthesis and meta-analysis[J]. J Autism Dev
Disord,2010,40(10):1227—1240.

[92]Fragala-pinkham M, Haley S M, O'neil M E. Group aquatic aerobic
exercise for children with disabilities[J]. Dev Med Child Neurol,2008,
50(11):822—827.

[93]Fuentes C T,Mostofsky S H,Bastian A J. Children with autism show
specific handwriting impairments [J]. Neurology, 2009, 73 (19):
1532—1537.

[94]Gallahue D L. Motor Development and Movement Experiences for
Young Children (3—7)[M]. New York:John Wiley & Sons,1975.

[95]Giulia R,Tierney A L,Helen T F,et al. Functional connectivity in the
first year of life in infants at risk for autism spectrum disorder:an EEG
study[J]. PLoS ONE,2014,9(8):1—8.

[96]Glazebrook C M,Elliott D,Lyons J. A kinematic analysis of how young
adults with and without autism plan and control goal-directed
movements[J]. Motor Control,2006,10(3):244—264.

[97] Gowen E, Hamilton A. Motor abilities in autism: a review using a computational context [J]. J Autism Dev Disord, 2013, 43 (2): 323—344.

[98] Grace N, Gregory P, Beth E, et al. Do handwriting difficulties correlate with core symptomology, motor proficiency and attentional behaviours? [J]. J Autism Dev Disord, 2007(47): 1006—1017.

[99] Graham S A, Abbott A E, Nair A, et al. The influence of task difficulty and participant age on balance control in ASD[J]. Journal of Autism & Developmental Disorders, 2015, 45(5): 1419—1427.

[100] Green D, Charman T, Pickles A, et al. Impairment in movement skills of children with autistic spectrum disorders [J]. Developmental Medicine and Child Neurology, 2009, 51(4): 311—316.

[101] Greenspan S L. A developmental approach to problems in relating and communicating in autistic spectrum disorders and related syndromes [J]. SPOT LIGHT on Topics in Developmental Disabilities, 1998(4): 1—6.

[102] Guest L, Balogh R, Dogra S, et al. Examining the impact of a multi sport camp for girls ages 8-11 with autism spectrum disorder[J]. Therapeutic Recreation Journal, 2017, 51(2): 109—113.

[103] Harrison M J, O'Hare A, Cam Bell H, et al. Prevalence of autistic spectrum disorders in Lothian, Scotland: an estimate using the'captu re-recapture' technique[J]. Archives of Disease in Childhood, 2006, 91 (1): 16—19.

[104] Hazlett H C, Gu H, Munsell B C, et al. Early brain development in infants at high risk for autism spectrum disorder[J]. Nature, 2017, 542 (7641): 348—351.

[105] Herskind M, Rich E. Tensions and dilemmas in body-pedagogy in kindergarten-employees' effort to transform a vocational education

programme about body and movement into practice [J]. Sport Education & Society,2010,15(2):187—202.

[106]Higashionna T,Iwanaga R,Tokunaga A,et al. Relationship between motor coordination, cognitive abilities, and academic achievement in Japanese children with neurodevelopmental disorders[J]. Hong Kong Journal of Occupational Therapy,2017,30(1):49—55.

[107]Hirata S,Hideyuki O,Kitajima Y,et al. Relationship between motor skill impairments and motor imagery ability in children with autism spectrum disorders:a pilot study using the hand rotation task [J]. Psychology,2015,6(6):752—759.

[108]Holfelder B,Schott N. Relationship of fundamental movement skills and physical activity in children and adolescents:a systematic review. Psychology of Sport & Exercise,2014,15(4):382—391.

[109] Holloway J M, Long T, Biasini F. Concurrent validity of two standardized measures of gross motor function in young children with autism spectrum disorder[J]. Physical & Occupational Therapy in Pediatrics,2019,39(2):193—203.

[110]Houston-Wilson C,Lieberman L. Strategies for teaching students with autism in physical education [J]. Journal of Physical Education, Recreationand Dance,2003,74(6):40—44.

[111]Huerta M,Bishop S L, Duncan A,et al. Application of DSM-5 criteria for autism spectrum disorder to three samples of children with DSM-Ⅳ diagnoses of pervasive developmental disor-Ders[J]. The American joural of psychiatry,2012,169(10):1056—1064.

[112]Hui K K,Marina O,Liu J,et al. Acupuncture,the limbic system,and the anticorrelated networks of the brain[J]. Auton Neurosci,2010,157 (1—2):81—90.

[113]Irene M J,Van D F,Tewierikeas C M T E, et al. The relationship

between motor skills and cognitive skills in 4~16 year old typically developing children:a systematic review[J]. J Sci Med Sport,2015,18(6):697—703.

[114]Jansiewicz E M,Goldberg M C,Newschaffer C J,et al. Motor signs distinguish children with high functioning autism and asperger's syndrome from controls[J]. J Autism Dev Disord, 2006, 36(5):613—625.

[115]Jeste S S,Frohlich J,Loo S K. Electrophysiological biomarkers of diagnosis and outcome in neurodevelopmental disorders[J]. Curr Opin Neurol,2015,28(2):110—116.

[116]Johnson B P,Phillips J G,Papadopoulos N,et al. Understanding macrographia in children with autism spectrum disorders[J]. Research in Developmental Disabilities,2013,34(9):2917—2926.

[117]Kampbecker I,Schröder J,Remschmidt H,et al. Health-related quality of life in children and adolescents with autism spectrum disorder[J]. GMS Psycho-Social-Medicine,2011,30(2):123—131.

[118]Karasik L B, Tamis-Lemonda C S, Adolph K E. Transition from crawling to walking and infants' actions with objects and people[J]. Child Dev,2011,82(4):1199—1209.

[119]Karen R,Ickpyo H,Claudia H. Leisure participation patterns for school age youth with autism spectrum disorders:findings from the 2016 national survey of children's health[J]. Journal of Autism and Developmental Disorders,2018,48(11):3783—3793.

[120]Kasari C,Freeman S,Paperella T,et al.. Early intervention of core deficits in autism[J]. Clinical Neuropsychiatry,2005,2(6):380—388.

[121]Kaur M,Srinivasan S M,Bhat A N. Comparing motor performance, praxis, coordination, and interpersonal synchrony between children with and without autism spectrum disorder(ASD)[J]. Research in

Developmental Disabilities,2018(72):79—95.

[122]Kern J K,Geier D A,Adams J B,et al. Autism severity and muscle strength:a correlation analysis[J]. Research in Autism Spectrum Disorders,2011,5(3):1011—1015.

[123]Ketcheson L,Hauck J,Ulrich D. The effects of an early motor skill intervention on motor skills, levels of physical activity, and socialization in young children with autism spectrum disorder:a pilot study[J]. Autism,2016,24(1):481—492.

[124]Kiani S,Bayanzadeh M,Tavallaee M,et al. The iranian population is graying:are we ready? [J]. Archives of Iranian Medicine,2010,13(4):333—339.

[125]Kuhlthau K A,McDonnell E,Coury D L,et al. Associations of quality of life with health-related characteristics among children with autism [J]. Autism,2018,22(7):804—813.

[126]Kushki A,Chau T,Anagnostou E. Handwriting difficulties in children with autism spectrum disorders:a scoping review[J]. Journal of Autism and Developmental Disorders,2011,41(12):1706—1716.

[127] Lai C, Lau Z, Lui S, et al. Meta-analysis of neuropsychological measures of executive functioning in children and adolescents with high-functioning autism spectrum disorder [J]. Autism Research, 2017,27(4):440—448.

[128] Landa R, Garrett-Mayer E. Development in infants with autism spectrum disorders: a prospectivestudy [J]. Journal of Child Psychology and Psychiatry,2006,47(6):629—638.

[129]Lee L C,Harrington R A,Louie B B,et al. Children with autism:quality of life and parental concerns[J]. J Autism Dev Disord,2008,38(6):1147—1160.

[130]Lei X M,Liu Y H,Hu X Y. The intervention case study on autistic

children' motor skills in somatic game[J]. A Journal of Modern Special education,2016,5(5):36—46.

[131]Lewis J D, Evans A C, Pruett J R, et al. Network inefficiencies in autism spectrum disorder at 24 months[J]. Transl psychiatry, 2014 (4):388—393.

[132]Leyfer O T, Folstein S E, Bacalman S, et al. Comorbid psychiatric disorders in children with autism:interview development and rates of disorders[J]. Autism Dev Disord,2006,36(7):849—861.

[133]Lim B O, O'sullivan D, Choi B G, et al. Comparative gait analysis between children with autism and age-matched controls:analysis with temporal-spatial and foot pressure variables[J]. Journal of Physical Therapy Science,2016,28(1):286—292.

[134]Liu T,Breslin C M. Fine and gross motor performance of the MABC-2 by children with autism spectrum disorder and typically developing children[J]. Research in Autism Spectrum Disorders, 2013,7(10): 1244—1249.

[135]Lloyd M,Macdonald M,Lord C. Motor skills of toddlers with autism spectrum disorders[J]. Autism,2013,17(2):133—140.

[136]Lloyd M, Saunders T J, Bremer E, et al. Long-term importance of fundamental motor skills:a 20-year follow-up study[J]. Adapt Phys Act Q,2014,31(31):67—78.

[137]Lloyd R S, Oliver J L, Falgenbaum A D, et al. Longterm athletic development Part 1:a pathway for all youth[J]. J Strength Cond Res, 2015,29(5):1439—1450.

[138]Lord C,Risi S,Lambrecht L,et al. The autism diagnostic observation schedule-generic:a standard measure of social and communication deficits associated with the spectrum of autism[J]. Journal of autism & developmental disorder,2000(30):205—223.

[139]Lubans D R, Morgan P J, Cliff D P, et al. Fundamental movement skills in children and adolescents: review of associated health benefits [J]. Sports Medicine, 2010(40): 1019—1035.

[140]Macdonald M, Esposito P, Hauck J, et al. Bicycle training for youth with down syndrome and autism spectrum disorders[J]. Focus on Autism and Other Developmental Disabilities, 2012, 27(1): 12—21.

[141]Macdonald M, Lord C, Ulrich D. Motor skills and calibrated autism severity in young children with autism spectrum disorder[J]. Adapted Physical Activity Quarterly, 2014(31): 95—105.

[142]Macdonald M, Lord C, Ulrich D. The relationship of motor skills and adaptive behavior skills in young children with autism spectrum disorders[J]. Res Autism Spectr Disord, 2013, 7(11): 1383—1390.

[143]Macdonald M, Lord C, Ulrich D. The relationship of motor skills and social communicative skills in school-aged children with autism spectrum disorder [J]. Adapted Physical Activity Quarterly Apaq, 2013, 30(3): 271—282.

[144]Mahajan R, Mostofsky S H. Neuroimaging endophenotypes in autism spectrum disorder[R]. CNS Spectrums, 2015, 20(4): 412—426.

[145]Marrus N, Eggebrecht A T, Todorov A, et al. Walking, gross motor development, and brain functional connectivity in infants and toddlers [J]. Cereb Cortex, 2018, 28(2): 750—763.

[146]Masutani Y, Aoki, I S, Abe O, et al. MR diffusion tensor imaging: recent advance and new techniques for diffusion tensor visualization [J]. European Journal of Radiology, 2003, 46(1): 53—66.

[147]Matthews J M, Pottz C, Morrison F J. Early gender differences in self-regulation and academic achievement[J]. J Educ Psychol, 2009, 101(3) 689—704.

[148] Maximo J O, Cadena E J, Kana R K. The implications of brain

connectivity in the neuropsychology of autism[J]. Neuropsychol Rev, 2014,24(1):16—31.

[149]Memari A H,Ghanouni P,Gharibzadeh S,et al. Postural sway patterns in children with autism spectrum disorder compared with typically developing children[J]. Research in Autism Spectrum Disorders,2013, 7(2):325—332.

[150]Mesibov G, Howley M. Accessing the Curriculum for Pupils with Autistic Spectrumdisorders:Using the TEACCH Programme to Help Inclusion[M]. London:David Fulton Publishers Ltd,2003.

[151]Mohammad-Rezazadeh I,Frohlich J,LOO S K,et al. Brain connectivity in autism spectrum disorder[J]. Curr Opin Neurol, 2016, 29(2): 137—147.

[152]Mortimer R,Privopoulos M,Kumar S. The effectiveness of hydrotherapy in the treatment of social and behavioral aspects of children with autism spectrum disorders:a systematic review[J]. J Multidiscip Healthc,2014(7): 93—104.

[153]Mostofsky S H,Powell S K,Simmonds D J,et al. Decreased connectivity and cerebellar activity in autism during motor task performance[J]. Brain, 2009(132):2413—2425.

[154]Muhle R, Trentacoste S V, Rapin I. The genetics of autism[J]. Pediatrics,2004,113(5):472—486.

[155]Murray M J. Attention-deficit/hyperactivity disorder in the context of autism spectrum disorders [J]. Current Psychiatry Reports,2010,12 (5):382—388.

[156]Nebel M B,Eloyan A,Barber A D,et al. Precentral gyrus functional connectivity signatures of autism[J]. Front Syst Neurosci,2014(8): 80—90.

[157]Neva L B, Michael D, Yulia G. Sensory and motor symptoms as

indicators of brain vulnerability [J]. J Neurodev Dis,2013,5(1):26.

[158]Nobile M, Perego P, Piccinini L, et al. Further evidence of complex motor dysfunction in drug naive children with autism using automatic motion analysis of gait[J]. Autism,2011,15(3):263—283.

[159]Ornitz E M, Ritvo E R. Perceptual inconstancy in early infantile autism:the syndrome of early infant autism and its variants including certain cases of childhood schizophrenia [J]. Archives of General Psychiatry,1968,18(1):76—98.

[160]Ornitz E M. The modulation of sensory input and motor output in autistic children[J]. Journal of Autism and Childhood Schizophrenia, 1974,4(3):197—215.

[161]Ozonoff S, Young G S, Goldring S, et al. Gross motor development, movement abnormalities, and early identification of autism[J]. Journal of Autism and Developmental Disorders,2008(38): 644—656.

[162]Ozonoff S, Young G S, Goldring S, et al. Gross motor development, movement abnormalities, and early identification of autism[J]. Journal of Autism and Developmental Disorders,2008,38(4):644—656.

[163]Ozonoff S, Young G S, Landa R J, et al. Diagnostic stability in young children at risk for autism spectrum disorder:a baby siblings research consortium study [J]. J child psychol psychiatry, 2015, 56 (9): 988—1002.

[164]Pan C Y, Chu C H, TSAI C L, et al. The impacts of physical activity intervention on physical and cognitive outcomes in children with autism spectrum disorder[J]. Autism,2016(11):1—13.

[165]Pan C Y. Effects of water exercise swimming program on aquatic skills and social behaviors in children with autism spectrum disorders[J]. Autism,2010,14(1):9—28.

[166]Pan C Y. The efficacy of an aquatic program on physical fitness and

aquatic skills in children with and without autism spectrum disorders Res[J]. Autism Spectr Disord,2011,5(1):657—665.

[167]Paquet A,Olliac B,Golse B. Nature of motor impairments in autism spectrum disorder: a comparison with developmental coordination disorder[J]. Journal of Clinical and Experimental Neuropsychology, 2019,41(1):1—14.

[168]Pauk J,Zawadzka N,Wasilewska A,et al. Gait deviations in children with classic high-functioning autism and low-functioning autism[J]. Journal of Mechanics in Medicine and Biology,2016,17(3):1—13.

[169]Petrie K, Penney D, Fellows S. Health and physical education in aotearoa new zealand:an open market and open door[J]. Asia-Pacific Journal of Health,Sport and Physical Education, 2014,5(1):19—38.

[170]Poitras V J,Gray C E,Borghese M M,et al. Systematic review of the relationships between objectively measured physical activity and health indicators in schoolaged children and youth [J]. Applied physiology,nutrition,and metabolism, 2016,41(6):197—239.

[171]Potvin M C,Snider L,Prelock P A,et al. Health-related quality of life in children with high-functioning autism[J]. Autism, 2015, 19(1): 14—19.

[172]Pouw L, Rieffe C, Stockmann L, et al. The link between emotion regulation,social functioning, and depression in boys with ASD[J]. Research in Autism Spectrum Disorders,2013,7(4):549—556.

[173]Qiu A,Adler M,Crocetti D,et al. Basal ganglia shapes predict social, communication,and motor dysfunctions in boys with autism spectrum disorder[J]. Journal of the American Academy of Child & Adolescent Psychiatry,2010,49(6):539—551.

[174]Rafie F,Ghsemi A,Jam A Z,et al. Effect of exercise intervention on the perceptual-motor skills in adolescents with autism[J]. The Journal

of Sports Medicine and Physical Fitness,2016,57(1):53—59.

[175]Rane P,Cochran D,Hodge S M,et al. Connectivity in autism:a review of MRI connectivity studies[J]. Harv rev psychiatry,2015,23(4):223—244.

[176] Ray S, Miller M, Karalunas S, et al. Structural and functional connectivity of the human brain in autism spectrum disorders and attention-deficit/hyperactivity disorder:a rich club-organization study [J]. Human Brain Mapping,2014,35(12):6032—6048.

[177] Reid G, O'Connor J, Lloyd M. The autism spectrum disorders: physical activity instruction-Part Ⅲ [J]. Palaestra, 2003,20(20):26—47.

[178]Reid G,O'Connor J. The autism spectrum disorders:activityselection, assessment,and program organization-partni[J]. Palaestra, 2003,19(20):27—58.

[179]Rinehart N J,Tongues B J,Bradshaw J L,et al. Gait function inhigh—functioning autism and Asperger's disorder: evidence for basal—ganglia and cerebellar in-vovement? [J]. European Child and Adolescent Psychiatry,2006,15(5):256—264.

[180]Robinson L E,Palmer K K,Bub K L. Effect of the children's health activity motor program on motor skills and self-regulation in head start preschoolers:an efficacy trial[J]. Front Public Health, 2016(4):173.

[181]Robinson L E,Stodden D F,Barnett L M,et al. Motor competence and its effect on positive developmental trajectories of health[J]. Sports Med,2015,45(9):1273—1284.

[182] Robinson L E. The relationship between perceived physical competence and fundamental motor skills in preschool children[J]. Child Care Health Dev,2011,37(4):589—596.

[183]Roglic M,Bpbic V,Djuric J M,et al. Serious gaming based on Kinect technology for autistic children in Serbia[C]. 13th Symposium on Neural Networks and Applications,2016.

[184]Rommelse N N,Franke B,Geurts H M,et al. Shared heritability of attention-deficit/hyperactivity disorder and autism spectrum disorder [J]. European Child & Adolescent Psychiatry,2010,19(3):281—295.

[185]Rowlandson P H,Smith C. An interagency service delivery model for autistic spectrum disorders and attention deficit hyperactivity disorder [J]. Child Care Health & Development, 2009,35(5):681—690.

[186]Rubenstein J L. Three hypotheses for developmental defects that may underlie some forms of autism spectrum disorder[J]. Curr opin neurol,2010,23(2):118—123.

[187]Rudd J R,O'callaghan L,Williams J. Physical education pedagogies built upon theories of movement learning: how can environmental constraints be manipulated to improve children's executive function and self-regulation skills? [J] International Journal of Environmental Research and Public Health,2019,16(9):1609—1630.

[188]Salgueiro E,Nunes L,Barros A,et al. Effects of a dolphin interaction program on children with autism spectrum disorders:an exploratory research[J]. BMC res notes,2012(5):199

[189]Saulnier C A,Klin A. Brief report:social and communication abilities and disabilities in higher functioning individuals with autism and asperger syndrome[J]. J Autism Dev Disord, 2007,37(4):788—793.

[190] Schopler E, Reichler R J, Lansing M. Individualied sessment and treatment for autistic and developmentally disabled children:Vol. 2, teaching strategies for parents and professionals [M]. Austin:PRO-ED,1980.

[191]Schultz R T. Developmental deficits in social perception in autism:the

role of the amygdala andfusiform face area[J]. International Journal of Developmental Neuroscience,2005,23(2—3):1—14.

[192]Shek D T,Tsang S K,Lam L L,et al. Psychometric properties of the Chinese version of the psycho-educational profile-revised(C)PEP-R [J]. Journal of autism & developmental disorder,2005,35(1):37—44.

[193] Shipman D L, Sheldrick R C, Perrin E C. Quality of life in adolescents with autism spectrum disorders:reliability and validity of self-reports. [J]. Journal of Developmental & Behavioral Pediatrics, 2011,32(2):85—89.

[194]Spengler S,Woll A. The more physically active,the healthier? The relationship between physical activity and health-related quality of life in adolescents:the momo study[J]. Journal of Physical Activity & Health,2013,10(5):708—715.

[195]Stodden D F,Oodway J D,Langendorfer S J,et al. A developmental perspective on the role of motor skill competence in physical activity: an emergent relationship[J]. Quest,2008,60(2): 290—306.

[196]Talay Ongan A,Wood K. Unusual sensory sensitivi-ties in autism:a possible crossroads [J]. International Journal of Disability, Development and Education,2000,47(2):201—211.

[197]Tavernor L,Barron E,Rodgers J,et al. Finding out what matters:validity of quality of life measurement in young people with asd[J]. Child:Care,Health and Development,2012,39(4):592—601.

[198]Tettelbaum P. Movement analysis in infancy may be useful for early diagnosis of autism [J]. Proceedings of the National Academy of Sciences of the United States of America,1998,95(23):649—660.

[199]Tharpe A M. Auditory characteristics of children with autism[J]. Ear Hearing,2006(27):433—436.

[200]Thompson A,Murphy D,Acqua F D,et al. Impaired communication

between the motor and somatosensory homunculus is associated with poor manual dexterity in autism spectrum disorder [J]. Biol Psychiatry,2017,81(3):211—219.

[201] Tick B,Bolton P,Happé F,et al. Heritability of autism spectrum disorders: a meta-analysis of twin studies [J]. Journal of child psychology & psychiatry,2016,57(5):585—595.

[202] Titianova E B,Mateev P S,Tarkka I M. Footprint analysis of gait using a pressure sensor system[J]. Journal of Electromyography and Kinesiology,2004,14(2):275—281.

[203] Tomchek S D,Dunn W. Sensory processing in children with and without autism: a comparative study using the short sensory profile [J]. American Journal of Occupational Therapy, 2007, 61 (2): 190—198.

[204] Trevarthen C,Delafied B J T. Autism as a developmental disorder in intentional movement and affective engagement [J]. Front Integr Neurosci,2013,7(49):1383—1390.

[205] Van Steijn D J,Richards J S,Oerlemans A M,et al. The co-occurrence of autism spectrum disorder and attention-deficit/hyperactivity disorder symptoms in parents of children with ASD or ASD with ADHD[J]. Journal of Child Psychology and Psychiatry, and Allied Disciplines,2012,53(9):954—963.

[206] Vernazza-Martin S, Martin N, Vernazza A, et al. Goal directed locomotion and balance control in autistic children[J]. J Autism Dev Disord,2005,35(1):91—102.

[207] Villa S,Micheli E,Villa L,et al. Further empirical data on the psycho-educational profile-revised(PEP-R): reliability and validation with the vineland adaptive behavior scales [J]. Journal of autism & developmental disorders,2010,40(3):334—341.

[208]Voineagu I, Wang X, Johnston P, et al. Transcriptomic analysis • 625 • Chinese journal of practical pediatrics Aug. 2019 Vol. 34 No. 8 of autistic brain reveals convergent molecular pathology[J]. Nature,2011,474(7351): 380—384.

[209]Von Suchodoletz A,Gestsdottir S,Wanless S B,et al. Behavioral self-regulation and relations to emergent academic skills among children in Germany and Iceland[J]. Early Child Res Q,2013,28(1):62—73.

[210]Webster E K,Ulrich D A. Evaluation of the psychometric properties of the test of gross motor development—3rd edition[J]. Journal of Motor Learning & Development,2017,5(1):1—25.

[211] Wepmanj M. Sensory integration and learning disorders [J]. Psyccrtiques,1973,18(12): 123—130.

[212]West K L. Infant motor development in autism spectrum disorder:a synthesis and meta-analysis[J]. Child Development, 2019, 90 (6): 2053—2070.

[213]WHO. Global Recommendations on Physical Activity for Health[M]. Switzeland:WHO,2010:18—21.

[214]Whyatt C P,Craig C M. Motor skills in children aged 7-10 years, diagnosed with autism spectrum disorder[J]. J Autism Dev Disord, 2011,42(9):1799—1809.

[215] Williams J G, Higgins J P, Brayne C E. Systematic review of prevalence studies of autism spectrum disorders [J]. Archives of disease in childhood,2006,91(1):8—15.

[216] Wilson R B, Enticott P G, Rinehart N J. Motor development and delay:advances in assessment of motor skills in autism spectrum disorders[J]. Current Opinion in Neurology,2018,31(2):1—6.

[217] Yanardag M, Akmanoglu N, Yilmaz I. The effectiveness of video prompting on teaching aquatic play skills for children with autism[J].

Disabil Rehabil,2013,35(1):47—56.

[218]Zawadzka D,Rymarczuk A,Bugaj R. Evaluation of the effectiveness of sensory integration and sherborne developmental movement in improving of psychomotor functioning of autistic children [J]. Physiotherapy,2014,22(1):3—17.